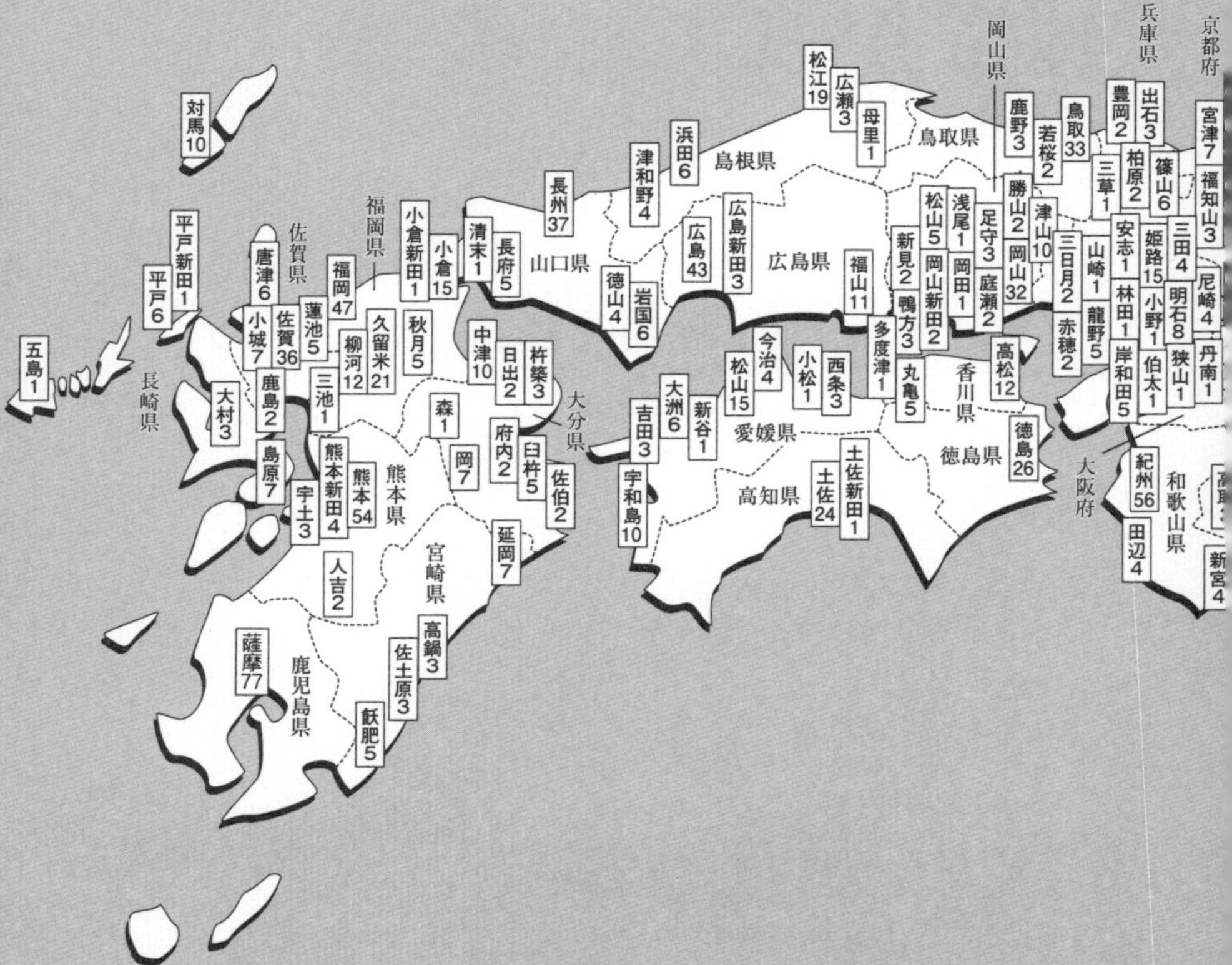

対馬10
平戸新田1
平戸6
五島1
長崎県
佐賀県
唐津6
小城7
佐賀36
蓮池5
福岡47
福岡県
柳河12
久留米21
三池1
大村3
鹿島2
島原7
宇土3
熊本新田4
熊本54
熊本県
人吉2
薩摩77
鹿児島県
飫肥5
佐土原3
高鍋3
宮崎県
延岡7
佐伯2
臼杵5
府内2
岡7
森1
日出2
杵築3
中津10
大分県
秋月5
小倉新田1
小倉15
清末1
長府5
長州37
山口県
徳山4
岩国6
津和野4
浜田6
島根県
広島43
広島新田3
広島県
松江19
広瀬3
母里1
鳥取県
福山11
多度津1
丸亀5
高松12
香川県
徳島26
徳島県
今治4
小松1
西条3
松山15
大洲6
新谷1
吉田3
宇和島10
愛媛県
土佐24
土佐新田1
高知県
岡山県
鹿野3
若桜2
鳥取33
松山5
浅尾1
足守3
勝山2
津山10
新見2
岡山新田2
岡田1
岡山32
庭瀬2
鴨方3
三日月2
赤穂2
山崎1
龍野5
三草1
兵庫県
豊岡2
出石3
柏原2
篠山6
安志1
姫路15
林田1
小野1
明石8
三田4
尼崎4
岸和田5
伯太1
狭山1
丹南1
大阪府
紀州56
田辺4
和歌山県
新宮4
京都府
宮津7
福知山3

シリーズ藩物語

大洲藩

新谷藩

芳我明彦……著

現代書館

プロローグ

大洲藩・新谷藩物語

伊予の国は東から東予、中予、南予に大別される。大洲《おおず》藩の領域の大半は南予に属するが、現在の伊予市と砥部《とべ》町および飛地《とびち》の中島は中予になる。城下町は、人が肘を曲げたように流れて長浜の海に注ぐ肱川《ひじかわ》中流域の大洲盆地に位置する。大洲は旧名が大津であることから分かるように、肱川を往き来する川船の港でもあった。

大洲地域には原始・古代から人々が生活していた。中世の大洲は下野出身の宇都宮氏が支配し、戦国時代の争乱の後は、秀吉から宇和郡を、家康から伊予半国を与えられた藤堂高虎が支配した。大洲藩としての営みが始まったのは、江戸時代初期、伊勢に転封した藤堂氏の跡を受け継いだ脇坂安治、安元父子の頃からである。やがて脇坂氏は信濃国飯田に転封になったので、伯耆国米子から加藤貞泰が大洲に入部し、以後加藤家が約二百五十年間支配して明治の廃藩にいたった。

加藤家二代泰興《やすおき》の時代に、領地、組織など藩政の基礎が固められた。分知という方法で新谷《にいや》藩一万石が誕生している。

藩という公国

江戸時代、日本には千に近い独立公国があった

江戸時代。徳川将軍家の下に、全国に三百諸侯《しょこう》★の大名家があった。ほかに寺領や社領、知行所《ちぎょうしょ》★をもつ旗本領《はたもとりょう》などを加えると数え切れないほどの独立公国があった。そのうち諸侯を何々家《け》家中《かちゅう》と称していた。家中は主君を中心に家臣が忠誠を誓い、強い連帯感で結びついていた。家臣の下には足軽《あしがる》層《そう》★がおり、全体の軍事力の維持と領民の統制をしていたのである。その家中を藩と後世の史家は呼んだ。

江戸時代に何々藩と公称することはまれで、明治以降の使用が多い。それは近代からみた江戸時代の大名の領域や支配機構を総称する歴史用語として使われた。その独立公国たる藩にはそれぞれ個性的な藩風《はんぷう》と自立した政治・経済・文化があった。幕藩体制とは歴史学者伊東多三郎《いとうたさぶろう》★氏の視点だが、まさに将軍家の諸侯の統制と各藩の地方分権が巧く組み合わされていた、連邦でもない奇妙な封建的国家体制であった。

今日に生き続ける藩意識

明治維新から百四十年以上経っているのに、今

加藤家四代泰統《やすむね》の頃から、自然災害や浸透し始めた貨幣経済の影響などで財政が窮乏し始め、歴代藩主は省略（倹約）令の発令や藩士の俸禄の切り詰めなど、財政難への対応を迫られることになる。増収策として、年貢増徴のほか紙の専売制なども実施されたが、これに反対する農民一揆も各地で発生した。

財政難は続き、新谷藩では六代泰賢《やすまさ》から七代泰儔《やすとも》にかけて財政破綻のために五年間大洲藩の支配を受けた。大洲藩でも財政支出の切り詰めを行った結果、加藤家十代泰済《やすずみ》の時に一時的に財政状況が好転した。

加藤家十二代泰祉《やすとみ》の時、ペリー来航を契機に幕府は開国に踏み切り、幕末の動乱期に入っていく。海防の必要性を感じていた泰祉は周旋方として京都に派遣していた藩士の建策に従い、天皇に拝謁して京都警備の命を受けるとともに大洲で藩内に勤皇の方針を宣言した。やがて、蛤御門《はまぐりごもん》の変で長州藩が朝敵になるという情勢の変化の中で泰祉は亡くなり、弟の泰秋が最後の藩主として跡を継いだ。泰秋は薩長連合、大政奉還、王政復古と目まぐるしく変わる政治情勢の中で、戊辰戦争にも出兵するなど勤皇の方針を貫き、新谷藩も八代泰理《やすただ》、九代泰令《やすのり》ともに大洲藩と軌を一にして明治維新を迎えた。

でも日本人に藩意識があるのはなぜだろうか。明治四年（一八七一）七月、明治新政府は廃藩置県《はいはんちけん》★を断行した。県を置いて、支配機構を変革し、今までの藩意識を改めようとしたのである。ところが、今でも、「あの人は薩摩藩の出身だ」とか、「我らは会津藩の出身だ」と言う。それは侍出身だけでなく、藩領出身も指しており、藩意識が県民意識をうわまわっているところさえある。むしろ、今でも藩対抗の意識が地方の歴史文化を動かしている。そう考えると、江戸時代に育まれた藩民意識が現代人にどのような影響を与え続けているのかを考える必要があるだろう。それは地方に住む人々の運命共同体としての藩の理性が今でも生きている証拠ではないかと思う。

藩の理性は、藩風とか、藩是《はんぜ》とか、ひいては藩主の家風ともいうべき家訓などで表されていた。

〔稲川明雄（本シリーズ『長岡藩』筆者）〕

諸侯▼江戸時代の大名。

知行所▼江戸時代の旗本が知行として与えられた土地。

足軽層▼足軽・中間・小者など。

伊東多三郎▼近世藩政史研究家。東京大学史料編纂所所長を務めた。

廃藩置県▼藩体制を解体する明治政府の政治改革。廃藩により全国は三府三〇二県となった。同年末には統廃合により三府七二県となった。

シリーズ藩物語

大洲藩・新谷藩

目次

これも大洲

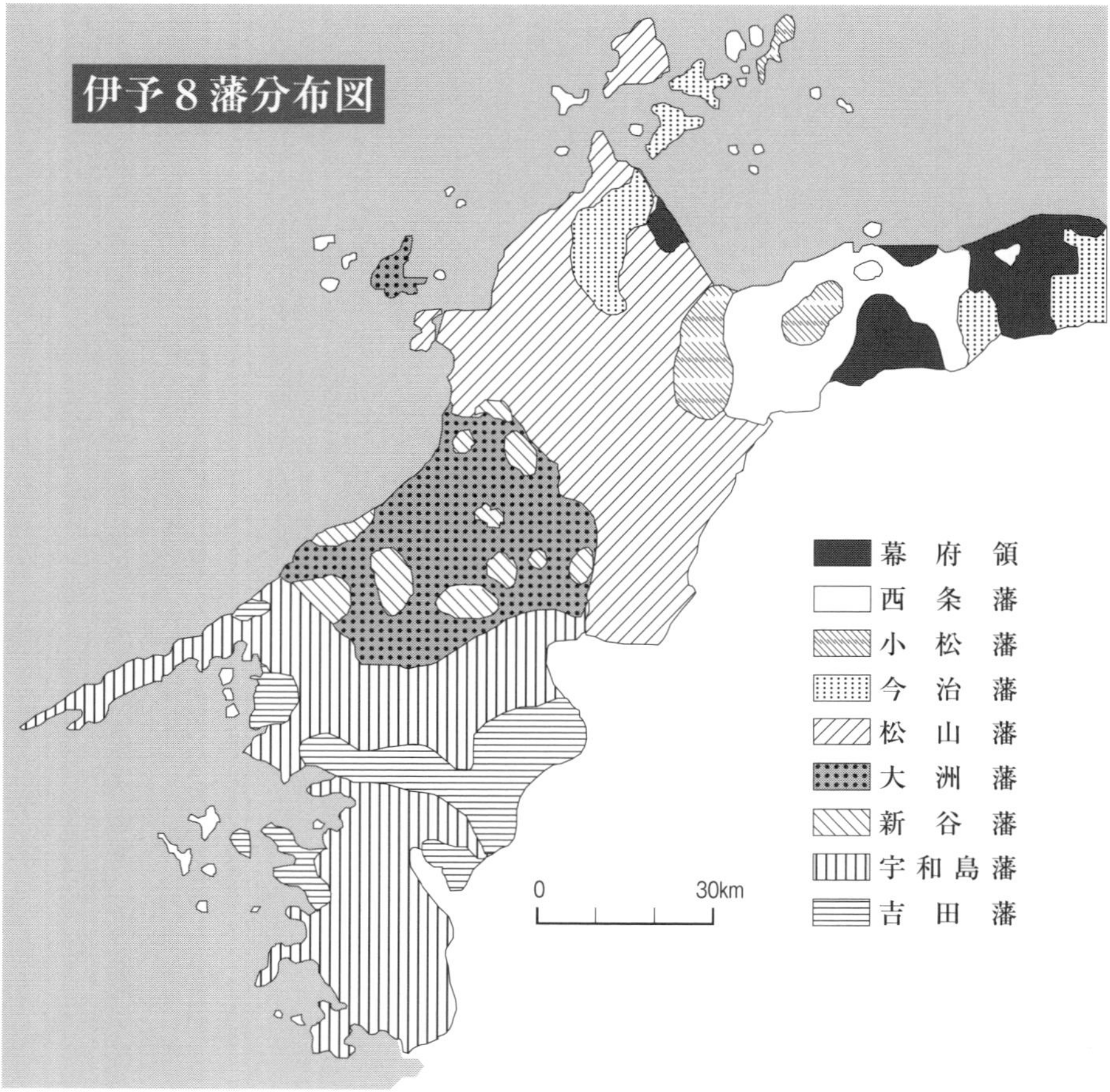
伊予8藩分布図
幕 府 領
西 条 藩
小 松 藩
今 治 藩
松 山 藩
大 洲 藩
新 谷 藩
宇和島藩
吉 田 藩
0
30km

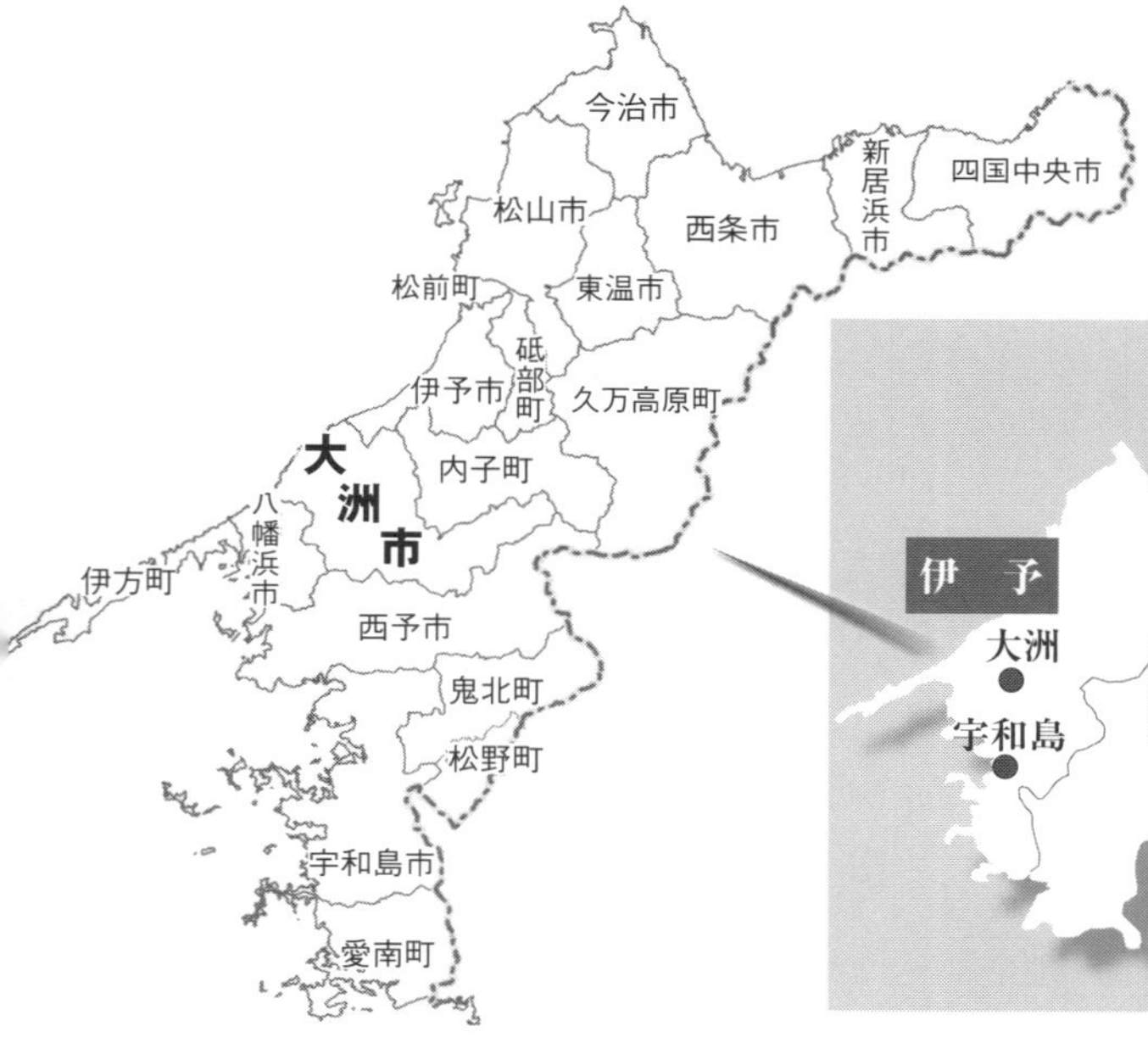
今治市
新居浜市
四国中央市
松山市
西条市
松前町
東温市
砥部町
伊予市
久万高原町
大洲市
内子町
八幡浜市
伊方町
西予市
鬼北町
松野町
宇和島市
愛南町

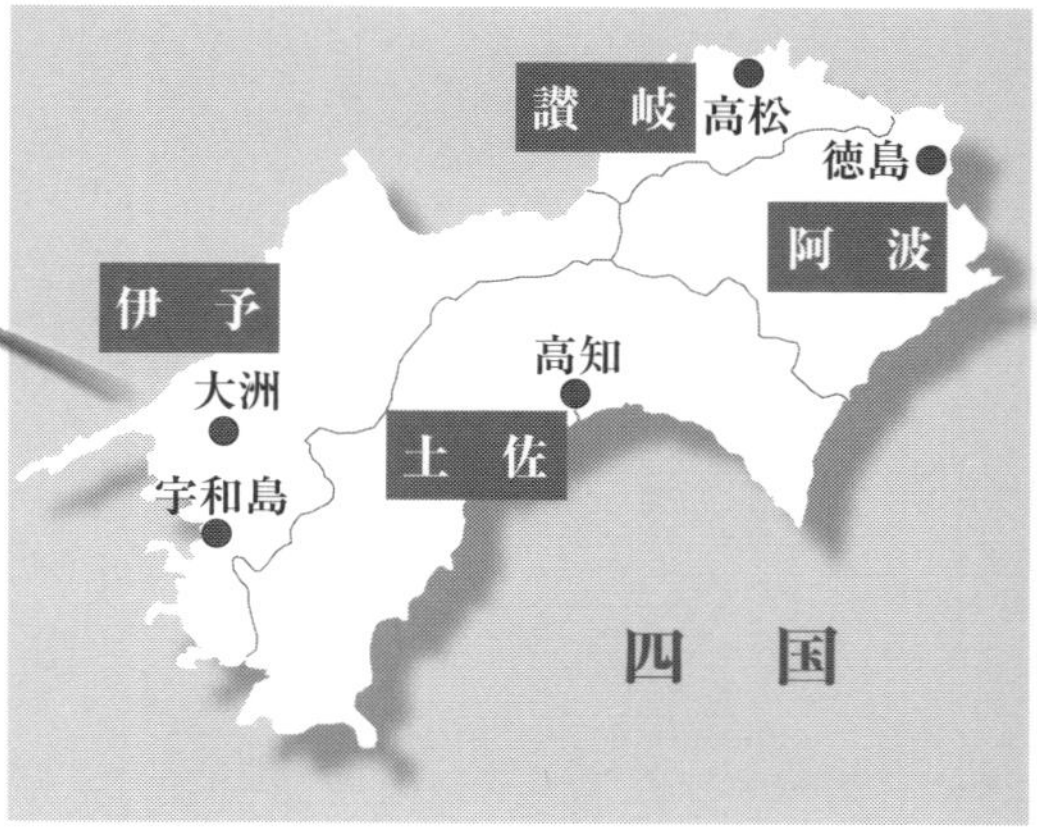
讃 岐
高松
徳島
阿 波
伊 予
大洲
高知
土 佐
宇和島
四 国

第一章　基礎固めの江戸時代初期

藤堂高虎支配地の中に大洲藩誕生、脇坂家二代を経て加藤家の支配を受ける。

①古代・中世・戦国、そして江戸初期

地域に残る数多くの巨石文化——その時代から人々の生活は行われていた。
源氏か平氏か？　南朝か北朝か？　二者択一の厳しい現実。
戦国大名はついに現れず、他の地域や他国の勢力に翻弄される。

古代から中世にかけて

大洲地方に縄文、弥生、古墳時代それぞれに人々の生活が営まれていたことは、遺跡や古墳、出土品から明らかになっている。

飛鳥、奈良時代を経て平安時代初期の貞観八年（八六六）、宇和郡から分かれて喜多郡が成立した。郡名の「喜多」は、宇和郡北部の「北」に意味のよい文字をあてたものである。郡役所にあたる郡家《ぐうけ》の位置は確認されていないが、喜多郡には矢野郷（現・八幡浜近辺）・久米《くめ》郷（現・大洲市久米、南久米、平野、大洲あたり）・新屋《にいや》郷（現・大洲市新谷《にいや》、徳森《とくのもり》、市木《いちぎ》、三善《みよし》あたり）の三郷があった。この頃、久米郷で税を負担する男子は約一二〇〇人といわれており、女子・老人・子どもを含めると、かなりの人口であったと推定される。のちに三郷は久米（現・大洲市）・

平《たいら》（同）・粟津《あわづ》（同）・川辺《かわべ》（同）・五十崎《いかざき》（現・内子町）・曾根（同）・広瀬（同）の七郷になった。

承平四年（九三四）から翌年にかけて、海賊が喜多郡の不動石（非常備蓄米）を略奪するという事件が起こった。その後、伊予の掾《じょう》に任じられていた藤原純友が、任期が終わっても帰京せず、宇和島の日振島を根拠地に海賊を率いて瀬戸内海一帯を荒らし回り、天慶三年（九四〇）、朝廷が遣わした小野好古、源経基によって鎮圧されるという承平・天慶の乱が起こった。

平安時代末期の源平の争いでは、伊予国内で源氏方の河野氏と平氏方の勢力との戦いが繰り広げられた。喜多郡では元暦二年（一一八五）、比志《ひじ》城（大洲城の位置ともいわれるが不詳）に立て籠もった河野通信と平氏方との戦いが行われ、通信が勝利を収めた。通信は源義経の軍に加わり、平氏を討伐するために水軍を率いて戦った。

中世には、藤原北家の流れを汲むといわれる下野国（栃木県）出身の宇都宮氏が喜多郡に勢力を張った。治承二年（一一七八）に、宇都宮信房という武将が五郎村（現・大洲市）に宇都宮天神を勧請したといわれ、宇都宮氏はすでに平安時代後期から根を張り始めていたようである。

鎌倉幕府諸職表によれば、十三世紀前半に宇都宮頼綱が、十四世紀前半に宇都宮貞宗が守護代に任ぜられており、宇都宮氏は鎌倉時代を通じて喜多郡を支配していたと考えられる。伝承に基づく系図は図の通りであるが、はっきりしない部分も多い。

宇都宮氏系図

豊房―宗泰―泰輔―家綱―安綱―宣綱―清綱―豊綱

鎌倉時代末期に現れた初代豊房は、五郎村を拠点としていたようであるが、元徳二年（一三三〇）、伊予の守護に任命され、大津（江戸時代になるまで、大洲は大津と標記されていた）地蔵ヶ嶽（大洲城の位置）に城を築いた。養子で二代宗泰（同族の宇都宮貞泰の子）は南北朝動乱期に北朝方に属し、中予の南朝方の諸勢力と戦った。貞泰の代官宇都宮（のち、津々喜谷《つづきや》）行胤《ゆきたね》が喜多郡に築いた根来《ねごろ》城（位置不詳）をめぐって元弘三年（一三三三）、南朝方の忽那《くつな》氏や大祝《おおほうり》氏らと根来城の戦いが行われた。建武二年（一三三五）、宇都宮貞泰は足利尊氏の旗下で関東において新田義貞の軍と戦っている。

四代家綱の時代に応仁の乱が始まり、戦国の動乱に巻き込まれていく。

津々喜谷氏は米津にある瀧の城を居城とした。初代行胤（宇都宮行胤）は下野国宇都宮にいたが、関東で宇都宮貞泰の軍に加わり、喜多郡に移ったといわれる。伝承に基づく系図は図の通りであるが、はっきりしない部分も多い。

大洲宇都宮氏の流れの一つの「宇都宮家墓所」
（内子町高昌寺）

津々喜谷氏系図

行胤—行興—行明—行善—正行—高行—延行—高直—高重—高国—高盛

行胤は康永二年（一三四三）、西禅寺を建立した。寺には寄進状など当時の文書が残されている。四代行善の没年に起こった応仁の乱とともに、戦国時代が始まる。

このほか大洲を含めた喜多郡の各地には、様々な勢力が割拠して争いを繰り広げていくのである。

戦国時代の大洲

応仁の乱を期に戦国の乱世が始まる。戦国時代、松山の河野氏には一国を掌握するだけの力はなく、各地に在地勢力が割拠していた。大津には鎌倉時代以来、宇都宮氏が勢力を張り、北には道後湯月城に河野氏、久万の大除《おおよけ》城に大野氏、南には宇和の松葉城（のちに黒瀬城に移転）に西園寺氏があった。このほか小規模の勢力が各地に城（山城）を構え、せまい地域を支配していた。

これに伊予一国の征服を目指す土佐の長宗我部《ちょうそかべ》（長曽我部）氏が硬軟取り混ぜた働きかけを行ったため、同盟・離反・裏切りなど、下剋上の世の中で起こりがちな状況が大洲地域でも見られた。

西禅寺（大洲市手成）

松葉城跡（西予市宇和町）

一五五〇年代後半には、西園寺氏や河野氏との戦いがあり、永禄十年（一五六七）には長宗我部氏が喜多郡に侵攻した。この時、大竹の松の城にいた矢野氏が籠城して抵抗したという。

元亀三年（一五七二）には長宗我部氏のほか、豊後の大友氏の軍が宇和に、阿波の三好氏の軍が東予に侵攻するなど、伊予国全体が諸勢力に脅かされた。

天正元年（一五七三）から翌二年にかけては、長宗我部氏や中国の毛利氏もからんで、大津城・鴇ヶ森《ときがもり》城・菅田城・祖母井《うばがい》城が落城している。

伊予の武将らは、その時々の情勢で中国地方に出兵することもあった。たとえば天正三年と五年には、道後及び宇和・喜多両郡から兵を出している。

長宗我部氏は、さまざまな戦略を用いて引き続き伊予をうかがっていたが、天正七年、宇都宮豊綱の大津城と津々喜谷延行の瀧の城を攻略した。さらに内之子の曽根宣高と謀《はか》って五十崎の龍王城をはじめ、配下の諸城を落とし、喜多郡を手に入れようとした。これに対して河野氏は内子の曽根城を攻撃しようとしたが、宣高の計略で失敗し、中山《なかやま》の出淵《いづぶち》・佐礼谷《されだに》が曽根の領分になったといわれる。

こうした情勢下、河野氏を助けて中国の小早川氏が一万余騎を出兵し、大津城を攻めた。毛利氏の意を受けた吉川《きっかわ》氏も三万余騎を出して攻めたので、ついに大津城は落城し、二百五十年にわたる宇都宮氏の支配は終わった。しかし翌年、長宗我部氏は五万の軍勢で大津城に攻め寄せ、河野氏の守備兵を追い払って大野直

曽根城跡（喜多郡内子町城廻）

龍王城跡（喜多郡内子町五十崎）

瀧の城跡（大洲市八多喜町）

之を城主にした。これに対して河野氏は直之討伐の命を発したので、情勢を見た直之は河野氏に従うことを伝え、河野氏も大野氏との長年の付き合いを考慮して、直之の申し出を容認した。

なお、天正七年に自刃した津々喜谷延行の跡を高直が継いでいたが、翌年の長宗我部軍の侵攻で高直も討死した。のちに津々喜谷氏は上灘、宇都宮氏は内之子の庄屋になったといわれている。

天正十年、秀吉による備中高松城水攻めの時には、南予の諸将は毛利氏に味方して出兵したが、本能寺の変で信長が滅んだため、戦うことなく帰国した。

天正十一・十二年に八多喜の信尾《のぶお》（延尾）城、平野の高森城で戦いが行われた。天正十三年に秀吉の四国平定の一環として小早川隆景による伊予侵攻が行われた際、大津・曽根両城は降伏開城した。そして伊予一国は隆景に与えられたが、天正十五年に九州に領地替えとなり、戸田民部少輔勝隆が大津城を居城として宇和・喜多両郡を支配した。

戸田勝隆は荒っぽい性格で強圧的な統治を行い、領民の反感を買ったといわれる。それが原因で起こった一揆のみならず、戦乱の時代に活躍した在地の勢力まで弾圧した。一方、紅花の購入を計画していることから、即断はできないが特産品を開発するつもりがあったのかもしれない。その後勝隆は秀吉の命を受けて朝鮮に出兵したが、文禄三年（一五九四）、現地で病没した。

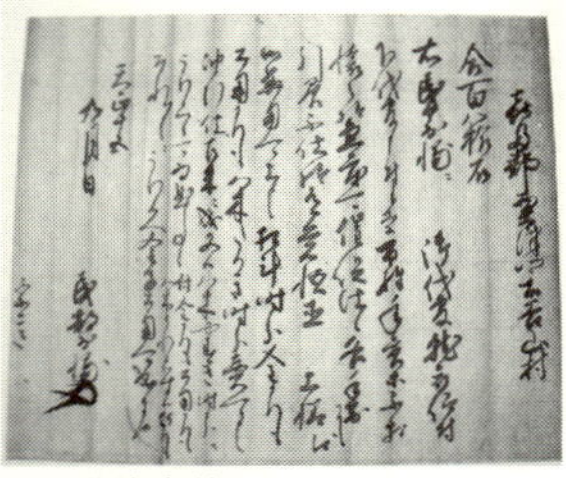

戸田勝隆書状
（大洲市立博物館蔵）

勝隆没後、池田高祐による七カ月間の支配を経て文禄四年、藤堂高虎が大津城に入った。高虎も朝鮮に出兵し、一〇〇〇人の捕虜を連れ帰ったといわれているが、その中に儒学者である姜沆《きょうこう》（80ページ参照）がいた。

秀吉没後、高虎は徳川家康に仕え、関ヶ原の戦では東軍の先鋒として戦った後、江戸幕府成立から五年後の慶長十三年（一六〇八）、伊勢に転封になった。

脇坂家二代の治政

藤堂高虎のあとは脇坂安治・安元の支配となり、元和三年（一六一七）、加藤氏が受け継いで明治にいたるのである。

脇坂安治

脇坂安治《やすはる》は天文二十三年（一五五四）、近江国で生まれた。明智光秀配下を経て秀吉に取り立てられ、天正十一年（一五八三）の賤ヶ岳《しずがたけ》の戦では七本槍の一人に数えられた。

淡路国の洲本《すもと》で三万石を領有していた時に、船手の将として小田原の戦、文禄・慶長の役に参戦した。

慶長五年（一六〇〇）、関ヶ原の戦では小早川軍に属し、石田方から徳川方への

脇坂安治肖像
（たつの市立龍野文化資料館蔵）

姜沆顕彰碑
（大洲市民会館前）

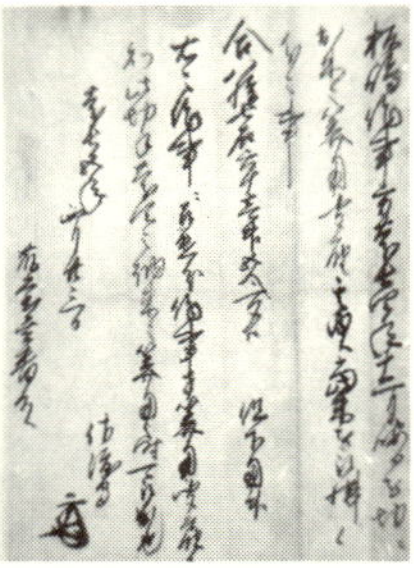
藤堂高虎書状
（大洲市立博物館蔵）

裏切りに役割を果たした。慶長十四年、藤堂高虎転封後の大洲藩五万三千五百石を与えられた。

慶長十九年の大坂冬の陣では、秀吉への旧恩に配慮して自らは出陣せず、子の安元を派遣した。翌慶長二十年、隠居が許可され、子の安元が家督を相続した。

脇坂安元

脇坂安元《やすもと》は天正十二年、山城国で生まれた。

関ヶ原の戦では父安治とともに戦ったが、大坂冬の陣では、参戦しなかった父に代わって出陣し、藤堂高虎の指揮下に入って戦った。慶長二十年、父安治の隠居によって家督を相続した。同年の大坂夏の陣にも出陣して土井利勝とともに天王寺付近で豊臣方と激戦を展開した。

元和三年（一六一七）、安元は信濃国飯田藩五万五千石に加増されて転封となり、大洲藩には伯耆国米子から加藤氏が入封した。

脇坂家二代の支配体制

大洲における脇坂安治・安元の治政は八年であったが、この間に領内支配の基礎が固められた。安治は領内を領主が直接支配する体制の樹立を目指したが、これは、戦国時代以来残存していた在地勢力を排除するとともに、土地を与えられ

脇坂安元肖像
（たつの市立龍野文化資料館蔵）

脇坂安治の陣太鼓。文禄元年（1592）に朝鮮へ出役した折、現地で製作した10個のうちの一つ（大洲市立博物館蔵）

た家臣である給人も領主が直接支配するというものであった。慶長十五年に出された給人所法度では、次のようなことが定められた。

一、年貢は藤堂高虎時代に定められた額とし、給人と肝煎《きもいり》（庄屋）が確かめて収納する。計量は給人以外が行い、百姓に領収書を渡すこと。

二、百姓に地味のよい耕作地を与えるために、給人による耕作を禁止する。ただし、荒地や耕作放棄地などがあれば、肝煎に届けて給人が耕作してもよい。

三、給人が自分の給地に課す労役である詰夫《つめふ》は、給人の身分に応じて人数を制限する。詰夫を課した者に薪の納入である入木《いれき》をさせてはならない。

四、給地の山林の木や竹は管理を肝煎に任せ、給人が伐ってはならない。

五、給地の肝煎りを領主が直接任命し、小物成の徴収を肝煎に任せる。

このように脇坂氏は、給人の給地支配の権限を弱めて農民にも配慮するとともに、領主が任命した庄屋によって領内を支配するという体制を構築した。

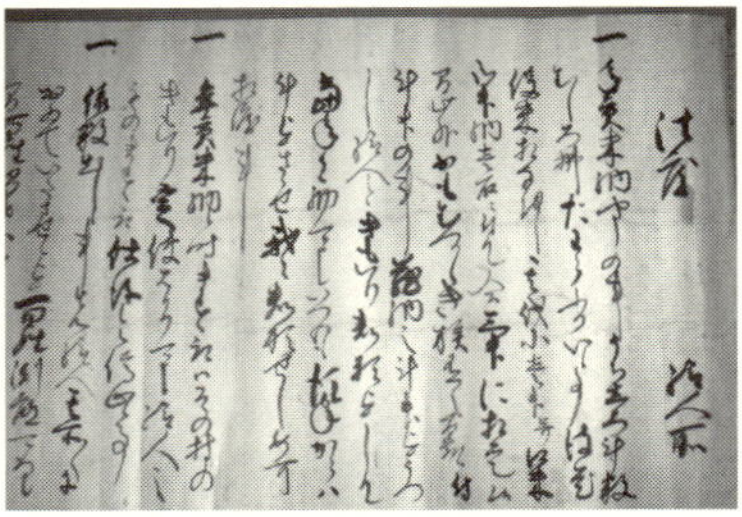

給人所法度（大洲市立博物館蔵）

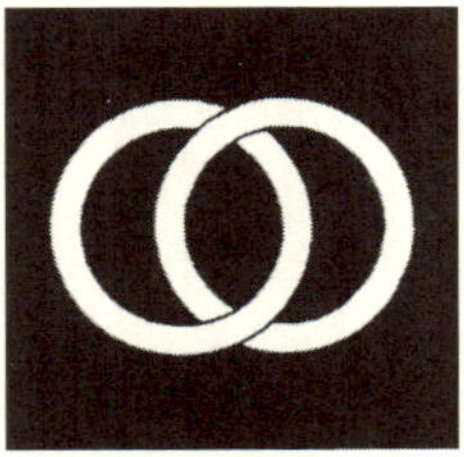

脇坂家家紋・輪違い

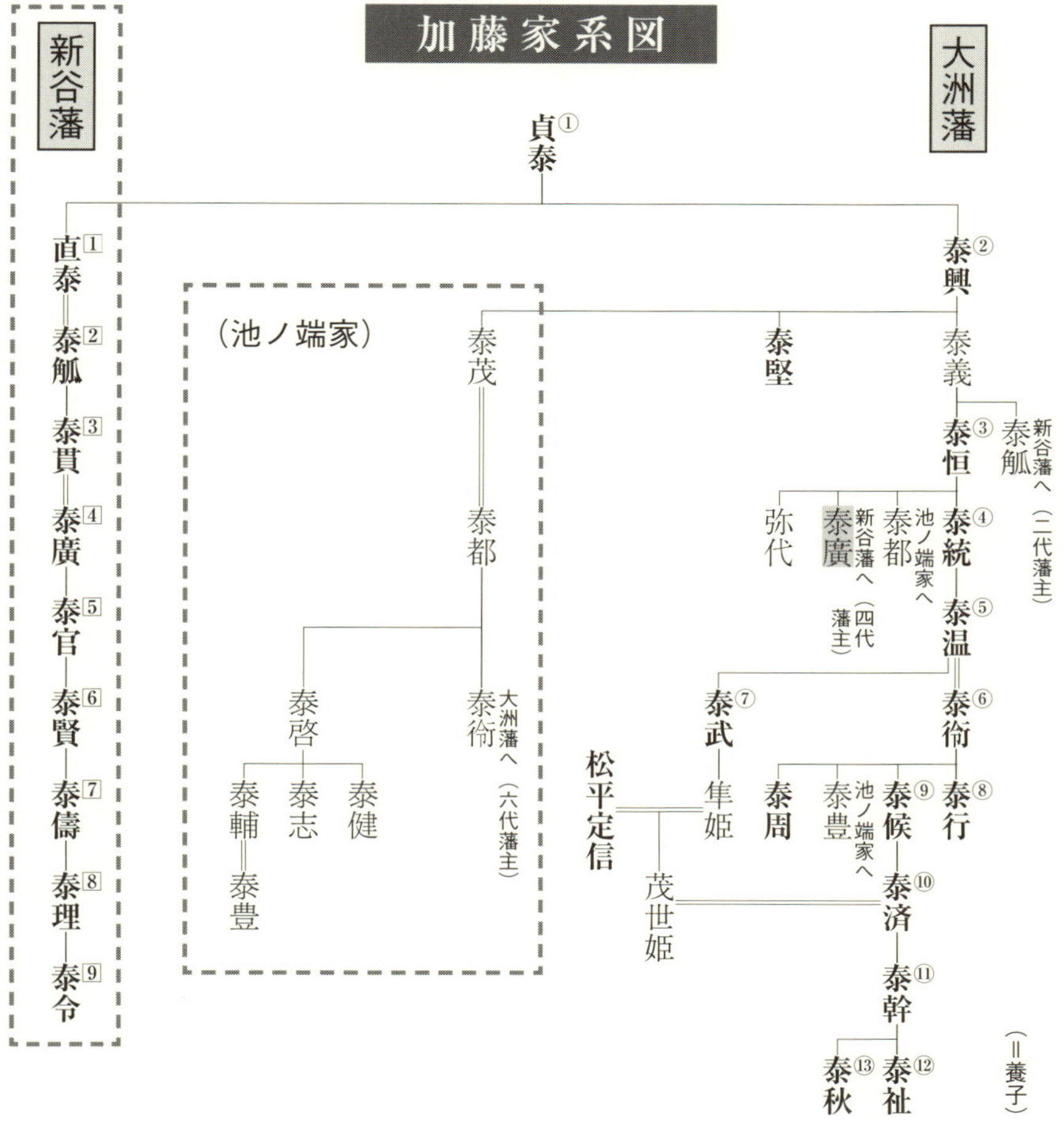

初代貞泰の花押
（『北藤録』より／大洲市立博物館蔵）

初代貞泰の父光泰の花押
（『北藤録』より／大洲市立博物館蔵）

大洲藩歴代藩主

代数	各家代数／名／襲封期間	生没年
1	脇坂初代　安治（やすはる） 慶長十四年（一六〇九）～元和元年（一六一五）	天文二十三年（一五五四）～ 寛永三年（一六二六）
2	脇坂二代　安元（やすもと） 元和元年（一六一五）～元和三年（一六一七）	天正十二年（一五八四）～ 承応二年（一六五三）
3	加藤初代　貞泰（さだやす） 元和三年（一六一七）～元和九年（一六二三）	天正八年（一五八〇）～ 元和九年（一六二三）
4	加藤二代　泰興（やすおき） 元和九年（一六二三）～延宝二年（一六七四）	慶長十六年（一六一一）～ 延宝五年（一六七七）
5	加藤三代　泰恒（やすつね） 延宝二年（一六七四）～正徳五年（一七一五）	明暦三年（一六五七）～ 正徳五年（一七一五）
6	加藤四代　泰統（やすむね） 正徳五年（一七一五）～享保十二年（一七二七）	元禄二年（一六八九）～ 享保十二年（一七二七）
7	加藤五代　泰温（やすあつ） 享保十二年（一七二七）～延享二年（一七四五）	享保元年（一七一六）～ 延享二年（一七四五）
8	加藤六代　泰衑（やすみち） 延享二年（一七四五）～宝暦十二年（一七六二）	享保十三年（一七二八）～ 天明四年（一七八四）
9	加藤七代　泰武（やすたけ） 宝暦十二年（一七六二）～明和五年（一七六八）	延享二年（一七四五）～ 明和五年（一七六八）
10	加藤八代　泰行（やすゆき） 明和五年（一七六八）～明和六年（一七六九）	宝暦三年（一七五三）～ 明和六年（一七六九）
11	加藤九代　泰候（やすとき） 明和六年（一七六九）～天明七年（一七八七）	宝暦十年（一七六〇）～ 天明七年（一七八七）
12	加藤十代　泰済（やすずみ） 天明七年（一七八七）～文政九年（一八二六）	天明五年（一七八五）～ 文政九年（一八二六）
13	加藤十一代　泰幹（やすもと） 文政九年（一八二六）～嘉永六年（一八五三）	文化十年（一八一三）～ 嘉永六年（一八五三）
14	加藤十二代　泰祉（やすとみ） 嘉永六年（一八五三）～元治元年（一八六四）	天保十五年（一八四四）～ 元治元年（一八六四）
15	加藤十三代　泰秋（やすあき） 元治元年（一八六四）～明治四年（一八七一）	弘化三年（一八四六）～ 大正十五年（一九二六）

新谷藩歴代藩主

代数	襲封期間○ 生没年▽
初代	加藤直泰（なおやす） ○元和九年（一六二三）～天和二年（一六八二） ▽元和元年（一六一五）～天和二年（一六八二）
二代	加藤泰觚（やすかど） ○天和二年（一六八二）～享保元年（一七一六） ▽明暦二年（一六五六）～享保十一年（一七二六）
三代	加藤泰貫（やすつら） ○享保元年（一七一六）～享保十二年（一七二七） ▽延宝四年（一六七六）～享保十三年（一七二八）
四代	加藤泰廣（やすひろ） ○享保十二年（一七二七）～宝暦六年（一七五六） ▽宝永七年（一七一〇）～天明五年（一七八五）
五代	加藤泰官（やすのぶ） ○宝暦六年（一七五六）～明和八年（一七七一） ▽元文二年（一七三七）～明和八年（一七七一）
六代	加藤泰賢（やすまさ） ○明和八年（一七七一）～文化七年（一八一〇） ▽明和四年（一七六七）～文政十三年（一八三〇）
七代	加藤泰儔（やすとも） ○文化七年（一八一〇）～天保二年（一八三一） ▽天明三年（一七八三）～明治四年（一八七一）
八代	加藤泰理（やすただ） ○天保二年（一八三一）～文久二年（一八六二） ▽文化十二年（一八一五）～慶応三年（一八六七）
九代	加藤泰令（やすのり） ○文久二年（一八六二）～明治四年（一八七一） ▽天保九年（一八三八）～大正二年（一九一三）

② 加藤家初代・貞泰

父は秀吉のもとで武名を轟かせた戦国武将の加藤光泰。貞泰は関ケ原の戦で徳川方に味方。伯耆の米子から、長浜で庄屋三三人の出迎えを受けて陸路大洲へ。幕府の手伝い普請として、大坂城修築の石垣工事（大手門～京橋口）を担当する。

伯耆国米子から大洲へ

加藤貞泰《さだやす》は天正八年（一五八〇）、近江で生まれ、文禄三年（一五九四）、光泰《みつやす》の甲斐国二十四万石の家督を相続したが、やがて美濃国黒野四万石に移された。

伏見城で初めて秀吉に拝謁した時、貞泰は若年であったため、殿中での振る舞い方や着座の場所も不案内で当惑していたにもかかわらず、貞泰の亡父光泰と石田三成が不和であったということで旗本はみな石田に遠慮し、一人として手助けをする者がいなかった。この状況を見た山本加兵衛という当番の侍が貞泰の介添えを行い、無事御目見えの儀式を終えることができた。貞泰はこの時のことを恩義に感じ、大坂の役★で加兵衛が没落したのを知って家臣になるよう声をかけた。しかし老年を理由に加兵衛は辞退したので、貞泰は加兵衛に隠居料を与え、その

加藤貞泰肖像
（龍護山曹渓院蔵／大洲市大洲）

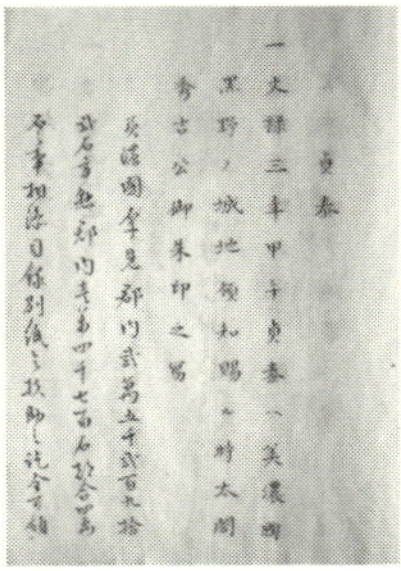

貞泰
一 文禄三年甲午貞泰ハ美濃国
黒野ノ城地領知賜ル時太閤
秀吉公御朱印之写

貞泰朱印状写（『北藤録』より／大洲市立博物館蔵）

▼大坂の役
大坂冬の陣、大坂夏の陣を総じていう。

子三郎兵衛を家臣とした。

　貞泰は美濃国黒野四万石に移され、慶長五年（一六〇〇）、豊臣方の命で出陣したものの、家康とも連絡を取り、九月の関ヶ原の戦に際しては徳川方として戦った。慶長十五年、貞泰は伯耆国の米子六万石を与えられて入城、慶長十九年からの大坂冬の陣と夏の陣にも出陣した。夏の陣では次の逸話が残っている。

　貞泰は松平武蔵守利隆とともに神崎口の守備についた。貞泰の軍が陣を張ろうとした時、松平の軍が貞泰の陣の前を遮るように進んだ。この状況を見て貞泰の家臣の加藤光尚《みつひさ》という武将が松平軍の本陣に出向き、松平利隆の前に進み出て「わが陣の前の軍勢を移動させていただきたい」と依頼したところ、利隆は即座に了承して軍勢を移動させた。光尚は利隆の前からはるか下座に下がり、早速の対応の礼を申し述べた。利隆は光尚のたくましい容貌に頼もしさを感じ、「酒を持て」と命じた。近習《きんじゅう》が大きな杯に注《つ》がれた酒を出すと、光尚は礼を言ってぐいぐいと立て続けに三杯飲み干した。利隆はその豪気さに感心してもう一杯勧めたところ、光尚は断ることなく飲み干したという。

　さて、貞泰は元和三年（一六一七）、大津（大洲）六万石に所替えと

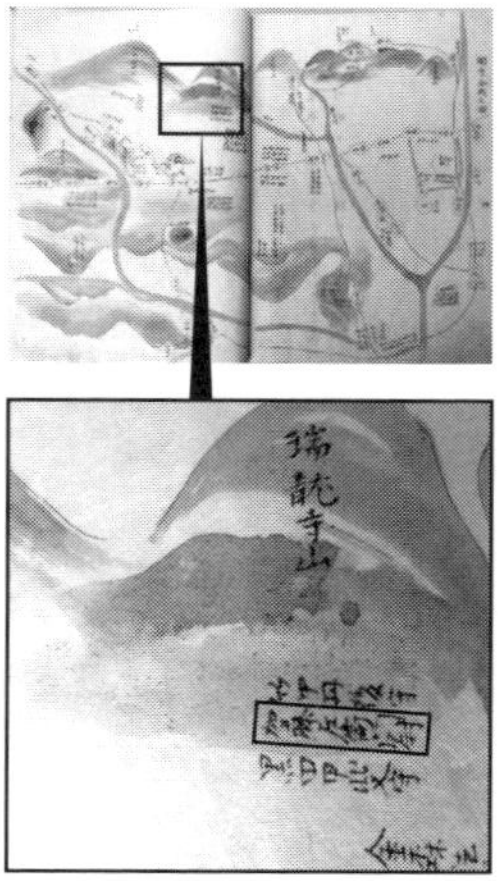
「関ヶ原陣図」に参戦した加藤左衛門尉（貞泰）の陣
（大洲市立博物館蔵）

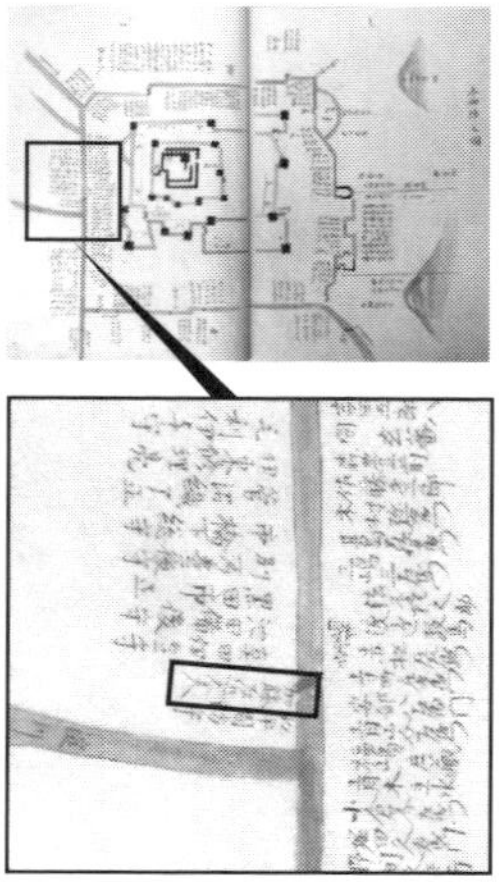
「大坂冬の陣図」に見える加藤左近大夫（貞泰）の陣
（大洲市立博物館蔵）

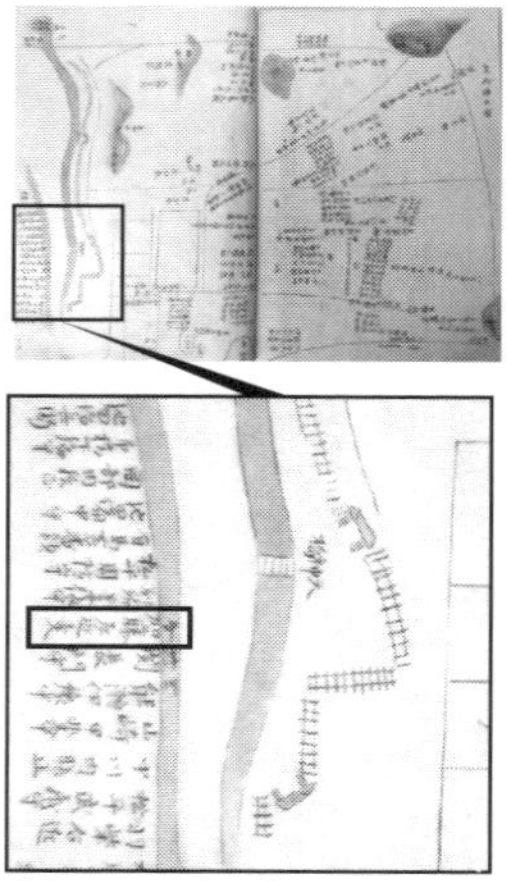
「大坂夏の陣図」に見える加藤左近大夫（貞泰）の陣
（大洲市立博物館蔵）

なって米子から移った。この時の家臣団★は二千石から四十石まで一三二人であったが、これ以外に従者や町人も移り住んだようである。

六万石の支配領域についての資料はないが、二代藩主泰興《やすおき》に与えられた朱印には「喜多郡・浮穴郡のうち四万五千石、風早郡のうち八千石、桑村郡のうち六千四百石、摂津国武庫郡のうち六百石を前々のごとく与える」という主旨のことが書かれているので、貞泰の領地も同じであったと考えられる。なお、摂津国武庫郡の領地は、米子時代に与えられたものである。

領内の村々の支配は庄屋を中心に行うという体制は、脇坂氏時代に基礎が作られ、貞泰に受け継がれた。ただこの時は一村一庄屋体制にはなっておらず、脇坂時代に別格の庄屋であった伊賀崎氏が一一カ村を兼ねたのをはじめ、二〜四カ村の庄屋を兼ねる者があった。これも貞泰の時から次第に整備され、一村一庄屋体制に移行していったのである。

また、米子時代に貞泰は御召船《おめしぶね》を建造したが、それ以上の必要性には迫られなかった。しかし、大洲ではその必要性が急務となり、長浜奉行★に命じて建造させた結果、元和四年に何隻かの船が進水した。さらに船手組《ふなてぐみ》を設け、船頭や水主《かこ》を組織して藩船の運営を行わせた。

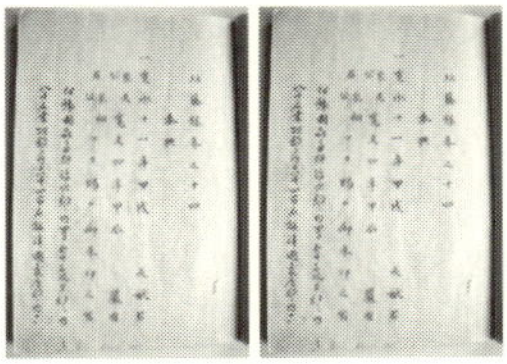

泰興朱印状写
(『北藤録』より／大洲市立博物館蔵)

▼家臣団
藩主から知行地や禄を与えられた直臣。給人(きゅうにん)ともいう。

御召船「駒手丸」模型
(長浜ふれあい会館)

▼長浜奉行
大洲藩の海の玄関口である長浜や藩船、船頭などを管轄する船手奉行の別称。

③ 加藤家二代・泰興

剛直果断で懐が深く、武将の風格を有していた泰興。隠居後は月窓と号す。

すぐれた指導性で支配領域や体制を整え、大洲藩政の基礎を固める。

学才のあった嫡男泰義は泰興の引退前に没し、泰義の子二人が大洲藩主と新谷藩主になる。

剛直果断な人となり

二代加藤出羽守泰興《やすおき》は貞泰の嫡子として慶長十六年（一六一一）、米子で誕生し、元和九年（一六二三）、十三歳で家督を継いだ。

泰興は剛直果断で典型的な武将の風格を備えていたという。ある時、家臣の口《く》分田《もで》六郎兵衛が芝居を見たいと思い、親戚を訪ねるという理由で休暇を願い出た。泰興はこれを許可したが、休暇のその日に当の親戚が泰興のご機嫌伺いにやってきたので、泰興が六郎兵衛について尋ねたところ、来ていないということであった。泰興は腹を立て、六郎兵衛が帰るなりことの次第を問いただした。六郎兵衛は恐縮しながら、芝居を見に行っていたと返答した。ウソの理由でご禁制の芝居を見に行っていたと知った泰興はますます立腹して詰め寄った所、六郎兵衛

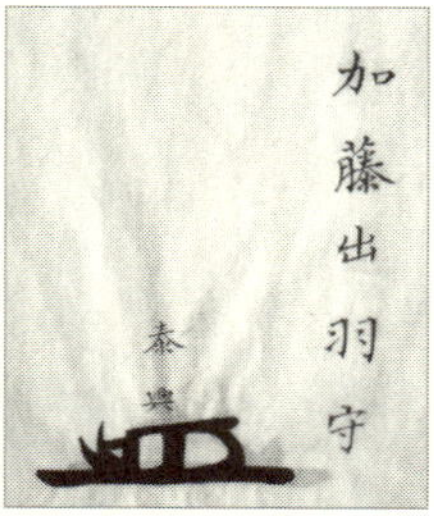

泰興花押（『北藤録』より／大洲市立博物館蔵）

加藤泰興肖像（妙法寺蔵／大洲市大洲）

は、親戚へ行くとでもいわない限り、ご禁制の芝居を見に行きたいと願い出てもとうてい許されないので、そのように申し出た旨を正直に答えた。これを聞いた泰興の怒りは即座に収まり、それ以上のおとがめはなかった。六郎兵衛には処罰があるかもしれないのに言い訳を一切せず、ありのままを誠実に述べた潔さがあり、泰興にはそれを受け入れる度量の大きさがあった。

寛永十四年（一六三七）の冬に島原の乱が起こった。原城に立て籠もったキリスト教徒らは頑強に抵抗したため、年を越えても乱を収束させることができなかった。そこで幕府は西国の大名を中心に出兵を指令したが、この時泰興は、幕府に大洲藩も是非出兵したい旨を申し出た。しかし幕府からは大洲に帰って領地を守るよう指令され暇《いとま》まで出されたので、性格的に勇猛であった泰興は憤慨し、翌朝老中宅を訪れた後、すぐに江戸を出発して大洲に帰ったという。

泰興は人材を広く求めて召し抱えたため、藩士も二〇九人と充実した。この時代に大洲の城下町は発展し、慶安二年（一六四九）に町屋が三〇二軒を数えた。

領地の替地

泰興は幕府から賦課された大坂城・江戸城・京都御所などの手伝普請《てつだいぶしん》を完成させたほか、朝鮮使節や朝廷の使者の供応《きょうおう》役を務めた。また、何らかの理由で

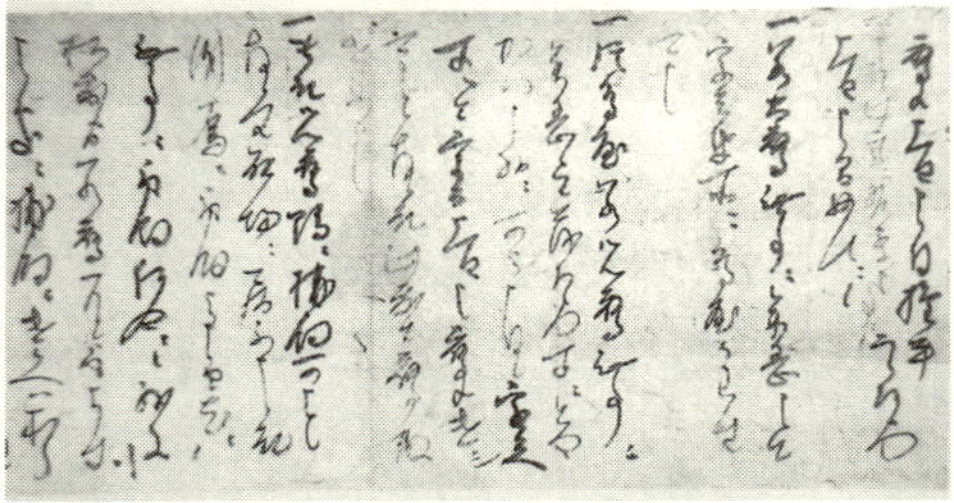

鷹の扱いについて家臣に指示した「加藤泰興書状」
（大洲市立博物館蔵）

藩主不在となった時、次の藩主が決まるまで一時的に城を預かる城在番《しろざいばん》を、松山城・高松城・丸亀城で務めた。特に松山城在番については、寛永四年（一六二七）、加藤嘉明《よしあきら》が会津に転封となった時と、寛永十一年、蒲生《がもう》氏に跡継ぎがいなかった時の二回務めているが、二回目の在番の間に、大洲領と松山領の領地の一部を交換する替地の願いが幕府から認められた。すなわち、風早郡・桑村郡にあった大洲領は飛地《とびち》となっており、松山領・今治領を越えなければならないという不便さがあった。これを解消するため、泰興は幕府に領地交換を願い出たところ、何の問題もなく処理された。寛永十二年、蒲生氏に替わって松平隠岐守定行が松山藩十五万石の藩主に任命された時、幕府から新しい藩領が示された。

○大洲藩へ――伊予郡一七カ村・浮穴郡二〇カ村、一万三千四百七十二石

○松山藩へ――桑村郡一四カ村・風早郡四三カ村、一万三千五百七十八石

なお、大洲藩領となった伊予郡と浮穴郡の地は、この時から御替地《おかえち》と呼ばれるようになった。

網代騒動

替地の結果、領地の交換は問題なく行われたが、漁業権をめぐる問題が残された。松前浜の漁民は小湊（米湊《こみなと》）の網代（漁場）に出漁していたが、替地後に小

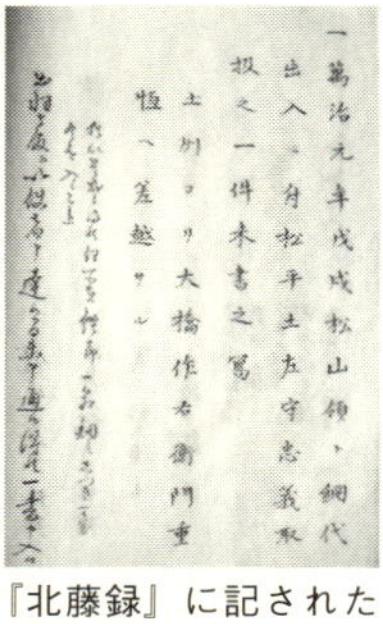
一萬治元年戊戌松山領ト網代
出入ニ付松平土佐守忠義取
扱之一件本書之写
土州ヨリ大橋作右衛門重
恒ヘ差越サル

『北藤録』に記された「網代騒動」（大洲市立博物館蔵）

湊が大洲藩領になってもその慣行は続いていた。そのことを、大洲藩領になった小湊・尾崎《おさき》・本郡《ほんぐ》・森の漁民は、網代も大洲藩領になったと主張していたが、替地から三十年くらいはたまに小ぜりあいが起きる程度ですんでいた。

万治元年（一六五八）、松前浜の漁民が石や棒を用意して船団を組んで出漁すると、これに対抗する大洲藩の漁民と争いになり、大洲藩の漁師一人が殺害されたので、藩と藩の大きな騒動に発展した。状況を聞いた泰興は激怒し、松山藩に使者を送ったり藩境《はんざかい》で大砲を撃たせたり、大洲から小湊へ人数を派遣したりするなど、さらに大きな争いに発展しかねない情勢になった。

これを聞いた土佐の藩主は、隣同士のことなので和解させるべく仲介の労を取り、大洲に使者を送って家老大橋作右衛門に何通かの書状を届けたが、泰興は仲裁を受け入れなかった。しかし、土佐からの使者や書状がその後何回も到来し、松山藩領重信川《しげのぶがわ》までの鷹野を大洲藩が使用してもよいという条件が提示されたこともあって泰興は和解することを了承した。結局、争いの発端となった漁場は、両藩の漁師が漁をしてもよいということで決着がついた。

槍と禅

泰興は槍の名手としても知られ、二間（約三・六メートル）の槍を使っていた。

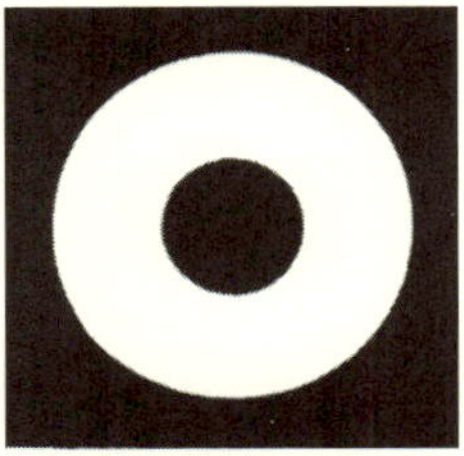

大洲加藤家家紋・蛇の目輪

慶安年間、幕府に反乱を企てた由井正雪《ゆいしょうせつ》が諸侯の武勇について論評した時、西国では加藤泰興が槍の遣い手で、武備を怠らずしかも家来を愛するなど、英雄の気風があるといって恐れていたという。また、熊沢蕃山も、当代の槍の遣い手として加藤出羽守（泰興）の名前を挙げていた。

ある時、酒井雅楽頭忠清《うたのかみただきよ》が加藤泰興らを屋敷に招いたことがあった。もてなしの席で忠清は槍の腕前を披露するよう依頼した。早速大書院に披露の場が設けられ、忠清は相手として家来の中で槍に長じた者を選んだ。やがて泰興が槍を携えて現れた。相手が槍を持って試合場に入ろうとした時、泰興は槍を構えた。その様は泰然自若として、敏捷《びんしょう》さなどみじんも感じられなかった。しかし相手はその気迫に恐れをなし、ついに試合場の中に入ることができなかった。相手は戦わずして降参し、泰興の強さを実感したという。

泰興は槍の修行の中で、槍禅一如《そうぜんいちにょ》の境地を求めて禅の修行にも励んでいたが、槍の修行で悩んだ時期があった。この時、禅僧盤珪永琢のもとで大いに悟るところがあり、以後帰依を深めるようになった。

盤珪との出会いは泰興が江戸在府の時であった。肥前松浦藩（平戸藩）の松浦市左衛門という侍が、勤めを終えて浅草あたりの駒形堂で馬に乗ろうとしたが、馬の機嫌が悪かったのか、馬が市左衛門の乗馬を拒んだ。市左衛門は再度馬に乗ろうとしたが、また馬が拒んで乗れず、何回か試みたが同じであった。その時、

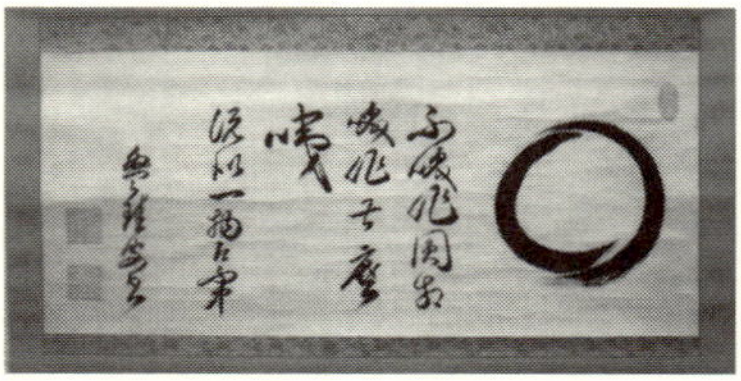
盤珪書「円相図」（大洲市立博物館蔵）

加藤泰恒筆「盤珪像」
（如法寺蔵／大洲市大洲）

駒形堂の中から、その様子では乗れまいという声がした。誰だろうと思いながら、また乗ろうとしたがどうしても乗れないので、困り果てた市左衛門は堂の中に入ったところ、一人の僧がいた。先ほどの声はこの僧かと思い、市左衛門はどうすれば乗れるのか尋ねたところ、今のように人と馬の心が合っていない状態では、いくら乗ろうとしても乗れないであろうという旨の指摘があった。市左衛門はその指摘通りに気持ちを落ち着けて乗ると、難なく乗れた。

その帰り道、市左衛門は大洲の屋敷に立ち寄ってこの話をした。これを聞いた泰興は早速駒形堂に使いをやり、屋敷に招いたこの僧が盤珪永琢であった。泰興は盤珪に心のもち方などを尋ね、大いに感銘するところがあったという。これが縁になって盤珪は大洲に迎えられ、如法寺を開山した。

中江藤樹と好学の藩風

加藤家初代貞泰が大洲に入部《にゅうぶ》した時、家臣の中に祖父に伴われて大洲に入った十歳の中江藤樹がいた。藤樹は慶長十三年（一六〇八）、近江国小川村（現・滋賀県高島市安曇川町小川）で生まれたが、九歳の時に加藤家の家臣であった祖父中江吉長の養子となり、米子に移り住んで大洲に来たのである。大洲では吉長は風早代官に任ぜられたため、藤樹も柳原（現・松山市北条）に居住したが、そこで藤

若宮養徳筆「中江藤樹肖像」
（大洲市立博物館蔵）

妙法寺（大洲市大洲）

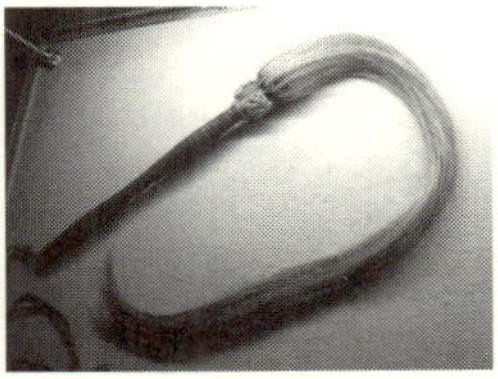

盤珪が用いた払子（ほっす）という仏具
（大洲市立博物館蔵）

樹は「大学」を読んで学問を究めることを心に誓ったという。

吉長の大洲帰任後は藤樹も枡形（大洲小学校付近）の屋敷で生活したが、元和八年（一六二二）、元服後は鉄砲町に屋敷を与えられて独立した。その屋敷地は現在の大洲高等学校の敷地内にあり、昭和十四年（一九三九）、武家屋敷をイメージした建物「至徳堂」が、地面から数メートル地上げされた敷地に建てられている。なお、近くに「中江の水」という井戸が当時そのままの姿で残っている。

元服の前後に祖父母が没したが、百石の家督は藤樹に与えられた。寛永二年（一六二五）、近江の父が没し、藤樹は残された母のことが気になり始めた。藤樹の学問は深まり、教えを請う者も次第に増えていた。こうした中、藤樹は母を大洲に迎えようと試みたものの母の意志が固く、藤樹は悩みぬいたあげく（精神的に極限の状態に陥っていたのではないかと見る向きもある）、役目の辞任を申し出た。しかし、何回かの申し出も受け入れられなかったため、寛永十一年、ついに脱藩に踏み切った。藤樹は京都にあって罪の沙汰を待ったが、泰興治下の大洲藩から特におとがめはなかったので郷里の小川村に帰った。

その後も教えを請う門弟が多く、門弟は大洲・新谷で三二人いたと推定されている。泰興は彼らに勉学の機会を与えたので、彼らはそれぞれ役目によって長期滞在や参勤途上などの機会をとらえて近江に出向き、近江聖人とよばれた藤樹に学んだのである。これによって藩内に好学の風が起こり、長く継承された。

屋根型の蓋があるのが井戸「中江の水」（愛媛県立大洲高等学校内／大洲市大洲）

中江藤樹の邸跡「至徳堂」（愛媛県立大洲高等学校内／大洲市大洲）

④

加藤家三代・泰恒

加藤家二代藩主泰興の孫。弟の泰觚は、新谷藩初代直泰の養子となり二代藩主に就く。画才があり、子の文麗（泰都）も狩野派の画風を学ぶ。谷文晁は初め文麗の指導を受けた。領内初の黄檗宗寺院・正伝寺を建立した別峯海瑞和尚に菅田の土地を寄進する。

浅野内匠頭を心配した文化人

三代加藤遠江守泰恒《やすつね》は二代泰興の孫に当たる。泰興には泰義はじめ三人の子がいたが、泰義は泰興隠居時すでに亡くなっており、ほかの二人も大洲藩を継がなかったので、泰義の子泰恒が延宝二年（一六七四）、十八歳で家督を継いだ。

泰恒は勅使や朝鮮通信使などの饗応役を六回務めたほか、火消番や江戸城石垣普請などを担当した。

泰恒は赤穂藩主浅野内匠頭長矩《たくみのかみながのり》と会う機会があった。この時、内匠頭は勅使饗応役を命じられていたが、この役は高家《こうけ》★と連絡を取り合ってその指示を仰がなければ、十分に役目を果たすことが難しい性質のものであった。高家筆頭の吉良上《こう》野介義央《ずけのすけよしなか》は強欲な性格で、内匠頭にたびたび違う指示を出したり悪口《あっこう》を言った

▼高家
江戸幕府において、儀式や典礼を担当する役職。勅使の接待や朝廷との連絡、伊勢神宮や日光東照宮への代参も務めた旗本で、名家が世襲した。

泰恒花押（『北藤録』より／大洲市立博物館蔵）

りしたので、内匠頭の不満はうっ積していったという話は、「忠臣蔵」でよく知られているところである。

泰恒はこうした浅野と吉良の険悪な関係を察知し、内匠頭を心配して忠告を行ってきたが、残念なことに内匠頭も短気な性格であったので怒りをおさえきれず、ついに江戸城松の廊下で上野介に対して刃傷《にんじょう》に及んだ。そして本人は切腹の上、領地を没収されてしまった。泰恒の忠告を受け入れてさえいれば、このような事態にいたることもなく、上野介も命を全うして汚名を受けることもなく、幕府の行事も滞りなく終了していたであろう。さらに四十七士も生きながらえて妻子へ罪が及ぶこともなく、赤穂藩の人々の生活も安泰であったろうに、と『北藤録』には述べられている。忠告の内容については書かれていないが、おそらくは吉良上野介に対する贈り物をともなったしかるべき挨拶ではなかったかと推定される。

泰恒には画才があり、狩野常信に絵を学んだ。武者絵や仏画を得意とし、京都御所に富士や鷹の三幅対《さんぷくつい》を納めるほどであった。

泰恒治政下では延宝八年（一六八〇）、替地の吾川《あがわ》村の火災でおよそ一四〇軒が焼け、貞享二年（一六八五）、大地震が発生している。宝永三年（一七〇六）には如法寺が焼失し、正徳元年（一七一一）には中村で二〇〇軒近くが焼失する火災が発生した。正徳三年には、江戸の火災で大洲藩の屋敷が二度にわたって類焼した。

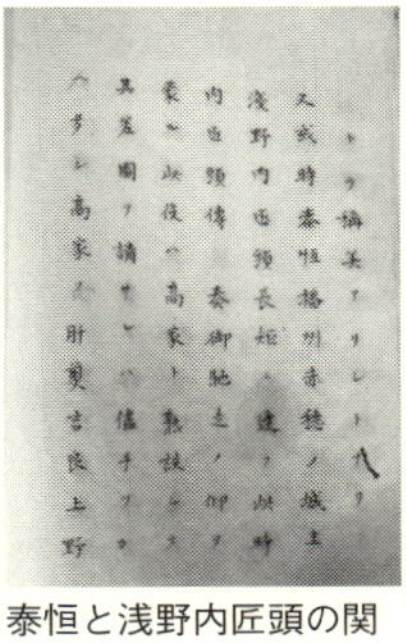

泰恒と浅野内匠頭の関係を物語る『北藤録』
（大洲市立博物館蔵）

泰恒筆「涅槃図」（内子町蔵）

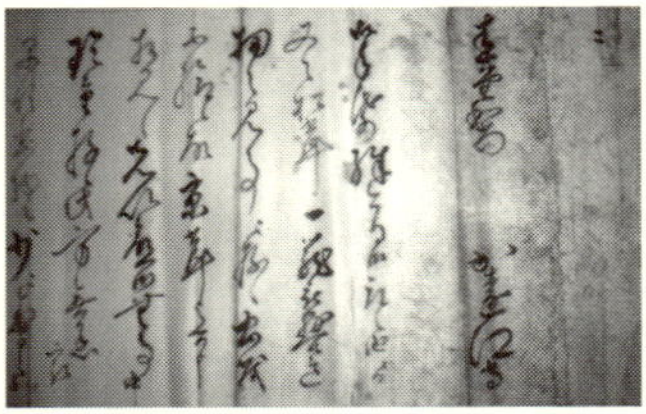

松茸の礼を述べた「加藤泰恒書状」
（大村博氏収集資料／内子町蔵）

家臣への給与は知行地を与える地方《じかた》給与と、米を支給する蔵米給与の二種類があったが、泰恒は天和元年（一六八一）、蔵米給与に変更した。この時代、表高は六万石であるが、新田開発などによって実収は八万石あったといわれ、家臣はおごることなく武芸等に励み裕福であったが、庶民は少し疲弊していたといわれる。

また、元禄十五年（一七〇二）には大洪水で一三〇〇軒を超える家屋が倒壊したが、暴風雨や洪水は泰恒の代にもたびたび発生して田畑や家屋に大きな被害をもたらし、藩財政を圧迫した。

これも大洲

西園寺公広の最期

豊臣秀吉の四国征討軍が伊予を平定して戦国時代も終焉を迎える。

西園寺氏は中世に宇和郡に土着し、松葉城（のちに黒瀬城）を根拠地として戦国時代に南予地域の諸勢力の盟主的存在であったといわれる。最後の城主となった西園寺公広《きんひろ》は天正十二年（一五八四）に長宗我部氏に降伏し、さらに翌年、秀吉の四国平定に際して開城した。その後も黒瀬在城を認められ、秀吉の九州平定に出陣するなどしたが、のちに引退して宇和島の九島で過ごしていた。

天正十五年、小早川隆景の後に宇和郡の領主となった戸田勝隆は、武断的な政治を行って現地の旧勢力を弾圧した。九島の願《がん》成寺《じょうじ》にいた西園寺公広に対しては、秀吉から旧領地の支配が認められたという虚偽の通知を出して大洲に招き寄せ、暗殺しようとした。公広は一〇人の供回りの者と一緒に大津城に入ったが、警戒が厳重であったため、勝隆側もおいそれとは手出しができなかった。そこで、勝隆は一策を巡らし、家来の戸田駿河守の屋敷に公広を招いてもてなし、油断をさせて討ち取る計画を立てた。

宴の途中で斬りかかられた公広は、戸田駿河守をはじめ十数人を斬った後、割腹して果てた。別室にいた公広の家来も異変に気付き、戸田家の家来と斬り合って四一人を倒し、全員討ち死にしたという。惨劇のあった屋敷跡がどこかははっきりしない。

黒瀬城跡（西予市宇和町）

公広の菩提寺光教寺（西予市宇和町）

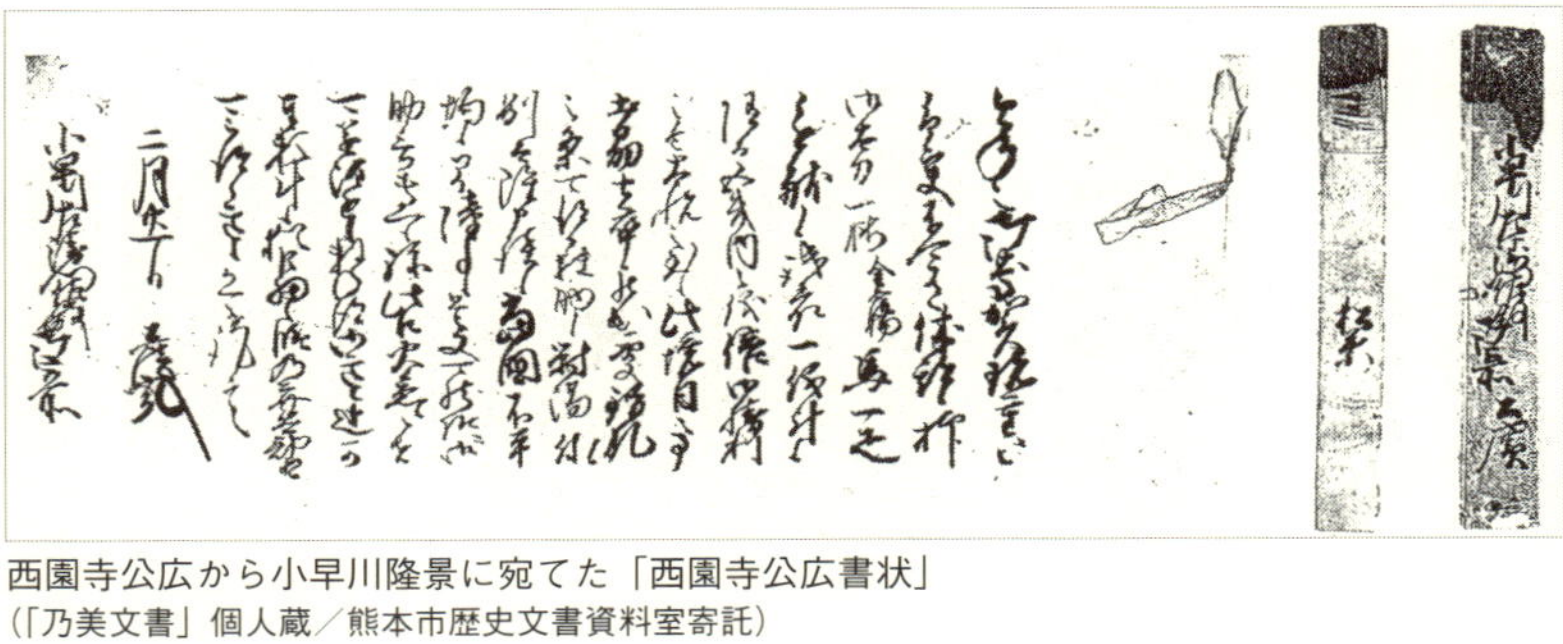

西園寺公広から小早川隆景に宛てた「西園寺公広書状」
（「乃美文書」個人蔵／熊本市歴史文書資料室寄託）

第二章 財政難に苦しむ江戸時代中期

天災や幕府の政策、貨幣経済の浸透で藩財政は火の車、年貢増徴で百姓一揆が頻発。

1

加藤家四代・泰統と五代・泰温

財政窮乏は恒常化し、禄高百石の藩士の実収入（四十石が目安）は二十石台に落ち込む。藩の役職が、戦国期の名残で実戦即応の体制から、行政に対応した組織へと整備された。陽明学を採用し、学問による藩士の教育や庶民の教化を行っていく。

四代藩主泰統の治政

加藤出羽守泰統《やすむね》は元禄二年（一六八九）に生まれ、正徳五年（一七一五）に家督を継いだ。幕府の勅使供応役や焼失した江戸城鍛冶橋門の普請を担当した。

泰恒時代から洪水や凶作、火災などの災害によって藩収入は次第に減少し、泰統時代に藩財政は行き詰まってきたので、享保元年（一七一六）から五年間、定《じょう》免《めん》制を実施した。定免制とは、年貢の賦課率を豊作・凶作に関わりなく一定にするもので、豊作であれば農民側に有利になるが、作柄がよくない場合は不利になる。不作が多い年でも藩収入は安定する反面、農民の残り分は減って負担がかかった。

このほか商人や裕福者からの借金をはじめ、御用銀・寸志銀と銘打った町人や

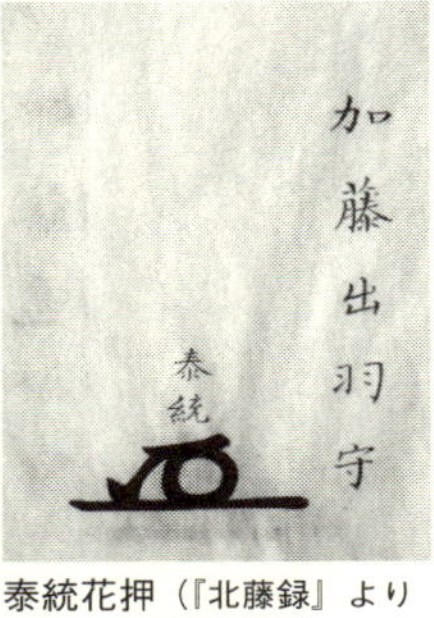

泰統花押（『北藤録』より／大洲市立博物館蔵）

農民への出銀《しゅつぎん》賦課や献金奨励も行った。また、藩士の禄をカットする借上《かりあげ》が実施され、藩士に課される借上米は毎年恒例となっていった。

享保三年には中町で四五〇軒を焼く火災が発生し、泰統自ら状況を視察して救援の措置を取った。

享保七年には幕府から「上米《あげまい》の制」が出された。これは一万石につき百石の米を幕府に上納するかわりに、参勤時の江戸在府期間を半年に半減するという制度である。参勤の人数も減じられたが、泰統の参勤にどのくらいの節約になったのかは不明である。享保八年には城下で四四〇軒を焼く火災が発生し、泰統によって再び救援の措置が取られた。

火災や天災は財政難に追い打ちをかけ、享保十二年には省略令（倹約令）が出された。

五代藩主泰温の治政

加藤遠江守泰温《やすあつ》は泰統の子として享保元年（一七一六）、江戸で生まれ、泰統の急死によって享保十二年、十二歳で家督を継いだ。泰温の代も幕府の公役《くやく》は課せられ、火防役や勅使供応役などを務めている。

享保十七年には城下に大火があり、約四〇〇軒を焼失した。その後、ウンカや

泰温花押（『北藤録』より／大洲市立博物館蔵）

イナゴの大発生による享保の飢饉に見舞われ、大洲城下で飢人五二一人、餓死者一九人を数えた。幕府も西日本の飢饉対策に乗り出し、諸藩から願い出た石高に基づいて米を融通する廻米の措置を取った。大洲藩は五千三百石、新谷藩は千二百石の廻米を希望し、必ずしも希望通りにはならなかったが、両藩には宇都宮米・越前米・作州（美作《みまさか》）米・浜松米・九州の豊前《ぶぜん》米や豊後《ぶんご》米がもたらされた。

元文五年（一七四〇）には城下の六〇〇軒を焼く大火があり、瓦葺きが命じられている。財政は窮乏した。そのため、裕福な商人に苗字帯刀などの特権を与える代わりに、御用銀や御用米の差し出しを命じた。こうした富裕層に対しては、次第に農民の反感が大きくなっていった。また、享保十六年、公式に藩札の発行と使用が行われた。

産業面では、和紙の生産のほかに元文三年、五十崎《いかざき》で木蠟の生産が始まった。

寛保元年（一七四一）には、松山藩で起こった久万山《くまやま》騒動で、約三〇〇〇人の農民が中村あたりに逃散してきた。また、財政窮乏のため五年間の省略令を発し、徹底した支出の削減と緊縮財政を実施した。さらに、江戸・上方に所有していた蔵屋敷など藩の出先機関の整理を行った。

翌寛保二年には、米を計量する棒が繰棒《くり》★から直棒になった。繰棒を使うと一斗より少し多くなるが、直棒はちょうど一斗になる。これによって藩の収入は減るが、泰温は断行した。

▼繰棒
中央部の径が小さくなっている計量棒。枡に盛られた米を繰棒で払っても平らにならないので、藩の収入（収納分）は増える。

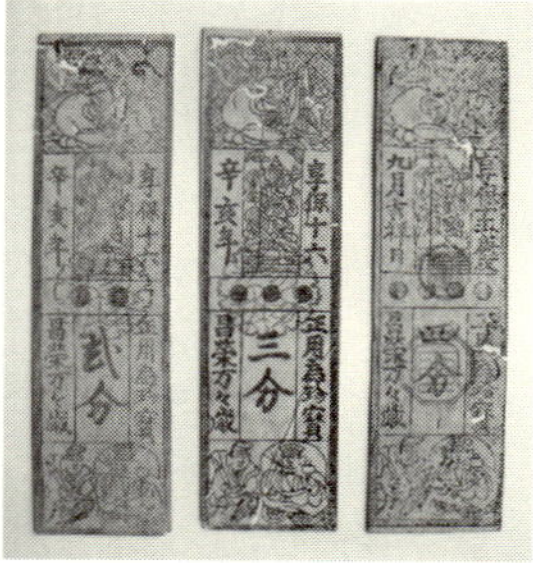
大洲藩札
（大洲市立博物館蔵）

泰温は学問を好み、朱子学から陽明学に傾倒した。陽明学者川田雄琴《かわだゆうきん》★を大洲に招き、藩財政が厳しい中にあって藩内教化のために学校の設立を計画して実行に移していった。やがて教化政策の効果が表れ、藩内に善行をする者が多く出はじめたので、泰温は善行のあった領民を積極的に表彰し、孝行者や奇特者など四四名を『孝義録』に収録した。川田雄琴は着任五年目の元文二年（一七三七）から善行者を記録に留め始めたが、その事蹟をまとめて泰温最晩年の延享二年（一七四五）に『予州大洲好人録』を作成した。書かれている内容は雄琴自身が見聞したものであるため、当時の大洲の人情・風俗を知る手がかりにもなっている。

▼川田雄琴
貞享元年（一六八四）、江戸で生まれる。朱子学を学んでいたが、三輪執齋から陽明学を学ぶ。享保十七年（一七三二）、大洲に招かれ明倫堂を創設、中江藤樹の百年忌を執行したほか、領内を巡って領民の教化に努めた。宝暦十年（一七六〇）、七十七歳で没する。

②『予州大洲好人録』による顕彰

領内各地で講義を行い、忠良な領民の育成を目的とした教化策を実施した。親孝行、夫婦の睦み合い、人々の助け合いは時代を超えて受け入れられる話もある。藩への献金や藩政への協力など、収録されたのは藩にとって都合のよい話ばかり。

『予州大洲好人録』とは

延享二年（一七四五）に成立した『予州大洲好人録』に収録された四五例を大まかに分けると、★親をはじめ親戚などへの孝行が半数を占め、日頃の心がけの良さが四分の一、そして藩への献金や献米などの献上、飢饉困窮者の救済となっている。

この『予州大洲好人録』は、川田雄琴没後四十九年目にあたる江戸後期の寛政十二年（一八〇〇）、十代藩主泰済《やすずみ》による藩政改革の中で、藩校明倫堂教授であった安川右仲《うちゅう》の序文を加えて五巻本として大々的に出版され、広く藩士や庄屋などに配布された。

このことが示すように、本書の目的が藩民の教化による藩政の安定にあるので、藩に都合のいい例示にすぎないという見方も確かにできる。藩への献金を顕彰す

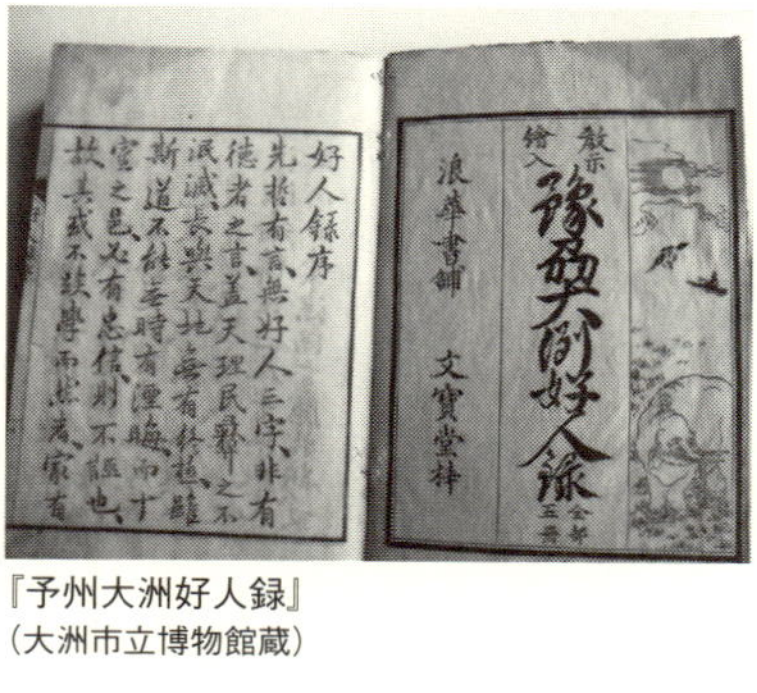

『予州大洲好人録』
（大洲市立博物館蔵）

▼主な内容は、孝行が二三、家業出精・心がけが八、家庭の和が五、献金・献米が五、飢人等の救済が三、藩政への協力が一。

る話などはその最たるものであろう。しかし、親孝行など人への優しさや勤勉な労働、好ましい人付き合いなどの話は、当時の大洲の人情・風俗を表しているというだけにとどまらず、時を超え場所を超え、政治体制なども超えて人としての在り方を示すものであろう。

ここにその全てを紹介することはできないが、藩内の広い範囲から何例かを示したい。

大洲本町播磨屋権兵衛

権兵衛は大洲城下で店を借りて商売をしていた。使用人もなく毎日忙しい暮らしであったが、売り上げはその日のなりゆきまかせで、凍えたり飢えたりしなければよしとして日々まじめに商売に励み、身の丈《たけ》に合った生活をしていた。権兵衛には向学心があり、講釈などがあると聞けばみんなに知らせ、自らは会場に出向いて茶を沸かし、掃き掃除から明かりの準備、終わった後の火の始末までいつも丁寧に行っていた。

ある時、商人仲間が「あんたは道を求めることに熱心なようだ。あんたのためを思って言うのだが、仏教も儒教も利を求めず、欲を絶つことを教えている。しかし、商人として利と欲を求めなくなったら、商売は成り立たなくなる。その上

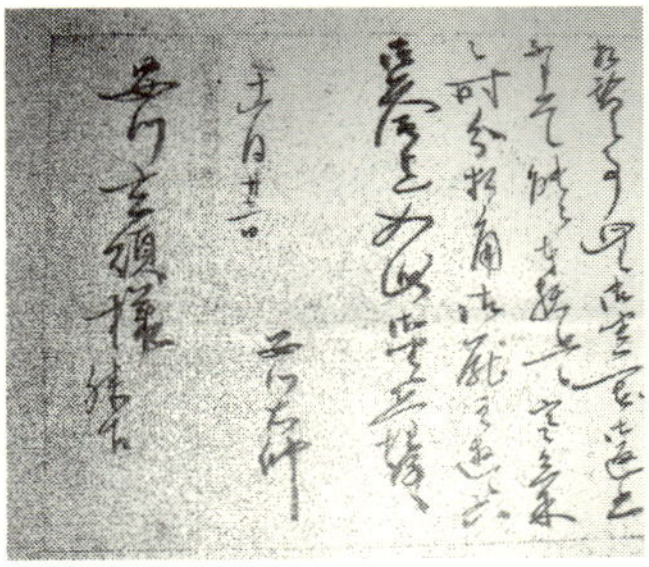

『予州大洲好人録』の序文を書いた安川右仲が父安川玄硯に宛てた書簡
（大村博氏収集資料／内子町蔵）

学問を好むような高尚な人の集まりの中に身を置けば、相手に対して予想もしない失礼をするかも知れず、いいことはないと思うよ。道を求めるようなことは早く止《や》めるのをお勧めする」と忠告した。

権兵衛はじっと耳を傾けたあと、相手にまず礼を述べ、相手の言葉に逆らうことなくこう言った。「商売の障害になることはとても不安です。あなたのお気持ちを忘れず、講釈に時間を取られる分、心して商売に励むことにいたします。また、相手に対して予想もしない失礼があって問題になってはいけないということは、ご忠告を戴いて再認識しましたので、気を付けたいと思います。ただ、信仰のことについては自分の癖と思い、お許し下さい」と答えた。

これをみても権兵衛の人間性は推し量れよう。権兵衛の家主も、かねてから意味のない交流だと思っていたが、先頃火事があって貸家《かしや》が焼けた時、権兵衛が自分の家財よりも借家《しやくや》の建具《たてぐ》や多くの物を運び出して難を免《まぬが》れたということがあったので、家主も権兵衛の気持ちに感じ入ったという。権兵衛の家財も駆け付けた知り合いが運び出したので、人並み以上の被害はなかった。

このような話が藩主にも伝わり、大洲藩から褒美として米俵を与えられた。

中山村塗師重兵衛門の妻

重兵衛門の妻は六年前に嫁いで来たが、姑《しゅうとめ》は十年来中風を患っていた。また、老年のために日々身体が衰え、やがて病気もだんだん重くなって足腰が立たなくなった。重兵衛門の妻は嫁いで以来、毎日姑に優しく接し、何よりも病気のことを気にかけて下《しも》の世話までかいがいしく看病に励んだ。やがて姑は亡くなったが、その悲しみようは実の母を失ったのと変わらないくらいであった。月日は流れて一周忌を迎えた時、重兵衛門の妻は朝一番に霊供の膳を供えるために、前日から人を雇ってまで準備をした。煮物などを作っていたところ、猛暑の折であったので何となく少し腐りかけた感じがした。料理人に聞くと大丈夫とは言ったが、気にかかったので後の作業を中断し、妻自ら夜明けに新たに調理して供えたという。身分は低かったが孝養の志は高かったので、ほかのことも察しが付くであろう。このような話が藩主にも伝わり、大洲藩から褒美を与えられた。

本川村佐次兵衛

佐次兵衛は雇われて賃金を稼ぐ百姓であった。父とは早く死別し、母がいるのみであった。貧しかったがよく母の面倒を見ていた。親類の者は早く嫁をもらうよう勧めた。佐次兵衛は母の介護に専念したいということで、五十六歳になるのに独身でいた。毎朝母の飯とおかずを準備して日雇いに出、そこでもらった食べ

中山（現・伊予市中山）

本川（現・喜多郡内子町小田）

物を夕方必ず持ち帰り、夕飯が遅くなるような時には蕎麦粉《そばこ》などをもらい、帰宅後茶を沸かして飲ませたりした。たまには柿や栗などを土産に持ち帰り、四〜五日に一度くらいは川魚を釣ったり、母の好きな酒を買ったりしていた。特筆すべきは老人の好みが変わりやすく、食べなくなる点に気を付け、仕事の疲れもいとわず夜中に起きて母に食事を摂らせた。冬場には毎日自分の体温で母の寝床を暖めていた。このように佐次兵衛の孝行によって母は病気もせず、八十七歳の天寿を全うした。この話は藩主にも伝わり、大洲藩から褒美として米が与えられた。

河之内村源八夫婦

河之内村の百姓善右衛門には男子がなかったので、娘の婿養子に源八をもらった。源八夫婦の仲はよく、親の善右衛門夫婦によく尽くした。善右衛門が山仕事で遠出して遅くなる時は、源八は途中まで迎えに行き、連れ立って帰っていた。源八が遅くなる時も同様であり、親子の仲はむつまじかった。善右衛門が隠居しようと思い、本宅を譲ろうと持ちかけた時、源八夫婦は口を揃えて、家は狭く子どもも多いので、心静かに過ごす時間ももてないだろう。譲ると言われれば無理に断りはしないが、隠居はもう少し待っていただけまいか。それも都合が悪いようなら、私たち夫婦の部屋に移るという案ではどうだろうかと申し出た。善右衛

河之内（現・喜多郡内子町河之内）

門も、源八夫婦が自分の気持ちを心配して隠居を留めてくれていることがよく分かっていたので、親切を無《む》にしがたく、隠居せずにいた。

源八は働き者で年貢も滞《とどこお》らず、年貢以外の未納もなかった。家族が多く生活費もかかったが、常々親の願いは何としてでも叶えたいと思っていた。そうするうち、安芸の宮島参詣の機会があったので、善右衛門に勧めた所、長年の願いではあるが、費用がないのでお断りしようということであった。源八はなおも勧めて、気遣いには及ばない。このようなこともあろうと頼母子講《たのもしこう》★で準備しておいた金があるので、実家のある袋口《ふろく》村の庄屋に申し出て金を用意する旨を告げ、善右衛門を宮島参詣に行かせた。また、伊勢神宮へも参詣させ、そのついでに京都もひと通り見物させたいと思い、自分は質素倹約に努めて費用を準備したという。身分が低いとはいえ、養子の身で義父に孝行を尽くすということは余り例がない。これも褒美に米を与えられた。

▼頼母子講
銀行制度が整う前の民間の金融手段。構成員が少額の金を出し合い、まとまった資金をくじ引きや入札で融資し、後で利息を付けて出資者に返済していく仕組み。「頼み」が名前の由来という。現在でもよく行われている。

上灘漁師長左衛門

延享三年(一七四六)、幕府巡見使三人が大洲へ来た帰り、上灘《かみなだ》をお通りになるので網漁をお見せしようということになり、三人の漁師に指示があった。その内の一人が長左衛門であった。間もなく巡見使が到着し駕籠を止めて見物し始めたので、三人は網子を引き連れて「えい」とかけ声を発して網を上げた。二人の獲物は少なかったのに長左衛門は真心が神に通じたのか、まぐれかもしれないが幸い大漁であった。巡見使はそれを見て大変喜び、銭をたくさんくれたのである。もし長左衛門の網も魚が少なければ、せっかく見物に来てくれたのに気の毒なことになるところであった。

巡見使が引き揚げる途中で立ち寄った庄屋に、長左衛門の網漁の話をして嬉《うれ》しそうにしていたので、庄屋も長左衛門の生活ぶりや上《かみ》を敬う心が深いこと、先年殿様より褒美をもらったことなどを話したところ、巡見使の三人はことのほか感心したという。

漁師で身分は低くても、よこしまな考えがなければいいことがあるものだ。長左衛門はのちのち子孫も増え、仲むつまじく暮らしたという。

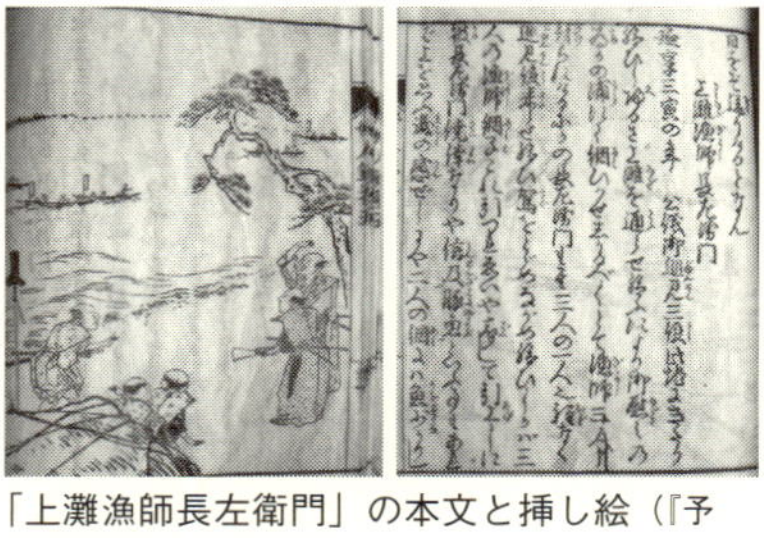
「上灘漁師長左衛門」の本文と挿し絵（『予州大洲好人録』所収）

大久喜村四兵衛

寛保二年（一七四二）十二月の早朝、大洲藩の会所★門前に百姓と思われる老人が立っていた。目付《めつけ》が名前を尋ねたところ、一昨年、番所の灯心代《とうしんだい》を差し上げた大久喜《おおぐき》村の百姓四兵衛と答えた。そして、何分《なにぶん》長生きもおぼつかない老年の身、去年と今年二年分の灯心代を持参した。本来、村役人を通じて差し上げるべきと

▼会所
藩の行財政を執行する郡奉行配下の役所で、町役人や村役人などが詰めていた。

ころ、世話をかけるのも気の毒であるし、一昨年も直接持参したので今回も持って来たと言って銭二四文を差し出した。

　役人はそのいきさつを聞き、変わらぬ志で老年の身を押してはるばる出てきたことに感じ入り、大久喜村担当の代官を呼んで四兵衛を白州《しらす》に案内した。そこで郡奉行《こおりぶぎょう》が労をねぎらい、さらに銭を持参した行為をほめると四兵衛は礼を述べ、唐黍《とうきび》の殻で作った手箒《てぼうき》四本とひと包みの無患子《むくろじ》を取り出した。そして、恩に報いる物をと考え、自作の箒を持参したので使っていただきたい。また、この無患子は自宅で採れた木の実で、役人の子どもたちに差し上げたいと思っている。無患子という物は、外見は自分たちのようにパッとしないが、中の実は丸く美しくて、まるで玉のようなものである。床に転がしてもゴミも塵も付かないので、殿様ご家族の姫様も遊びに使われると聞いている。

　自分たちは身分が低く、田舎住まいの身だが、この無患子を見て感じるのは、貧しい百姓は粗末な着物を着て、手足は肥《こえ》や灰にまみれ、年を取るとなおさら見苦しくなってくる。しかし、心はこの無患子の美しい玉のようにありたいと思い、家内・村内ともに玉のように美しい心でむつみ合っていきたいと願っているというような話をした。

　これを聞いた郡奉行は感心して、勝手の方で茶を飲んで十分休み、食事もして帰るよう話した。四兵衛は一礼して立ち上がったが、すぐに帰ろうとしたので、

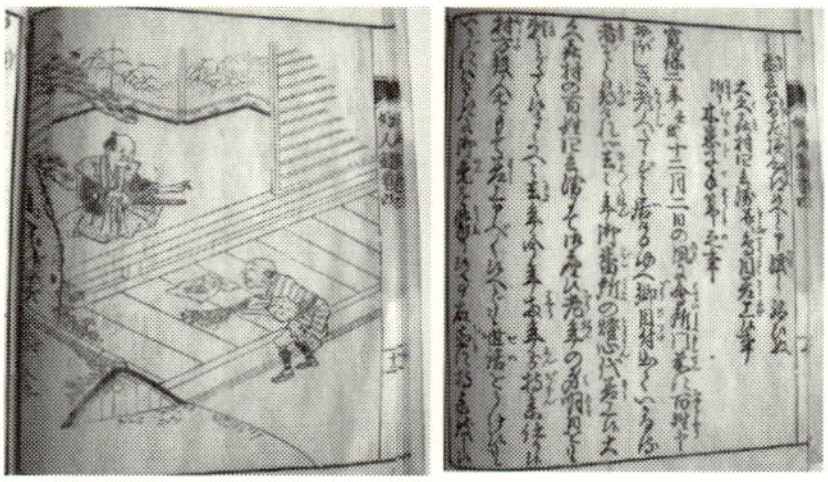
「大久喜村四兵衛」の本文と挿し絵（『予州大洲好人録』所収）

担当の代官や役人が留めた。すると四兵衛は、来る途中、知人宅で茶菓子を食べた。朝飯も頼んでいるので、そこへ行く旨を告げて帰ろうとした。役人は、それでは朝飯が遅くなるだろうとなおも食事を勧めたが、四兵衛は笑いながら、食事が何時間も遅れるのはいつものことなので、何ら支障はない。こちらでご馳走になっては知人に頼んだ朝飯が無駄になるばかりか、約束を違《たが》えることにもなるので知人宅へ行く、と言って会所を退出した。この老人の行為のみならず、偽りのない言葉にも皆が感じ入った。

この経緯が藩主にも伝わり、大洲藩から褒美として持高のうち、半分を免税扱いにするという措置が取られた。

八日市村正木喜右衛門

喜右衛門は内之子の八日市村に住んでいた。享保十七年（一七三二）に蝗害《こうがい》が発生し、伊予にも大きな被害をもたらして、やがて飢人が多く出はじめた。喜右衛門の田畑の作柄《さくがら》が特によかったというわけではなかったが、喜右衛門は早くから飢人の救済に当たった。しかし、救済にあてられる米穀にも限りがあり、やがて底をついた。飢人は日増しに増えたので、喜右衛門は伝来の田畑を売り払ってまで金をつくり、その金で麦・稗《ひえ》・砂糖黍《きび》などの食糧を調達して飢人を救済した。

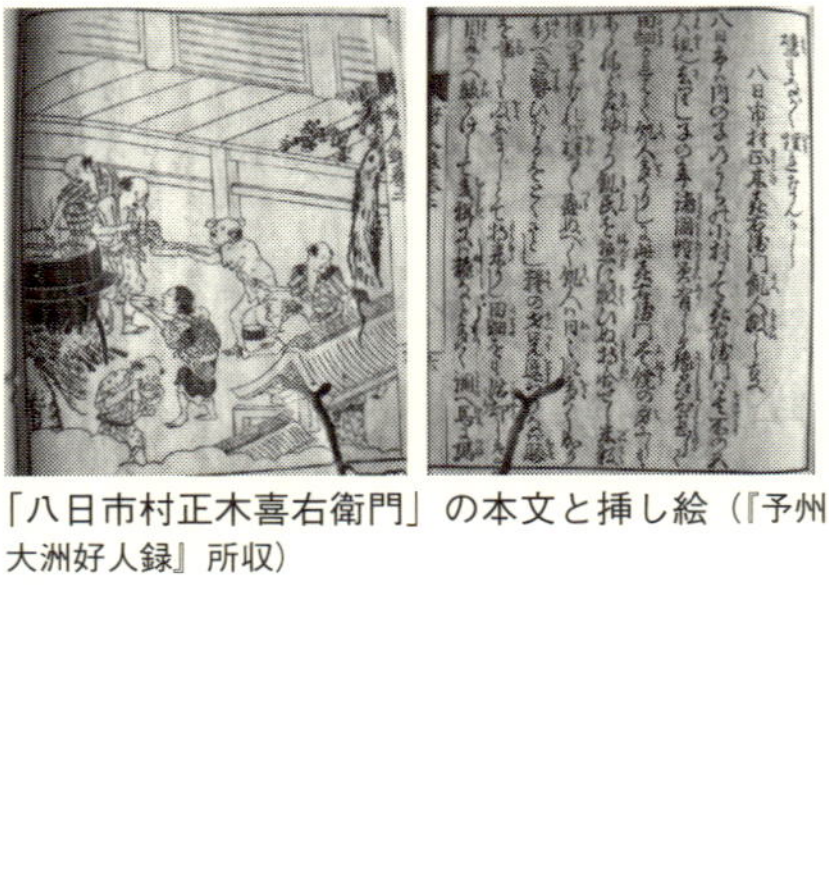

「八日市村正木喜右衛門」の本文と挿し絵（『予州大洲好人録』所収）

喜右衛門の救済活動により、餓死を免れた者が多かった。

大洲藩主はこの行為に感心して、扶持米などの褒美を与えた。その後幕府から諸国で飢人の救済に当たった者の調査があり、大洲藩でも何人かの名前があがったが、さすがに喜右衛門のような例はなかったので、幕府へは喜右衛門の名前を報告した。

元文四年（一七三九）には大洲藩から正木の苗字を名乗ることを許可された。

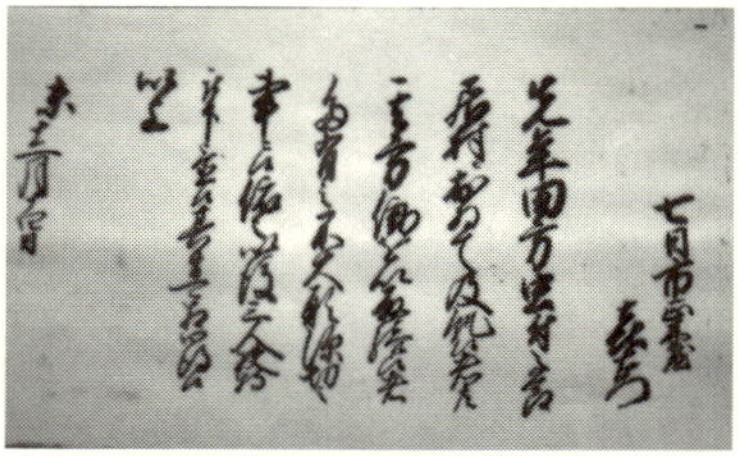

正木喜右衛門への褒美状
（大村博氏収集資料／内子町蔵）

③

加藤家六代・泰衘

財政難のため、家督相続時に江戸屋敷で行われる幕府老中への供応が遅れた。年貢の計量を繰棒から直棒へ、六年後にまた繰棒へ戻し、農民は混乱し不満が高まった。禄高百石の藩士の実収入は、四十石が目安だったが、ついには十五石ほどに。

財政の窮乏と修史事業

六代加藤出羽守泰衘《やすみち》は享保十三年（一七二八）、分家の池ノ端《いけのはた》家加藤文麗（泰都）の子として生まれたので泰温と直接の親子関係はないが、延享二年（一七四五）泰温の死去にともなって泰温の娘を娶《めと》り、家督を継いだ。幕府の公役は朝鮮通信使や勅使の供応役を務めた。泰衘の時も幕府に願い出て延享三年から藩札（延享札）を発行した。また、紙方仲買連中が定められ、和紙は藩の重要な産物に位置づけられた。藩財政は窮乏を究め、延享五年から三年間の省略令を発令したが、藩士の手取りの禄は高百石につき二十石に満たないという低さであった。寛延元年（一七四八）にも三カ年の省略令が発せられ、藩士の収入が減少したため、計棒を泰温が定めた直棒から再び繰棒に改めて年貢の増収を図った。こうした中

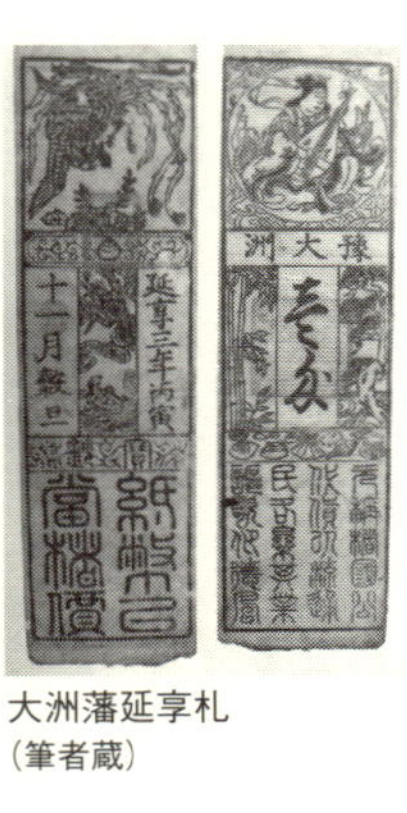

大洲藩延享札
（筆者蔵）

で寛延三年、藩政を揺るがす大規模な百姓一揆である「内之子騒動」が起こった。
この頃、財政難と省略により、藩士の収入は高百石に付き十五石という低さになった。宝暦五年（一七五五）と十一年、麻生村と松山藩領森松村との間に水争いが起こっている。宝暦十年には和紙の原料である楮の藩買い上げが実施され、専売制が開始された。また、凶作に備えて各村に麦の非常備蓄が命じられた。

泰衎は学問、特に歴史に造詣が深く、広く資料を収集して泰衎なりの検討を加え、宝暦九年（一七五九）に『北藤録』二〇巻を作成した。歴史に興味のある者たちを集め、光泰以来百五十年の昔語りをさせた。これをまとめて作成された『温故集』は、内容的に資料的価値の比較的高いものが多いといわれている。

泰衎は、五代泰温の時に計画されながら、泰温の死去によって実現を見なかった藩校の工事を再開し、延享四年、止善《しぜん》書院明倫堂が落成した。

こうした修史事業や学問の奨励の背景には、全国的な傾向として、たび重なる俸禄のカットによってうっ積した藩士の不満をはじめ、年貢や諸負担の増加に対する農民の不満があった。

大洲藩では加藤家四代泰統の頃から、天災などによる収入の減少と貨幣経済の浸透による出費の増加、大名の経済力を削ぐ幕府の政策などによって、藩財政の窮乏が恒常化しようとしていた。これに対して藩の財政政策は、収入をあくまで年貢に頼ろうとする農本主義から脱却することができなかったので、自然災害の

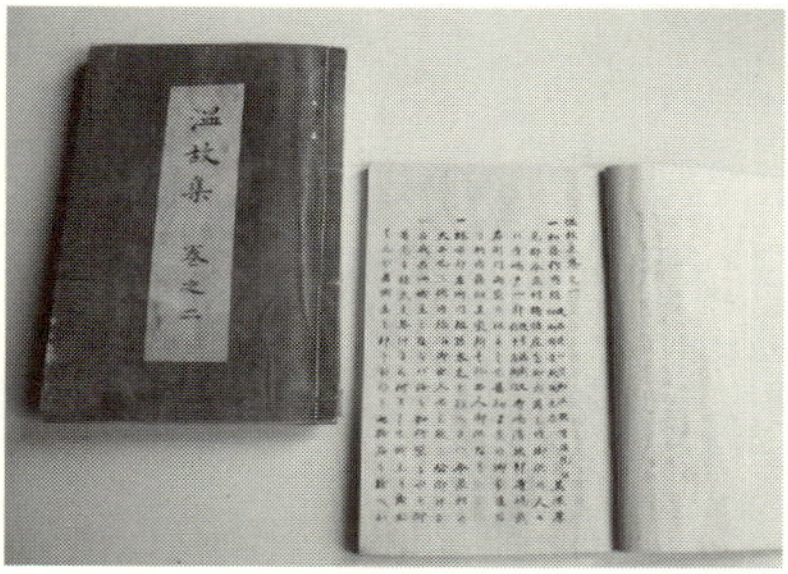

『温故集』（大洲市立博物館蔵）

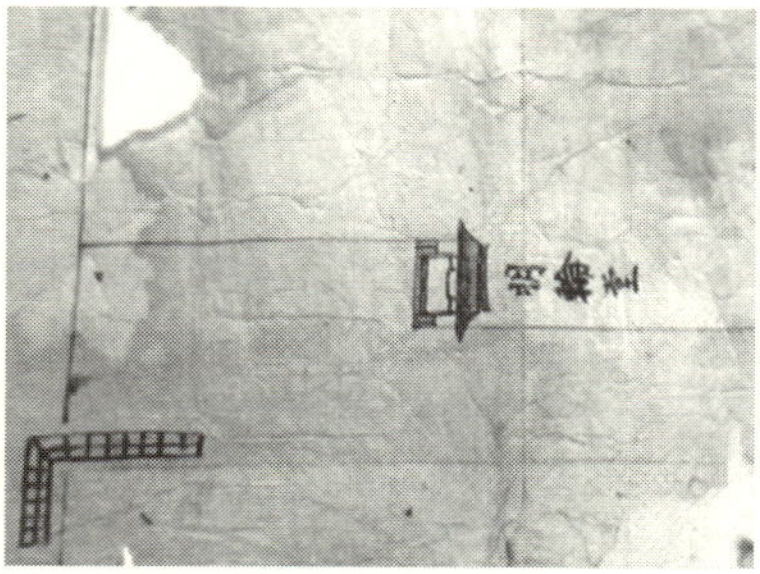
藩校「明倫堂」が描かれた絵図
（大洲市立博物館蔵）

影響で収入が安定することは稀《まれ》であった。一方、次第に成長していく商人に対しては、御用銀などの一時的な負担を求めることはあっても、基本的には商業の発展を抑える抑商政策が取られたので、安定的な収入が期待できる商業に収入の軸足を移していくことはなかった。

このような状況のもとで、負担を強いる藩士に対しては、修史事業によって藩や藩主の正当性を再認識させ、学問の奨励によって藩への忠義心を高め、忠良な臣になるよう求めた。また、農民や町人に対しては、教化を行ったり親孝行や善行を表彰したりして、藩政に協力する、或いは反抗しない従順な領民になることを求めたのである。

内之子騒動

藩財政窮乏のさなかの寛延三年（一七五〇）、藩政を揺るがす大規模な百姓一揆である内之子騒動が起こった。

寛延二年の冬、小田筋の松山藩境近くの百姓は、庄屋を通じてさまざまな要求を代官に内々に願い出ていたにもかかわらず、取り上げられなかったので不満をつのらせていた。翌年になっても何の回答も示されなかったため、寛延三年一月十六日、百姓たちはついに決起した。徒党決起の回状を投げ込まれた寺村（現・

内子町小田）の清兵衛は、早速それを庄屋栗田吉右衛門宅に届けた。ちょうど一揆について協議していた庄屋は、このまま捨て置けないと清兵衛を監禁し、飛脚を派遣して大洲藩に報告しようとした。飛脚と行き合わせた百姓約一五〇〇人は飛脚から清兵衛を監禁した理由を聞くとともに、庄屋が大洲藩に提出しようとしていた書状を取り上げて庄屋宅に押し寄せた。恐れをなした庄屋が逃げたため、庄屋の家を打ち壊して清兵衛を奪還した。

一月十七日、一揆勢は約二〇〇〇人になり、薄木（臼杵）・中田渡《なかたど》村庄屋の家を打ち壊そうとしたが、村役人の申し入れで中止した。

一月十八日、一揆勢は村前《むらさき》方面に移動して庄屋宅を打ち壊そうとしたが、奥筋八カ村の人数の動員に協力することを条件に中止した。

別動隊は惣津《そうづ》村より中山（現・伊予市中山）に進み、美濃屋・玉屋を打ち壊そうとしたが、謝罪をしたので軽微な打ち壊しに留《とど》め、人数の駆り出しに向かった。

一月十九日、一隊は中山から五百木《いおき》（現・内子町五百木）に向かい、又吉の家に大縄をかけて壊し、米俵から道具まで残らず破棄した。

ついで高橋庄屋宅の打ち壊しに向かったが、村役人の申し入れで中止し、柱に傷をつける程度に留めた。

別の一隊は論田《ろんでん》村から人数を増やしながら五十崎《いかざき》川原に向かい、ここで二つの隊が合流した。その後、綿屋源六宅・宿間村庄屋宅を打ち壊したが、平岡村庄屋については村からの申し出により、今後は大庄屋をしないこと、川渡しに便宜を図ることを条件に打ち壊しを中止した。

一月二十日、一揆勢約一万八〇〇〇人は内之子川原に集結し、材料や道具を取り寄せて小屋を作った。

一月二十三日、事態を収拾するために新谷藩役人が内之子に派遣されたのを受けて、百姓側は二九カ条の願い書を提出した。

1　年貢率は四公六民の定率としてほしい。
2　災害時には必要に応じて年貢を割り引いてほしい。
3　年貢計量の時、計り捨ての分を役人の収入にしないでほしい。
4　年貢計量は繰棒でなく、直棒を用いてほしい。
5　小物成★は収穫高にかけてほしい。
6　小物成上納に際して、特定商人の請け負いをやめてほしい。
7　すべての座を廃止してほしい。
8　昨年分の御用大豆の拠出はできない。すでに納めた村へは返却してほしい。
9　先納米★は元利ともに返却してほしい。
10　役人の領内巡見の際、百姓の負担を軽減してほしい。
11　高付《たかつき》の田畑★に付随する竹木代銀、すでに畑に変わっている藪の竹皮代を廃

直棒と一斗枡（筆者蔵）

▼小物成
本途物成（本年貢）以外に課せられた雑税。大洲藩では胡麻、漆、縄、炭などがあった。

▼先納米
本来、現物で納入させる年貢米の一部を、収穫前に金銭で納入させるもの。

▼高付の田畑
年貢の掛かる田畑。

▼御建山
森林保護の目的で藩が設けた藩有林。農民の草木採取は禁止された。

止してほしい。

12 御建山《おたてやま》★の下刈りを許可してほしい。

13 御用茅《ごようかや》★の拠出を廃止してほしい。

14 庄屋の帯刀特権を取り上げ、本川、日野々川、大平、父ノ川、立山、山鳥坂各村の悪庄屋と、山鳥坂村組頭を替えてほしい。

15 庄屋が大洲へ出勤する際の人足は一人とし、馬や駕籠には庄屋人足を使用してほしい。

16 鷹役人による作物荒しをしないでほしい。

17 役人による無理な頼母子講の強要をしないでほしい。

18 柚木村、黒木村の足役《あしやく》★は如法寺までとしてほしい。

19 御用紙《ごようがみ》は町並みの値段で買い取ってほしい。

20 藩主の用で出勤した浦方水主の者に、手当てを支給してほしい。また、川舟御用★で出勤した際は、所定の川舟運賃を支給してほしい。

21 庄屋の年貢掛物★は百姓並みにしてほしい。

22 大井出《おおいで》★については、井出料の掛かっていない所へも公平に割り付けてほしい。

23 藩の侍が柴刈りのために百姓の山へ無断で立ち入らないでほしい。

24 灘御蔵★への年貢納入は斗《と》単位にしてほしい。♣

▼御用茅
藩で使用する茅を農民に割り当てて納めさせたもの。

▼足役
荷物運搬の人足。

▼川舟御用
肱川の川舟を使用する藩の公用。

▼年貢掛物
年貢に付随した付加税。

▼大井出
規模のやや大きい用水路。

▼灘御蔵
大坂蔵屋敷に船で運搬する藩内一二カ村の年貢米を貯蔵するために、上灘（現・伊予市双海町）に設けられた大洲藩の蔵。

♣
一二カ村のうち、串村（現・伊予市双海町）の年貢米は四百五十六石七斗八升一合、大久保村（同双海町）は二百六十六石九斗二升八合である。これを斗未満切り捨てにしてほしいということ。

25　米、大豆の納入に際して、現物納か銀納かの選択は百姓の自由にさせてほしい。
26　藩による庄屋支配★の際、百姓に負担をかけないようにしてほしい。
27　藩士が藩から借財することをやめてほしい（財政が窮乏し、年貢増徴に繋《つな》がるため）。
28　政治は殿様が直接行ってほしい。
29　町人の扶持米や苗字の特権を取り上げてほしい。

これらの要求を見ると、藩が何かにつけて百姓から税を少しでも多く取ろうとしたり、労力を徴発したりしていたことが分かる。たとえば4で、年貢計量の時に「繰棒」ではなく「直棒」を用いるように要求している。繰棒の実物が伝わっていないので分からないが、繰棒を使えば、その分、米を多く徴収できるのである。24では、年貢がどんぶり勘定によって、俵単位に切り上げられて多く集められていたということを示している。5では、小物成を収穫高にかければ収入が不安定になるが、持高にかければ豊凶にかかわりなく安定した収入が確保できることになる。11では、課税の田畑に割り付けられていた竹や木の納入が、いつしか現物から銀納に変わり、藪にも竹皮の納入が課せられていたが、いつしか「竹皮代」に変わったことが分かる。しかも開墾によって藪が畑になっていたにもかかわらず、竹皮代が廃止されずに残り続けていたようである。10・15・20・26では、

▼庄屋支配
財政が逼迫した庄屋について、藩の指示で業務を遂行させること。

役人の領内巡見をはじめ庄屋の業務遂行や大洲出勤の際などには、百姓が人足として使われ、藩の御用で舟を動かした際にも海岸部や川沿いの要員が使われ、いずれも無賃であったことがうかがわれる。

庄屋や特権商人等に関しては、14で庄屋の帯刀特権の廃止と「悪庄屋」の交替が求められている。6では、年貢上納を商人が請け負い、7・19では、百姓が漉《す》いた紙などを座の組織が相場より安い値段で買い取っていたようである。このように、庄屋などが藩から優遇されている上に特権を笠に着て偉そうに振る舞ったり、特権商人が百姓に入るべき賃銭などをピンハネしたりしていた状況が推察される。さらに29にあるように、町人についても扶持米や苗字の特権が与えられる者があり、百姓が快く思っていなかった様子が分かる。

役人についてもさまざまな問題が指摘されている。3によれば、年貢計量の時には米を計り枡に多く盛って計棒で計るので、計る度に余分の米が落ちて残る。その米を役人が集めて持ち帰り、自分の収入にしているというのである。17では、役人の都合で頼母子講がたびたび催され、金を集められていたことが分かる。頼母子講では、出した資金はいずれ返って来る（であろう）とはいえ、役人の都合で何回も頼母子講を実施させられた場合、たびたび資金を出さなければならず、迷惑であることは間違いない。このほか16・23で、鷹狩に備えたと思われる日頃の訓練の時に田畑を荒らして、百姓が迷惑するという状況があったことが分かる。

このように百姓の要求には、いわゆる「藩庁日誌」など藩の公式な記録には書かれないような当時のさまざまな状況が生々しく反映されている。

これに対する藩の回答は次のようになっている。

○小物成を収穫高にかけることは古法とは違うので、認められない。

○藩財政の現状では、先納米の返済はできない。状況を見て措置する。

○御用茅は古法の通りであるから従来通りとする。

○藩の侍による百姓の山での柴刈りは、古来の慣習であるので従来通りとする。

また、条件付きで承認した事項は次のようになっている。

○御建山の下刈りについては、若木が生育した後に許可する。

○公用川舟御用は従来通りであるが、遊興目的の場合は運賃を支給する。

○庄屋持高について、年貢は古法の通りであるが、掛物は百姓並みとする。

○大井出料は古来の慣習があるので新規徴収はできない。将来についてはその時点で検討する。

○庄屋が財政的に行き詰まり、藩の支配を受けるようになった理由が納得のいくものであれば、村方に負担をかけることもあるが、身持ちの悪さやおごりなどが理由の場合は、村方へ負担をかけない。

このように、藩としては昔からの決まりや習わしに基づくものは要求を認めていない。百姓側も「古来の慣習」と言われれば、それ以上言えなかったようであ

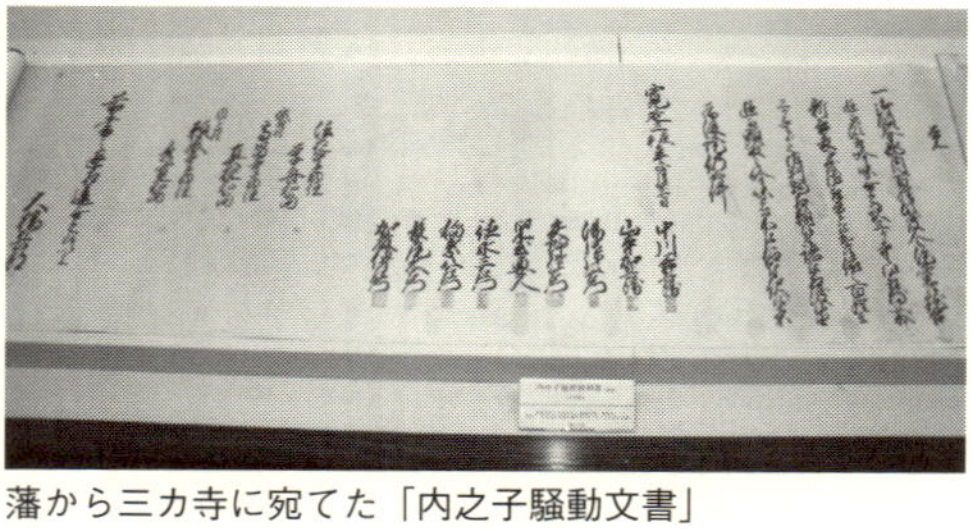

藩から三カ寺に宛てた「内之子騒動文書」
（商いと暮らし博物館蔵／喜多郡内子町）

る。しかし、条件付き承認事項にあるように、古来の慣習ではない部分や筋の通らないことがらについては、藩も認める方向になっている。

このほか、藩が直接回答しなかった部分については、新谷《にいや》藩家老から、庄屋の罷免《ひめん》や更迭《こうてつ》、商人への罰金、役人による頼母子講強要の禁止をはじめ、首謀者の追及をしないことが示されて、百姓の要求のほとんどが認められた。

ただ、百姓側には「殿様が藩政を直接担当してくれればもっとよい世の中になるのでは」という、いわゆる水戸黄門の出現を期待するような願望があり、百姓が武士の支配体制をくつがえそうというまでの思想はなかったといえよう。したがって、年貢の減免など百姓の要求がある程度認められれば、一揆はそれで終わりであった。

「内之子騒動」では、新谷藩家老から、首謀者の追及をしないことを告げられていたのに、百姓たちは追及を恐れてなかなか帰村しなかった。そこで大洲法華寺住職学舟和尚・内之子高昌寺真猊《しんげい》和尚・願成寺《がんじょうじ》秀寛和尚は大洲藩に頭取（首謀者）の追及をしないことを申し入れ、約束を取り付けた。しかし、百姓側は書面による保証を求めたため、住職らは再び大洲藩に交渉して家老以下諸役人の連名の約定書《やくじょうしょ》を受け取り、百姓側には三カ寺住職連名の書面を渡したので、ようやく百姓側も納得して二十八日の朝、帰村を始めた。

しかし、事態はこれでは終わらなかった。首謀者の追及は行わないという約束

三カ寺の住職が連名で百姓側に渡した文書
（「護国山雑録」所収／内子町蔵）

真猊墓碑（高昌寺／喜多郡内子町城廻）

にもかかわらず、「安川文書」によれば、一揆終結後の二月末、大洲藩の郡奉行などがやってきて百姓一四～五人を尋問し、頭取の吟味を行った。その結果、頭取は露峰村の丸右衛門・薄木（臼杵）村の権四郎と判明し、内之子川原までやって来て願書の世話人になった宿間村林七、村前村彦助、同村与右衛門らと合わせて入牢になった。その後、彦助は許されて自宅謹慎になり、丸右衛門・権四郎・林七・与右衛門も同じ扱いにするという指示があった。しかし、藩主が大洲に帰城し百姓との約束を重視したためか、全員無罪放免になったという。

④

加藤家七代・泰武から九代・泰候まで

加藤家五代藩主泰温の娘婿泰衑は、泰武に遠慮して若くして隠居しようとした。財政難は続き、禄高百石の藩士の実収入は、最低の九人扶持の年が記録に残るだけで四回も。泰候の治政十八年のうち、十年間は「省略令」が発せられた窮屈な時期であった。

短命な治政の泰武と泰行、災害に苦しむ泰候

七代加藤遠江守泰武《やすたけ》は、泰温の二男として父の没後の延享二年（一七四五）に生まれ、宝暦十二年（一七六二）に家督を継いだ。

幕府の公役は朝鮮通信使の供応役や尾張・美濃・伊勢の川普請を務めたが、費用捻出のため、家臣や村々への献米や献銀を割り付けた。同年、麻生村周辺では水争いがあり、長浜で一七八軒を焼く大火が発生した。

財政難のため、藩士の収入は高百石に付き九人扶持に減少した。さらに享保七年（一七二二）に焼失していた三之丸南隅櫓が、明和三年（一七六六）、四十五年ぶりに再建された。大洲藩がかかえていた城下のいくつかの工事は遅々として進まず、大幅に遅れるという有様であった。

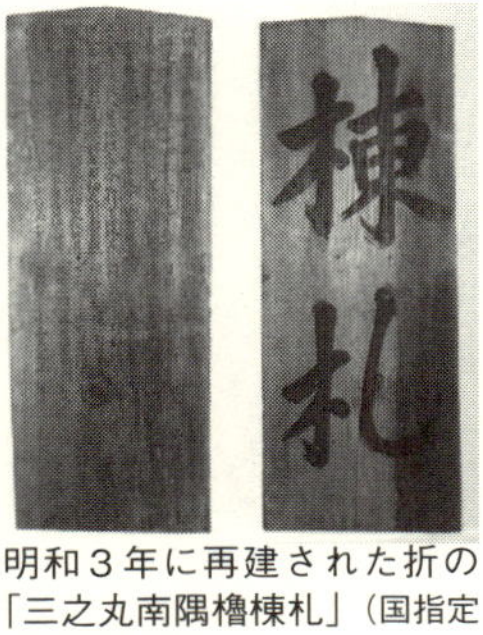

明和３年に再建された折の「三之丸南隅櫓棟札」（国指定重要文化財）
（大洲市立博物館保管）

八代加藤出羽守泰行は泰衎の長男として宝暦三年に生まれ、明和五年に家督を継いだものの翌年死去し、治政はわずか一年余で終わった。この間、湊町（現・伊予市湊町）で約八〇軒を焼失する火災が発生している。

九代加藤遠江守泰候《やすとき》は泰衎の四男として宝暦十年に生まれ、明和六年の泰行の死去に伴って家督を継いだ。翌明和七年、蔵川騒動が発生した。明和八年には麻生村周辺で再び水争いが起こり、二名の死者が出た。安永四年（一七七五）には砥部焼の生産が始まり、次第に地場産業として定着していくことになる。天明元年（一七八一）、大洲領大南村と新谷領黒田村の村替えが行われ、八幡神社神官の常磐井氏が、のちに「古学堂」とよばれる私学を創設した。

泰候にも幕府公役はたびたび課せられ、火防役・勅使供応役などを務めた。また、天明六年に命じられた関東から伊豆にかけての川普請は、従来の工事の請け負いという方式ではなく、工事費を納入するというものであった。大洲藩が幕府に納めた約六四〇〇両が藩財政を圧迫したことはいうまでもない。

災害では、明和七年、忽那《くつな》島では一四六軒を焼く大火が発生した。明和七、八年の干ばつによる不作で、生活困窮者が増加した。明和八年には江戸で大洲藩上屋敷が焼失している。明和九年にも江戸で大火があり、大洲藩の下谷《したや》屋敷、新谷藩の浅草屋敷などが焼失した。大洲藩では経費節約のため、大洲城内の屋敷や長屋を解体し、藩の船で江戸に運んだという。泰候時代には、このほか城下でたび

蔵川集落（大洲市蔵川）

たび発生した火災をはじめ、長雨や洪水による損耗《そんもう》にも苦しめられた。

蔵川騒動

明和七年（一七七〇）三月二十三日、年貢の軽減を願い出て聞き入れられなかったためと伝えられる理由（詳細不明）で、蔵川の百姓一六〇人が宇和島領に逃《ちょう》散《さん》し、翌日、野村に至った。大洲藩役人の説得によって帰村したものの、藩による首謀者の探索が厳しく行われた。しかし首謀者の特定ができなかったため、藩は蔵川の庄屋・組頭を逮捕した。

これを知った日ノ平の百姓吉右衛門と新之丞の二人が、頭取であると名乗り出たので、十月十九日、藩は二人を徒党を企てた罪で打ち首にした。首は荒間地《あらまじ》峠《とうげ》に七日間さらされたが、その間、新之丞の妻は三〇町（約三・三キロメートル）も離れた峠から毎晩夫の首を自宅に持ち帰り、首に添い寝して明け方に峠に戻していたという。二人の行為に恩義を感じた村人は、名前を刻した石仏を寄進して供養した。また、毎年の施餓鬼《せがき》の時には、村ではどの家でも供養の一升念仏★を行っていた。

荒間地峠の石仏（大洲市蔵川）

二人の名を刻した桜休場（さくらやすば）供養仏。右に「吉右衛門」、左に「新之丞」と見える（大洲市蔵川）

▼一升念仏
米一粒に一回念仏を唱え、一升に達するまで続ける。

寺院支配

江戸時代の寺院支配は寺院法度《はっと》に基づいて行われていたが、武士や農民に影響力があるとみなされた曹洞宗については、関三刹（関東三カ寺）として龍穏寺（武蔵国（埼玉県））・大中寺（下野国（栃木県））・総寧寺（下総国（千葉県））の三カ寺を僧録司《そうろくし》に任命して宗派の統制に当たらせた。そしてこの三カ寺が、各地に録所という下部機関を置いて地域の寺院を統制した。もちろん本山・末寺の枠とは別組織になる。

さて、伊予国の曹洞宗寺院は最初龍沢寺《りゅうたくじ》（宇和島藩領内（西予市））という一つの録所による支配であった。しかしその後、松山・今治・小松・西条藩については松山藩にある龍穏寺の支配に分割されたので、以来龍沢寺と龍穏寺の二寺による支配に変更になり、大洲藩の曹洞宗諸寺院は今まで通り龍沢寺の支配下に入った。しかしその後、大洲藩の諸寺院についてはは宇和島藩領にまで出向かなくても、大洲藩内での支配ですむよう制度を改めてもらいたいと願い出たことが、思

法華寺（大洲市西大洲）

龍沢寺（西予市城川町）

渓寿寺（大洲市菅田宇津）

高昌寺（喜多郡内子町城廻）

わぬ騒動に発展した。

　安永九年（一七八〇）、大洲藩内の法華寺《ほっけじ》（大洲市）・高昌寺（内子町）・渓寿寺《けいじゅじ》（大洲市）の三寺院は連名で、大洲藩の曹洞宗諸寺院が宇和島藩領の寺院の支配を受けるとなると不便であり、かつ大洲藩政にも多少の支障が出ることもあると思われる。大洲藩内の曹洞宗諸寺院は藩内の録所の支配を受けられるように変更をお願いしたい、という願書《ねがいしょ》を藩に提出した。

　この計画に最も熱心に取り組んだのは、高昌寺第二十代住職の卓龍和尚であった。和尚は末寺の梅原寺《ばいげんじ》（伊予市中山町）和尚を江戸に派遣して問い合わせを行った。その後、備中（岡山県）の寺院について近年、分録が認められたという情報があり、卓龍和尚は江戸へ出向きたいという意向を有するようになった。関係する庄屋らは、この件は世の中の流れもあり、よい方向に事が運ぶかもしれないので、大洲藩に取り扱いを任せてしばらく待ってみてはどうかと進言したが、卓龍和尚は「入湯願《にゅうとうねがい》」（湯治願い）を申請するなど、江戸行きの意向が強かった。

　大洲藩では家老が江戸の寺社方に問い合わせを行ったところ、分録は大変困難であり、まず実現の見込みはないという返答があった。しかし卓龍和尚はあきらめず、末寺の梅原寺和尚を江戸に派遣して情報を集めさせた。こうした独自の動きが勝手な振る舞いと受け取られ、やがて卓龍和尚のもとに大洲の龍護山曹渓《りょうごさんそうけい》禅院《ぜんいん》（以下、曹渓院）から、六カ条の質問状が届いた。ただ、臨済宗の曹渓院は

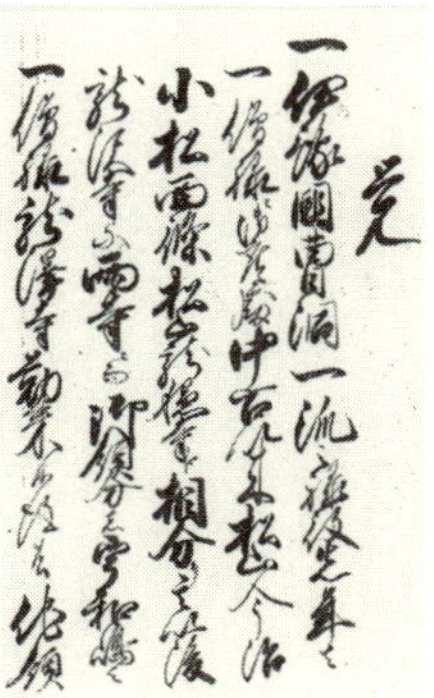

「分録願」冒頭部（「高橋文書」所収「護国山雑録」より／左二点も）

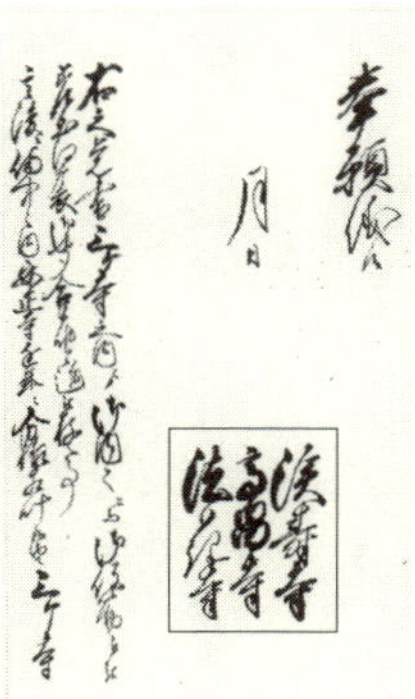

「分録願」末尾。右から「渓壽（寿）寺」「高昌寺」「法花（華）寺」と三カ寺が連署している

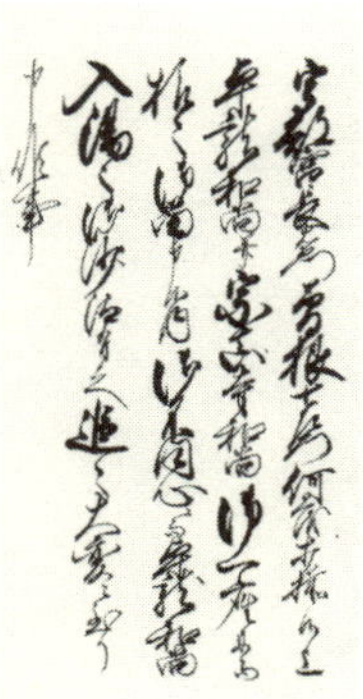

卓龍和尚への「入湯沙汰（許可）書。四行目冒頭に「入湯の御沙汰有之（これあり）」と見える

曹洞宗ではないが、大洲藩の命を受けて藩内の全宗派の寺院を統括する役寺《やくじ》としての位置付けになっているので、寺院に何か問題があれば役目を執行することができるのである。

さて、六カ条の質問状の中で主なものの趣旨は次の通りである。

一、分録については、藩から江戸に問い合わせた結果無理ということになり、その旨を承知したはずだ。しかし、入湯の目的は江戸で懇意な和尚に会って様子を聞きたいとのことだが、録所には江戸行きの申請が出されていない。これはどうしたことか。

一、願書にはあたかも殿様が分録を望んでいるように書かれているが、どういうことであるか。

一、三カ寺が集まって願書について相談したのはいつのことであるか。

一、寺院に問題が起こった時、他領と交渉することがないようにしなさいと殿様が言ったように書かれているがどうか。

このように願書の表現を含めて、真意を問いただす内容になっている。これに対して卓龍和尚は全部の質問に対する回答を認《したた》めた五月一日付の返答書を準備し、法華寺と渓寿寺に相談したところ、法華寺からこのような文書は残しておかない方がのちのちのためによいという意見があり、不本意ながら提出を見合わせた。

結局、卓龍和尚は、尋ねについては承知したが、私がお答えすべき筋のものでは

龍護山曹渓禅院（大洲市大洲）

梅原寺（伊予市中山町）

ないと考える。分録の件は以後何ら異議を申し上げることはないので、お許しいただきたいという旨の返書を五月二日付で曹渓院に差し出した。

卓龍和尚の処分

しかし、卓龍和尚に対する処分は迅速であった。翌五月三日、曹渓院役僧★から、分録の件は結果を藩から通達したにもかかわらず、家老が一度取り扱った件について、あえて勝手な動きをすることは問題である。そのほか、六カ条に対して何の回答もない、といった理由で閉居（閉門謹慎）に処するという申し渡しがあった。

さらに五月九日、高昌寺において曹渓院役僧と大洲藩郷目付《ごうめつけ》二人から、この件は大洲藩でも追及しなくてはならないという動きになったけれども、今月は前々藩主（七代泰武）の追善供養があるので、恩赦ということで退院（住職辞任）に処する、という趣旨の曹渓院名の申し渡しが行われた。これに対して卓龍和尚もその場ですぐには了承せず、住職は直接の本山である泰雲寺《たいうんじ》（山口県）から任命されたものなので、本山へ問い合わせる間、退院はしばらく猶予をいただきたいとささやかな抵抗を試みている。

しかし五月十三日、高昌寺に龍沢寺と曹渓院の役僧、大洲藩郷目付二人の計四人が訪れて、曹渓院名で、追善供養があるという理由で退院に処したにもかかわ

▼役僧
役目を帯びた僧のこと。ここでは、大洲藩内の寺院を監督する役割の僧をいう。

らず、猶予の申し出があった。恩情をもって退院という処分に留めたのに、何かと理由をつけるのはますます問題であるので、追院（住職罷免）に処するという、より厳しい処分の申し渡しを行った。

それが終わると卓龍和尚は本尊の前で最後の勤行《ごんぎょう》を行い、高昌寺をあとにして末寺の徳林寺（内子町五百木）へ向かった。その時檀家はもとより大勢の村人が集まって途中まで見送ったが、卓龍和尚の無念の胸中を察して皆気の毒に感じていたという。さらにその後、和尚は徳林寺から備後の能満寺（広島県福山市）に移った。

この件について、願書を見れば、大洲藩主から関三刹に依頼すれば簡単に認可されると思っていたのに、大洲藩は寺社奉行所に問い合わせたので、分録の件は困難であるという見解が出されて実現しなかった。それでも卓龍和尚が引き下がらず、江戸に行きたいとまで思ったのは、もう一度大洲藩から関三刹の方に依頼してもらうための環境を整えたいという思いがあったのかもしれない。

結局、法華寺・高昌寺・渓寿寺の連名で願書を提出したが、卓龍和尚一人に追及の矛先《ほこさき》が向けられた。卓龍和尚としては藩内の曹洞宗諸寺院の便宜を図りたいという一心で行ったことであり、事の性質上、私利私欲の入る余地はない。むしろ三寺住職の中で一番熱心であったために逆に目を付けられ、その熱心さが仇《あだ》になったといえるのではなかろうか。

処分取り消しの動きと決着

高昌寺住職の後任については、泰雲寺と、龍沢寺・曹渓院・大洲藩・檀家庄屋などとの間で検討した結果、泰雲寺が任命した山口の凡道《ぼんどう》和尚に決定した。そして十一月に高昌寺第二十一代住職の晋山《しんざん》式（就任式）が行われ、正式に就任した。

この一連の動きに対し、梅原寺和尚は江戸に行って僧録司である武蔵国の龍穏寺に事の次第を訴えた。実際の交渉は同じく卓龍弟子の没底《ぼってい》和尚に引き継がれ、さらに高昌寺末寺の常楽寺（内子町村前）和尚と五百木村（内子町五百木）庄屋の高橋氏も江戸に下って共に活動することとなった。没底和尚は江戸における願いを、卓龍和尚を高昌寺住職として復帰させることに絞り、卓龍和尚が望んでいた「録所の支配領域の分割」は盛り込まなかった。

安永十年（一七八一）一月、没底和尚は龍穏寺に事の次第を申し出、録所に対して卓龍和尚の帰住を指示した関三刹の判物《はんもの》、すなわち有印の指令書とでもいうべき公文書の発行を願い出て認められた。関三刹の裁定の趣旨は「曹渓院から追院を申しつけたということであるが、高昌寺は録所（龍沢寺）支配下の寺であるので、問題があれば録所から関三刹へ届けるべきであって、その手続きがないままに追院を命じるのは録所の対応としては問題である。よって卓龍和尚の追院を

凡道墓碑（高昌寺／喜多郡内子町城廻）

常楽寺（喜多郡内子町村前）

取り消し、住職に復帰させることとする」というものであった。ただ、関三刹としては卓龍帰住の裁定は下すけれども、関係者の処分にまでは踏み込まなかった。そして地元でよく相談し、録所・大洲藩・曹渓院それぞれのメンツがつぶれないよう穏便に処置することを求めている。

この裁定を受けて三月初旬、龍沢寺は早速曹渓院と善後策を相談している。そして、龍沢寺としても穏便に扱いたいが、高昌寺には既に後任の住職が来ているので、卓龍帰住は難しい。しかし、江戸で大洲藩の戸田正蔵が関三刹と相談して決めたことなので、おろそかにはできず、現在、住職はいても卓龍帰住については内々で処理する方向が打ち出された。すぐにでも解決しそうな形勢であったが、藩としては一度発した処分を安易に取り消したりすれば、今後の藩政にも悪影響が及ぶということで権威の失墜を恐れたのであろう。

五月中旬、「さる御方」から指示があったので、五百木村の高橋庄屋は高昌寺の現住職の意向を聞いた上で、備後の卓龍和尚を訪ねて月末までいろいろ相談した。「さる御方」については明らかにされていないが、大洲藩主の可能性がある。七月には、前住職で内之子騒動の時、藩と農民との間で折衝に当たった真猊和尚からの書状を受けて再び卓龍和尚のもとを訪れている。

一方、没底和尚は、卓龍帰住に関して録所から何の返答もなく、スムーズに事が運ばないので、七月に関三刹に対して「寺社奉行所へ訴えたい」と願い出た上で奉行所に訴状を提出した。

五百木村庄屋高橋氏は八月下旬に内之子を出発し、途中大坂にいた没底和尚に合流して九月下旬、江戸に到着した。そして龍穏寺役僧★、没底和尚、常楽寺和尚、戸田正蔵氏、高橋氏らは卓龍帰住の件について何度も会合や相談を持った。しかし藩としては、事を表沙汰にせず、内済《ないさい》という形で穏便に処理したいという方針であるのに対して、龍穏寺役僧は、寺社奉行所に関係者を召喚して黒白を付けるべきであり、内済という生ぬるいことをしていたのでは関係者の目は覚めないという考えであったので、基本的な立場の違いは埋まらないまま時間ばかりが経過していった。結局この件は十月下旬に龍穏寺の手を離れ、大洲藩の意向に沿った方向で進んでいった。十一月には高橋庄屋からも、内済にしたい旨の願書が寺社奉行所に出されている。内済にするには寺社奉行所へ提出していた訴状を取り下げる必要があったようである。最終的には卓龍帰住については大洲の如法寺と五百木村庄屋が引き受けることになり、十一月中旬にその旨を寺社奉行所へ届けて訴状取り下げを申請し、内済ということで決着した。

その後、事態がどのように進んだかの記録はない。「高橋文書」に卓龍和尚の記述が現れるのは、裁定が出された天明元年から七年を隔てた天明八年のことである。当時、和尚は備後から岩国の洞泉《とうせん》寺に移っていた。五月、和尚から帰住に

▼龍穏寺役僧
国内の曹洞宗寺院を監督する役割の僧。

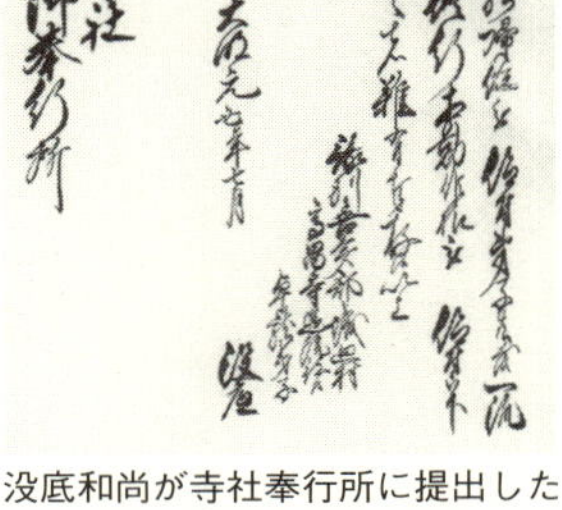

没底和尚が寺社奉行所に提出した訴状の末尾部分（「高橋文書」所収「護国山雑録」より）

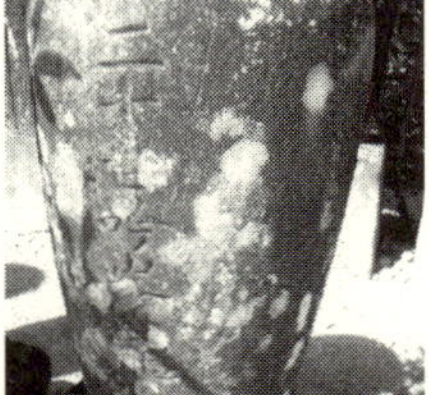

卓龍慰霊碑（高昌寺／喜多郡内子町城廻）

関するその後の成り行きの問い合わせと善処を依頼する手紙が、翌年の寛政元年（一七八九）一月には手元不如意のため援助を要請する手紙が届いた。これに対して半年後の七月、高橋庄屋・宇都宮庄屋・曽根庄屋が連名で書状と金二両を和尚のもとに送っている。しかしそれに先立つ閏六月、卓龍和尚は七十四歳の生涯を閉じていた。八月、和尚の甥にあたる岩国の渡部という侍から、生前の厚誼《こうぎ》と金子《きんす》送付に対する礼状が届き、高橋氏らは和尚の死を知った。手紙には、金子が届いたのは卓龍死後のことであったので、早速仏前に供えさせていただいた。しかしこれを私がどうこうすることもできないので、送り返させていただきたい旨の内容が記されていた。いつの時代にも私欲のない高潔な人物はいるものである。結局、送り返された金子は、卓龍和尚の弟子が住職を務める徳林寺に託された。

新谷藩と大洲藩

新谷藩内分《うちわけ》から百六十四年を経た天明七年（一七八七）、大洲藩九代藩主泰侯《やすとき》が発した「新谷御和順御書付」には、次のような趣旨が述べられている。

以前新谷分知の際、少しばかり内紛を生じたことは伝え聞いていると思う。もともと大洲藩主と新谷藩主は兄弟であったので、新谷方から自然と敬礼をして、大洲方も気持ちよく挨拶をかえしていた。しかし時の移ろいとともに藩主も代わ

徳林寺（喜多郡内子町五百木）

り、役人や村方にいたるまで、お互いよそよそしくなったのは誠に残念である。そこで一昨年より大洲・新谷それぞれ考えをもち寄り、いろいろと相談して決めた両藩の対応の仕方について、大洲藩士に申し付けた次第である。新谷方でも同様のお達しがあるので、その趣旨をよく理解して万事抜かりのないようにされたい。たとえ新谷方に不心得の向きがあったとしても、相手方の欠点に目を向ければ争いの元になるので努めて許容し、「両藩仲良く」という主意にかなうように心がけること。なお、両藩が同じ場所で一緒になる場合の取り決めは、細部まで決めるので守ること。

ということで、細部にわたって対応要領や作法が定められている。表記については、大洲方からの場合「進められ　仰せ進められ　御借用　御相談」、新谷方からの場合「差し上げられ　仰せ上げられ　御拝借　御伺い」と書き、呼び方については、新谷の藩士は大洲の殿のことを「殿」と呼び、屋敷のことは御上屋敷《おかみやしき》と呼ぶ。大洲の藩士は新谷の殿を名前で呼び、屋敷のことは○○様屋敷と呼ぶ。

このほか、次のようなことが定められた。

新谷から家老・用人・大目付が使者として大洲の殿に面会する場合、居間で直接お答えがある。そのほか一般の使者の場合は書院で直接お答えがある。終わったあと、新谷方は殿の退出を見送らなければならない。

新谷の殿へお願いがある時、名前の表記や使者に立てる役職については、大洲の殿に伺いを立てて指示を受けなければならない。但し、殿が江戸在府の場合や特別急ぐ時は、大洲の家老に相談すること。江戸における場合については、用人に相談のこと。

大洲藩の重要な法事の際、新谷の殿はお寺へ詰めること。大洲の殿が江戸在府で留守の時は、その名代《みょうだい》も兼ねること。

大洲、新谷両藩ともに馬の数が少なくなっている。しかし、いつでも貸すので、遠慮なく申し出ること。

大洲藩における新谷藩家老の席順は、中老を一人おいてその次の席であるので承知すること。

大洲の殿の縁者が新谷に行く時の作法は従来通りである。大洲の殿や家老に対する会釈《えしゃく》と同じようにすること。

新谷から使者やご機嫌伺いとして、留守居役以下の役人が大洲に出仕する場合、刀などは刀槍の間に置き、取り次ぎなしで御次《おつぎ》の間へ通ること。

但し、平侍の場合は、ご祝儀・ご機嫌伺いなど広間番が承る。江戸においてもこれに準じること。

大洲の殿が新谷の屋敷へ出かける場合、新谷の役人は全員そろって継上下《つぎかみしも》★または裏付上下を着用して出ること。

出雲守様（新谷の殿様）が年始の挨拶に大洲に来る場合、二月三月にずれ込ん

▼継上下
肩衣（かたぎぬ）と袴（はかま）の生地や色が異なる上下。上下は裃とも書く。

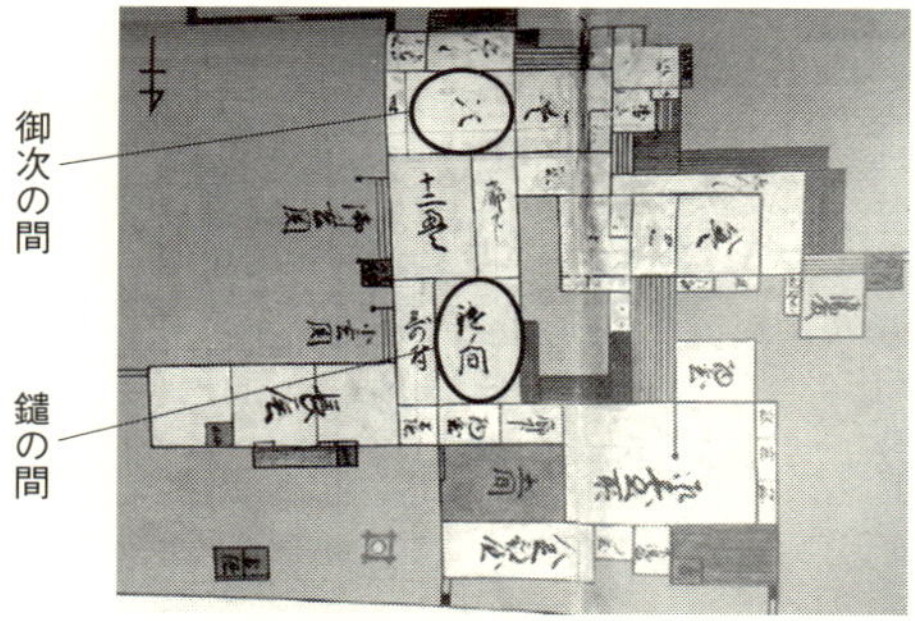

二之丸奥御殿絵図の「鑓（刀槍）の間」と「御次の間」（大洲市立博物館蔵）

だとしても、新谷の殿は熨斗目《のしめ》の上下を着用すること。役人も同様である。

出雲守様の刀は一本掛けの刀掛けに掛けて床の前に置き、供の者は縁側の下《しも》の方に置くこと。

年始挨拶の際、熨斗目は新谷の殿自身の手で差し上げること。


さらに、出雲守様が大洲へ来る場合の作法は次のように定めた。

裏門から出入りのこと。大洲の殿が留守の年は表門しか開かないので、表門から玄関へお通りのこと。

大洲、新谷の殿が江戸で参勤の挨拶や呼び出しなどで登城する場合。

一日と十五日には祝儀のために出ること。但し、不参の場合は使者を立て、大洲藩からは手紙で祝辞を出すこと。

お出かけの際、大洲の殿が出かける時には、新谷の殿は敷台の端まで送り迎えをすること。

来客対応の時、もし客が白衣《びゃくい》になっても、大洲の殿の指示があるまではそのままのこと。但し、挨拶終了後上下を取った場合でも、袴《はかま》は着用のこと。

客が帰る折には、出雲守様も敷台まで見送りに出ること。

今まで新谷の殿が奥向きへ来る時は来客扱いであったが、今後は分家としての扱いに変更し、たとえばお膳などを大洲の殿の後で出すようにしたい。

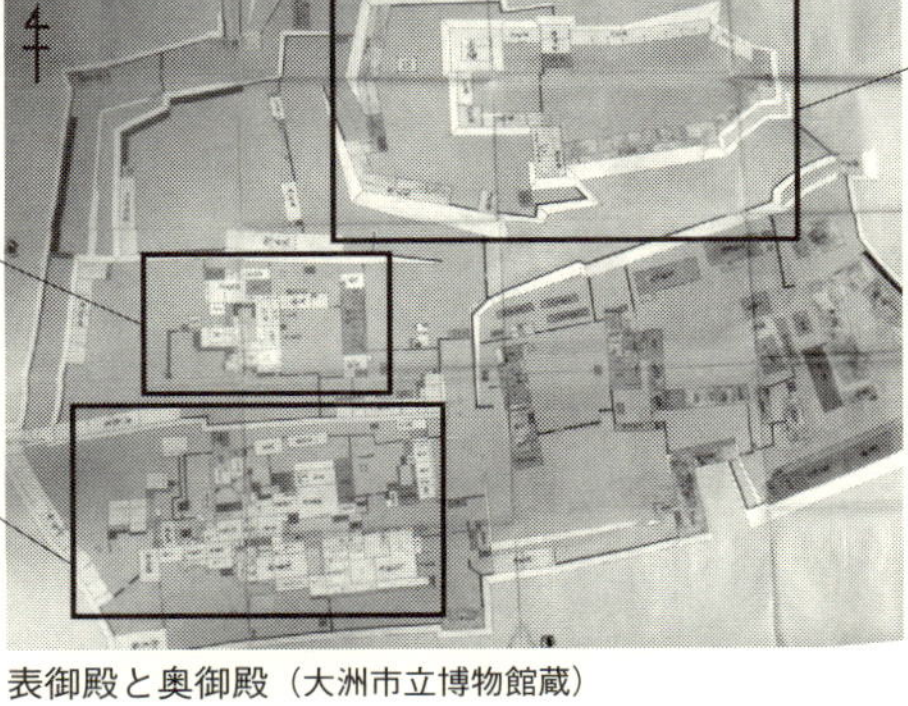

表御殿と奥御殿（大洲市立博物館蔵）

外部との付き合いは、来客の時と同じようにすること。但し、出迎えは玄関上から部屋まで、見送りは敷台まで出ること。

大洲藩で重要な法事がある時、留守番が新谷藩の屋敷に集まることは許容できるが、大洲の会合をほかの場所でするのはどうかと思う。新谷藩の重要な法事の際も、逆のことが言えよう。ただ、重要な法事の時であっても、やむを得ない会合が他所《よそ》である場合はこの限りでない。

大洲へ時候見舞いの挨拶やお忍びで来る時も、新谷の殿は継上下か裏付上下を着用すること。

大洲の殿が大洲在城・江戸在府にかかわらず、年始・歳暮・五節句★には新谷から用人の使者、朔望《さくぼう》★には平の使者を大洲に派遣すること。新谷の殿へは、大洲の殿から賀状を出すこと。

出雲守様が参勤の出発前、到着後をはじめ暑中・寒中・慶事などの際には大洲に出向くこと。

新谷の殿が地元にいる時は透の間★で接見し、城中へも二度来ること。この際のお供は近習《きんじゅう》二人と草履取《ぞうりとり》のみとし、大洲藩からは家老・作事奉行★・大目付が対応することになる。

城下通行の時、先払い一人を大洲藩から出すが、先払いは職権を振りかざすことがないように留意すること。城下以外に外出する時はこの限りでない。

▼五節句
季節の変わり目として定められた日。中国から伝わり、朝廷では邪気を払う催しが行われた。人日（じんじつ）の節句は一月七日、上巳（じょうし）の節句は三月三日、端午の節句は五月五日、七夕の節句は七月七日、重陽の節句は九月九日。

▼朔望
一日と十五日に行われる仏事。

▼透の間
大洲の御殿内にあったと思われる。大洲城二之丸には表御殿と奥御殿が隣接して設けられていた。

▼作事奉行
建築や土木作業を担当する奉行。

大洲の殿が江戸在府の年は、代理として出雲守様が年頭の挨拶を受けること。
阿蔵川《あぞうがわ》における新谷藩の鳥撃ち★は、今まで通り遠慮すること。但し、出雲守様自身の鉄砲による狩は別である。

川筋での鉄砲使用は以前から禁止されているが、新谷については須合田《すごうだ》から川下は今後許可したい。但し、危険な使い方は禁止する。

新谷藩先代の殿の祥月命日には大洲藩の藩士の殺生《せっしょう》は禁止されているので、大洲藩先代の殿の場合も、新谷の殿から藩士まで同様にすること。

大洲の殿に対する参勤終了時の祝いや年頭の挨拶は、新谷藩家臣の分も受けるので、大洲へ来させること。

大洲の殿に対する新谷からの祝いや見舞いなどは、まず使者を送ってから言ってもらいたい。使いが大がかりになる場合は、内容を勘案して家老以下どの藩士を派遣するか決めること。

このようなこと細かい定めがされており、泰候の言葉にもある「新谷方の不心得の向き」が、本家としては見過ごしがたい状況にあったというのが本音ではなかろうか。格式を重視する社会にあって、やはり大洲藩としては、分家の新谷藩は格が下という意識が見え隠れする内容になっている。

天明七年から二十二年後の文化六年（一八〇九）、新谷藩に財政破綻の危機がおとずれ、五年間、本家の大洲藩の支配を受けることになるのである。

▼鳥撃ち
鉄砲による鳥の狩猟。

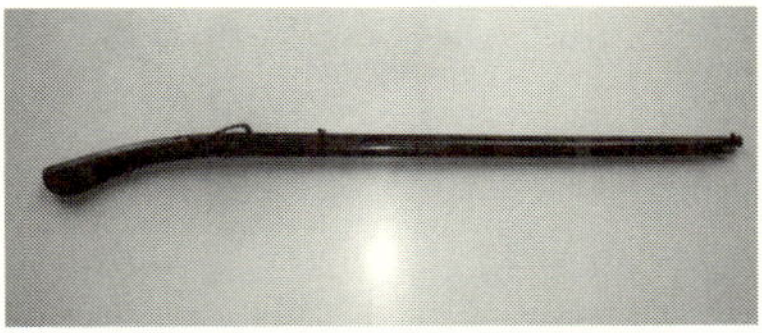
当時の鉄砲は「火縄銃」（大洲市立博物館蔵）

これも大洲

日本が誇る大洲和紙

質のよい大洲半紙

伊予国では、和紙は古代から生産されていた。天暦四年（九五〇）の記録によると、伊予国の中で喜多郡が和紙生産の半分を占めている。

江戸時代に入ると、大洲藩は加藤家二代藩主泰興が寛永年間（一六二四〜一六四四）の半ば頃、独自の技法で紙漉《かみす》きを行っていた岡崎治郎左衛門という浪人を召し抱えて和紙を漉かせた。これが岡崎紙の始まりである。最初は、泰興自身も漉いていたという。

七代目の仲右衛門の時に品質が向上し、将軍家に献上されたので、幕府の重職をはじめ諸大名に好んで使われ、岡崎紙の名は全国に知られるようになった。ただ、岡崎紙は大名専用の紙となったので、庶民が入手することは難しかった。

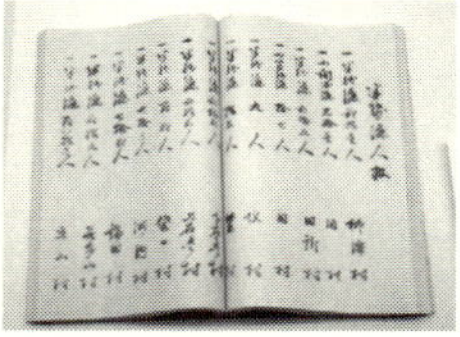
「紙役所御仕法旧記」
（曽根一雄氏蔵／商いと暮らし博物館にて複製を展示）

元禄年間（一六八八〜一七〇四）に越前国（現・福井県）から伝兵衛という紙漉きが来藩して紙漉技術を伝えた。この技術が領内に広く伝えられると、和紙生産は盛んに行われるようになり、需要の増大とともに紙漉農家などの副収入になった。

和紙は半紙（全紙の半分）、奉書紙、杉原紙（播磨国原産）、泉貨《せんか》紙（山芋の煮汁を加えた丈夫な和紙。現・西予市野村原産）、塵紙《ちりがみ》のほか、多くの種類があった。中でも半紙は質がよく、大洲半紙と呼ばれていた。

売れるゆえに問題発生

藩は紙の円滑な流通を目的として延享三年（一七四六）、商人や庄屋、豪農らで紙方《かみかた》仲買連中《なかがいれんちゅう》を結成した。しかし、中間の利益を得ようとしたり、百姓から紙を安く買い取って巨利を得たりする商人が出たため百姓の反感を買い、寛延三年（一七五〇）に起こった「内之子騒動」後に制度は廃止された。

内之子紙役所跡石柱碑（内子町内子）

宝暦七年（一七五七）から、藩は重要な財源となっていた和紙の統制を開始し、宝暦十年には内之子、寺村（現・喜多郡内子町小田）、中山（現・伊予市中山）に紙役所を、古田村（現・喜多郡内子町五十崎）、北平村（現・大洲市河辺）に楮《こうぞ》役所（梶《かじ》役所ともいう）を置いて、原料の楮（梶）から製品の和紙まで、私的な売買や抜紙《ぬけがみ》と呼ばれる他領への販売を禁止した。

製品は農民が藩に届け、藩は御用船で大坂の大洲藩蔵屋敷に送った。大坂では蔵屋敷の役人が紙問屋との商談を行い、実際の取り引きは庄屋が行った。特に良質の大洲半紙はよく売れ、藩収入の多くを占めて藩財政を助けたといわれている。

　宝暦十二年の資料では、領内の半紙漉人二三一四人のうち、現在の内子町（内子・五十崎・小田）と伊予市中山地域の村々が二一九五人と、実に九五パーセントを占め、生産の中心地であった。

　和紙生産は以後も続けられたが、文化十三年（一八一六）には、暴利を貪《むさぼ》る商人と役人との癒着、抜紙の厳しい取り締まりなどへの反感から「大洲紙騒動」が起こるなど、問題も含みながら明治を迎えた。

近代化の中での衰退と復活

　明治になると専売制は解除されたが、藩の解体により、資金や販売網を失うことになった。新興商人による粗悪品が出回るようになり、大洲和紙の信用は失われてかつての名声は地に落ちた。さらに価格の安い西洋紙の導入によっても打撃を受けた。

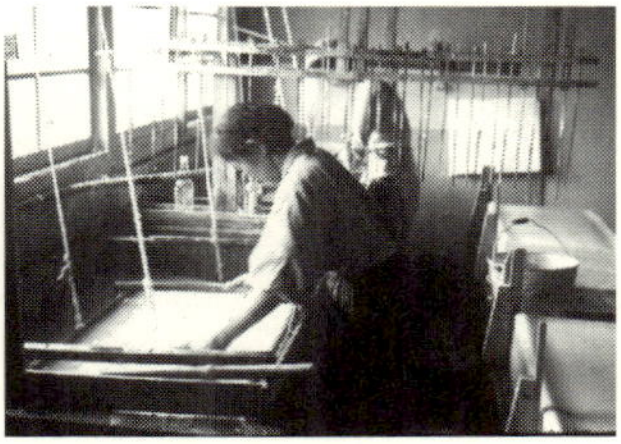

昭和30年代前半、和紙の製造工程である「楮（梶）蒸し」（左）と「和紙漉き」（右）の様子（内子町蔵）

　このような情勢に危機感を感じた大洲や内子の有志は、県外先進地の状況を学び、改良半紙という良質の和紙を考案し、製紙工場を設立した。内子では明治十八年（一八八五）に吉岡製紙工場が作られた。明治四十一年には大洲産紙改良同業組合が四三〇人の組合員で設立され、上質の和紙生産が復活した。以後、盛衰はあったが製紙業は五十崎が中心となり第二次大戦後も継続した。

和紙の新たな可能性「和紙の仕切り」
（木蠟資料館上芳我邸／喜多郡内子町）

　昭和五十二年（一九七七）、大洲和紙は通産大臣（現・経済産業大臣）から伝統工芸品の指定を受けた。

　現在も引き続き天神産紙工場が、伝統工芸士によって古来の製法で手漉き和紙を生産しており、内子町の観光に一役買っている。現代アートの感覚を取り入れた新しい作品を製作する企業も現れ、大洲和紙は新たな歩みを始めている。

これも大洲

朱子学を伝えた姜沆《きょうこう》

秀吉は天正十八年（一五九〇）、全国統一を果たした後、文禄元年（一五九二）と慶長二年（一五九七）の二回、朝鮮に出兵する。この戦いで捕虜となり、大洲に連行された後、帰国を果たした姜沆（朝鮮語読みではカンハン）という朝鮮の儒学者がいた。

姜沆は官職を歴任した後、三十一歳の時に職を辞して故郷の全羅道で子弟の教育にあたっていた。ところが秀吉による慶長の役で藤堂高虎の軍に捕らえられ、生き残った一族とともに日本に連行されて同年十月、伊予の長浜に着いた。

上陸後は大洲まで約二〇キロメートルの道のりを徒歩で大津に向かっていたが、途中で川を渡る時、疲労の極みにあった一行は水中に倒れて流されてしまった。その時、岸にいた農夫が駆け寄って流れの中から姜沆らを助け、家からタカキビの雑炊と茶を持って来て与えたのである。姜沆は「倭人の中にも、かくも至誠の人がいるのか」と、この時の感動を『看羊録』に書き残している。

大津城では約十カ月間幽閉されたが、姜沆の学識の高さを知った金山出石寺住職の快慶や大洲城下の僧は姜沆を寺に招いた。特によく訪れた出石寺では快慶が温かくもてなしたので、日本の書籍を貸与したり漢詩を贈ったりするなどの交流も両者の間に生まれた。

しかし翌慶長三年、姜沆は朝鮮へ帰りたい一心で仲間二人と大津を脱走し、板島（宇和島）で城門に秀吉を非難する落書きをして逃亡した。やがて板島の兵に捕らえられ、市中引き回しの上、刑場で首を切られようとする寸前、一人の武士が刀を抜いて走り込み、処刑を阻止してくれたために危ういところで助けられ大津へ帰った。

さて、朝鮮から帰国した藤堂高虎は、朝鮮人捕虜を京都に移すことにした。姜沆も京都に送られたが、そこで相国寺の僧藤原惺窩と巡り会っている。礼を尽くして教えを乞う惺窩の姿勢に姜沆はたいそう感銘し、日本に対する憎しみも薄れて日本に朱子学を伝えたのである。

秀吉の死後、徳川家康によって朝鮮と和解が成立し、慶長五年、姜沆一族は朝鮮に帰国することができた。その後、姜沆は故郷で子弟の教育にあたり、五十二歳で永眠した。

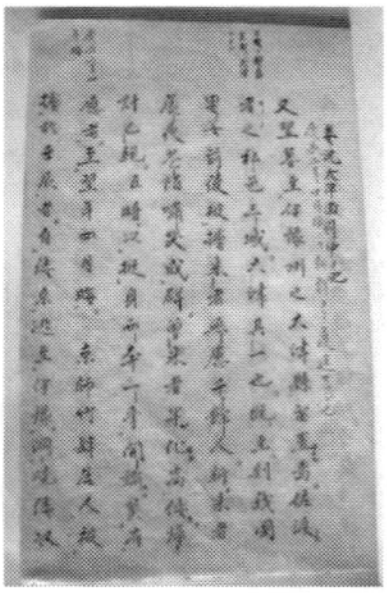

『看羊録』筆写部分
（大洲市立博物館蔵）

姜沆大洲幽囚手記
（大洲市立博物館蔵）

第三章 経済構造が変化する江戸時代後期

財政の好転も一時的、藩校での教育や出版物で藩士や領民の不満をそぐに躍起。

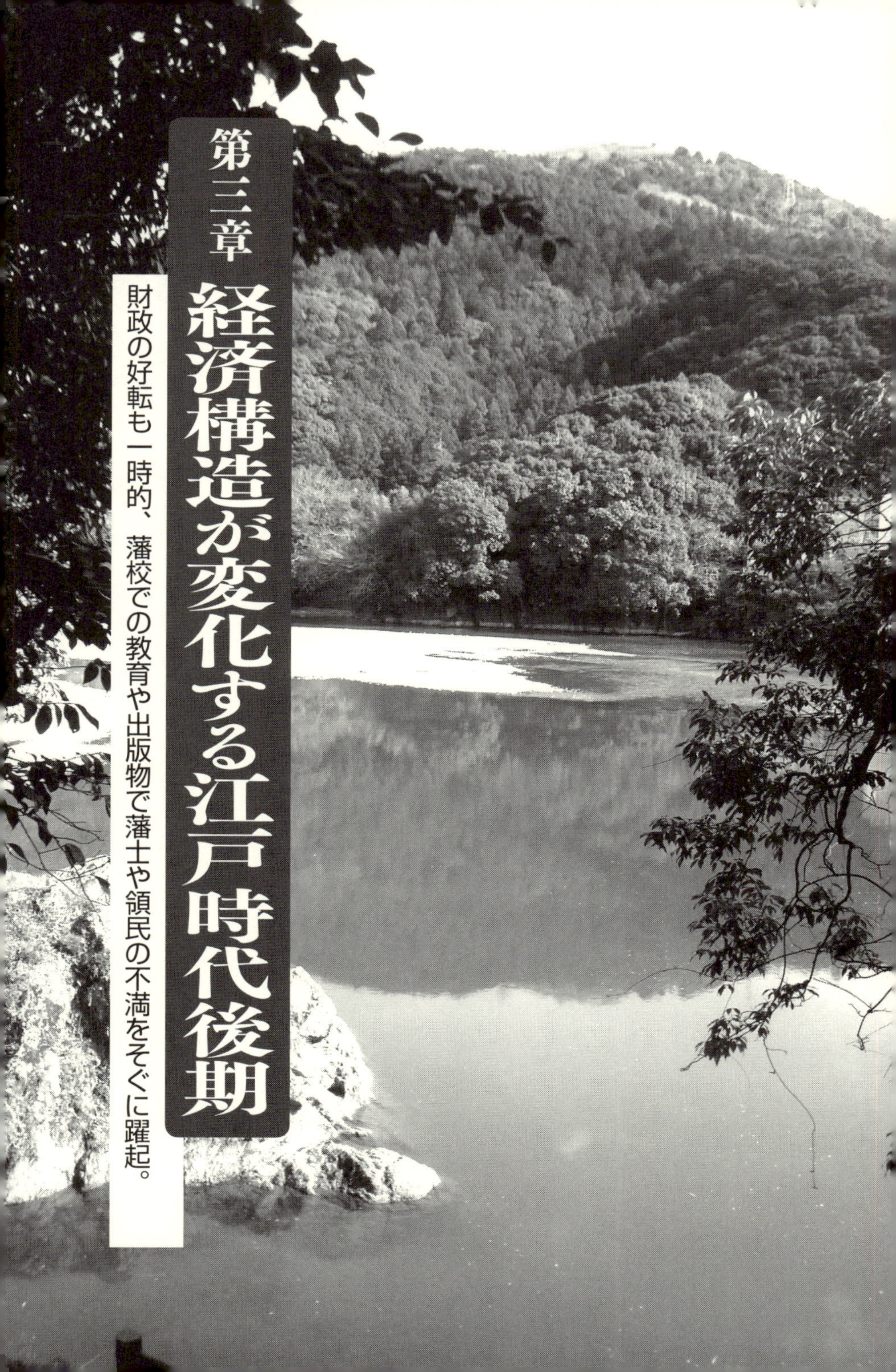

1 加藤家十代・泰済

七代泰武の娘隼が松平定信に嫁いだ縁から、定信の娘茂世を娶る。生まれた娘は定信の養女に。自身、学問によって厳しく身を修め、重臣には読書、藩士には学問を勧めた。大洲村と新谷領阿蔵村の間に水争いが発生する。専売制に反対する大洲紙騒動も起こる。

財政再建と綱紀粛正

加藤遠江守泰済《やすずみ》は天明五年（一七八五）に生まれ、天明七年に家督を継いだ。幼少の頃から幕府の老中を務めた松平定信にかわいがられたようである。

泰済の時代は三十九年にわたったが、襲封後間もない寛政元年（一七八九）には幕府巡見使が訪れ、また、飢饉に備えた囲籾《かこいもみ》が大洲・新谷両藩で始められた。寛政八年には城下町と在町を区別し、取り扱う商品を制限するという政策が取られている。この年、八幡神社にイノシシ六〇〜七〇頭の群れが現れるという珍事もあった。

泰済に課せられた幕府公役は数が多かった。火防役をはじめ、東海道筋川普請、勅使供応役、関東川普請二回などを務めたが、普請費用調達のため、領内の富裕な農商人に御用銀が賦課された。

寛政十一年には八三〇軒余を焼く寛政の大火が発生した。翌寛政十二年には『予州大洲好人録』出版のほか、「大洲旧記」が作成され、藩校明倫堂が再興されるなど、文化的な動きもあった。

文化元年（一八〇四）、洪水のため領内で三六一軒が倒壊し、死者六人が出るという被害があった。文化三年には江戸の中屋敷と下屋敷が類焼している

文化五年には幕府測量方の伊能忠敬《いのうただたか》による大洲藩の海岸線測量が行われた。文化六年には阿蔵《あぞう》村と大洲村の間に竹の窪水論が起こり、阿蔵村の庄屋が罷免された。このほか洪水等の天災もたびたび起こって、藩財政は相変わらず苦しかった。特に、新谷藩の財政が極度に窮迫し、ついに大洲藩の支配を五年間受けることになった。

文化九年には大洲領の市木（一木）村・北山村・大南村の一部と新谷領阿蔵村・梅ノ川村の村替えが行われた。秋には大地震が発生している。文化十三年には紙の専売をめぐって大洲紙騒動が起こったが、決起するための連絡を取っている段階で首謀者らが捕えられ、三人が処刑された。この年、底が平たくなっている川舟の運営に関する川艜《かわひらた》掟が定められている。

文化十四年には替地が郡中《ぐんちゅう》とよばれるようになった。この年、綿の実からの油搾《しぼ》りが始められた。文政元年（一八一八）になると、吉田藩領俵津から逃散し

た百姓一五〇人が大洲に来た。

財政難に対しては、藩では享和三年（一八〇三）から八年間に三回省略令を発し、藩の機構の整理縮小を行って財政再建に努めた。その結果、文化末年から文政初年にかけて藩財政は安定し、文政三年（一八二〇）には家臣に金を支給するほどになった。

しかし同年、泰済は綱紀の粛正と文武の奨励を布達し、藩内の引き締めを図った。これは服装をはじめ、庶民の生活の細部にまで規制を行うものである。また、藩の産物の移動に関して、商業や交通などの諸規定を整備したり、飢饉に備えて囲籾《かこいもみ》などの非常備蓄体制も整えたりした。

文政四年には、佐々木源三兵衛によって大洲領内の古事や旧跡をまとめた『積塵邦語《せきじんほうご》』が著され、文政六年には桑野村が稲積《いなづみ》村と改められた。文政八年には暴風雨が吹き荒れて大洪水となり、翌九年にも大洪水のために四六軒の家屋が流され、三〇人の死者が出た。

寛政の大火

寛政十一年、「寛政の大火」とよばれる大火災が発生した。七月二十一日の昼頃、柚木村の民家から出火、日照り続きで乾燥していた上に、南東の強風にあおられて火は周辺に広がり、庄屋宅を含めて近くの家屋が焼失した。さらに火は柚木から志保町、片原町へも移り、山手の武家屋敷や裏町あたりも同時に燃え出し、四方に延焼して恵比寿町・志保町・本町・中町・高川原が総なめになった。それにとどまらず、三之丸の西の門、鉄砲町・馬場・浮船あたりまで焼けてしまった。焼失家屋七八一軒、櫓《やぐら》一棟、死者は男一人であった。これを寛政の大火という。

藩は救援のため、米一五〇俵と塩五〇俵を放出した。この大火の中でも中町一丁目川崎屋居宅、裏町一丁目炭屋別宅、本町三丁目大工六兵衛宅、三之丸大橋大夫表門一区、鉄砲町八田家屋敷など、四五軒が類焼を免れた。

五百木村庄屋高橋彦兵衛吉祥《きちじょう》が火事の報に接したのは、午後二時頃であった。この時吉祥は痔を患っており、以前に郡奉行大橋兵部や湯口某が大瀬からの帰途に高橋邸で休息した折も、自分の部屋で休んでいたくらいであったため、火事の様子伺いに下男を含めて三人派遣し、状況が分かり次第、帰るよう言いつけた。その報告によれば、新谷古町から御家中《ごかちゅう》・町内残らず焼け、三之丸にも火が入ってお城も危険な状況にあるということであったため、吉祥は痔を押して早駕籠で午後四時頃出発し、夜に大洲城下へ到着した。新谷も大洲も焼けていたが、お城には異常がなかった。

ちょうど家老や役人などは下城していたので、大門《だいもん》で会うことができた。火事見舞いやこちらの事情を伝え、「不快を押しての勤め大義である」という旨の丁

「寛政の大火絵図」全図（大洲市立博物館蔵）
城（左上の黒いリング）以外の白抜き部分が焼失区域。城下町のほとんどに及んでいる。

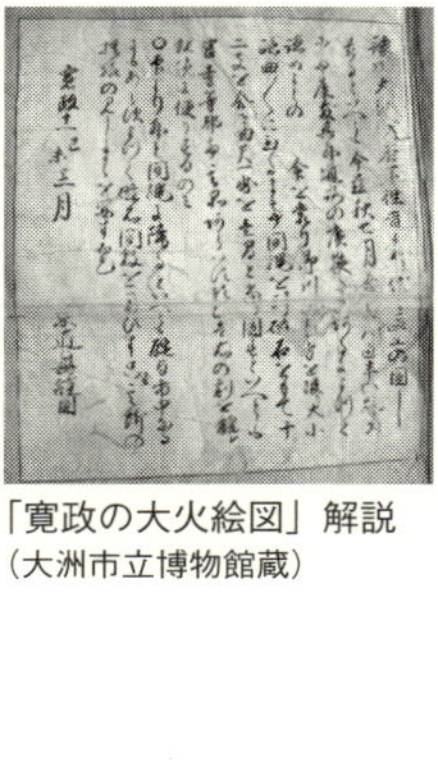

「寛政の大火絵図」解説
（大洲市立博物館蔵）

寧な言葉があった。
それから火事現場を一巡し、あちこちへ出向いて夜明けになって帰宅した。
それにしても痔に早駕籠はさぞつらかったであろう。

難船記録

江戸時代の海上輸送には帆かけ船が用いられた。船の大きさは「〇反帆《たんぼ》」のように、掛ける帆の幅で表され、「一反帆」とは、一反の布を三枚合わせた帆幅のものをいい、二反帆で帆かけの釣り船くらいといわれている。「五百石船」で一二〜一三反帆に相当し、トン数では七五トンくらいだという。

当時の航海は風向きや潮流など自然条件の影響を大きく受けるため、航行に支障がある場合には、最寄りの港で何時間か、あるいは何日か「風待ち」「潮待《しお》ち」のために停泊していた。したがって今と違い、目的地への到着時間どころか到着日もはっきりしないというのが常であった。

さて、「破船《はせん》一条之事」には、大洲藩領の長浜から約一〇キロメートル南西の海岸部にある出海《いずみ》村で、江戸時代後期に起こった何件かの難破船の状況と事後処理について、次のように記されている。

一、寛政元年（一七八九）伊予西条の船の難破

「破船一条之事」表紙（大村博氏収集資料／内子町蔵）

「四月二日、出海で松の大束を積み込んで出帆したものの、風向きが北風に変わったので出海に戻って船を繋留した。ところが西風に変わり、風波もたいそう強くなって難破の恐れが出てきた。そこで、救援のために村人が大勢駆けつけて色々対応してくれたのだが、そのかいなく船は難破してしまい、やむなく乗組員は上陸した。積み荷や船の道具類を陸に揚げてもらった上に、役人衆には何かとお世話になったことを感謝申し上げる。今度の一件は内々で処理していただき、私たちは積み荷や道具類とともに自力で帰りたい旨をお願いしたところ、よいように処理せよとのお達しをいただき、ありがたく思っている。船の残骸は一木にいたるまで、お定めの通り処理してもらいたい。今回の難破の一件について問題なく処理が終わったあかつきには、何の異議も申し立てないことを約束する。荷物や船道具については、別紙の通り受け取り申し上げる。

（出海村）宇右衛門様　松平右京太夫領大島之内　黒島船頭　辰右衛門　判」

難破船の船頭の属する「松平右京太夫領大島之内　黒島」は西条藩内にあり、大島は現在の新居浜市沖に浮かぶ島、黒島は大島の東側で新居浜の海岸近くに位置し、現在は埋め立てによって四国と陸続きになっている島である。なお持ち帰った「別紙」の品は次の通りである。

○松大束《おおたば》　陸揚げできたものすべて　○碇《いかり》　四丁　○楫《かじ》　一本　○帆六反　○帆柱　一本　○艪《ろ》　二挺《ちょう》　○艀《はしけ》　一艘《そう》　○船板切れ　数々

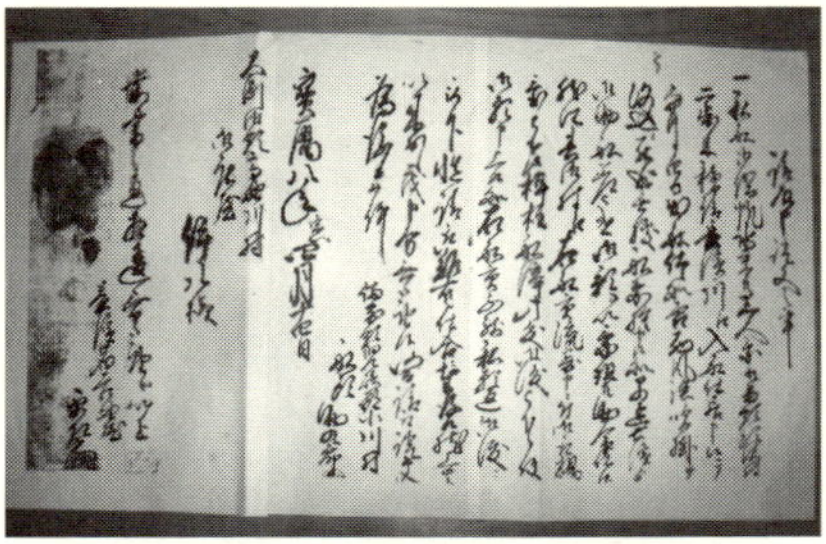
破船受取証文（大村博氏収集資料／内子町蔵）

二、寛政元年、芸州（広島県）因島《いんのしま》の船の難破
「四月二日、因島の船二艘も難破した。こちらは船頭・水主《かこ》ら三人は無事だったが、死者が一人出たので、希望により出海村に葬ることになった。陸揚げした積み荷や船道具類は残らず船頭に引き渡した。船頭を送り返す船の手配を出海村の方で行ってもよいということを伝えたが、固辞し、自力で帰りたい旨を申し出たので希望通りにしたことなどを、出海村庄屋から因島庄屋に通知した」
三、天保十一年（一八四〇）、讃岐（香川県）丸亀の船の難破
「私ども二人乗りの船が九月二十八日出海村に寄港したが、その夜西風が強く吹き難渋し始めた。早速村人も加勢に来てくれたがついに難破してしまった。この件は内々に処理したい旨を申し上げたところ、認めていただき感謝している。今後異議も申し立てることなどは全くないことを約束する。
讃州丸亀領　和田浜船頭　勝次郎」

このように出海村の海域での難船は西風によっている。港といっても今のように頑強な防波堤のない時代には、やや強い風波が押し寄せると難破していたようである。村人が救援に駆けつけており、難破しそうな場合には助け合うという決まりか仕組みがあったのかもしれない。後の処理については船頭の希望で「内済」がなされており、正式に処理するよりも何らかの利点があったようである。

現在の出海港（大洲市出海）

②交流も広まる情勢

伊勢参り、旅行案内書の発行等々、江戸時代の人々は結構旅に出ていた。旅行の土産話やお遍路さんのもたらす情報は、他国の様子を知る大切な手がかりになった。上方などの都市部と大洲藩は、米の換金や専売品の交易を通じて交流を深めていった。

江戸時代の旅行

藩財政は苦しい状況が続いているのに、経済的に余裕があった富裕層の中には、見物を兼ねて商用の旅に出かける者もあった。

五百木村庄屋高橋吉祥は、寛政六年（一七九四）六月十一日から十一月三日までの約五カ月間、所用のため上方《かみがた》に他出《たしゅつ》（旅行）することになった。旅日記によれば、六月二日、大洲藩に旅行届けや往来手形発行の申請に行くのだが、用事については文中に「名目ノ宮様」や「大坂借用」の語が記してあり、借金関係ではないかと推察される。主たる用務先は京都で、三カ月間滞在している。文中に「御殿御用」「御殿用事」や「御殿記に委し」などの表現が見られるが、「御殿記」は未発見であるので、旅日記からは「御殿」がいずれの建物を指すのか、

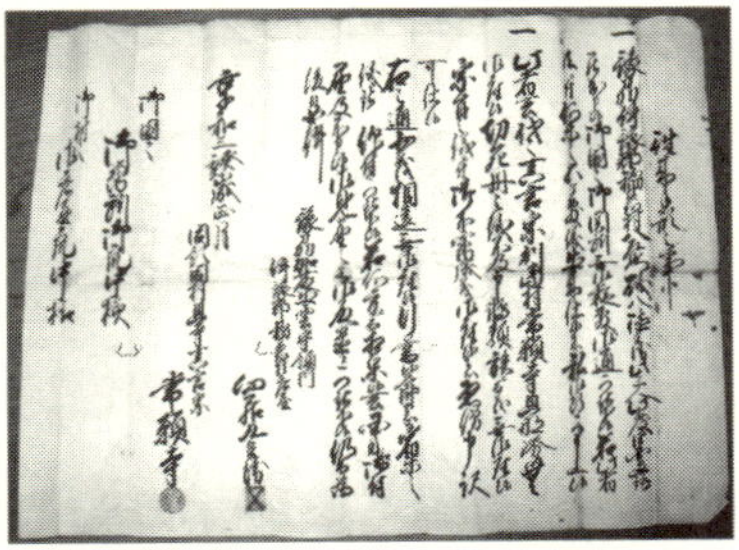

往来手形申請書（伊予市／米田貞夫氏蔵）

「御用」や「用事」がどのような用件であるのかは分からない。

ここでは江戸時代の旅の様子を、目的地までの行程を中心に述べることにする。

○六月二日

大洲藩に旅行届けを出す。

○六月十一日

日柄よく、明け六ツ（午前四時頃）前に出発、中山に五ツ（七時前）に到着し、行水をして七時過ぎ出発。伊予市の稲荷神社に参詣して九ツ過ぎ（正午前）灘町の奥嶋家に到着、行水《ぎょうずい》と昼飯のあと神社、知人、番所、墓所を訪れて八ツ過ぎ（午後三時前）、灘の港から乗船した。その夜は高野川《こうのかわ》で明かし、明け方、松前沖で潮待ち、由利《ゆり》島や興居《ごご》島の朝景色が見えた。やがて三《み》津《つ》浜《はま》沖、高浜近くで漁の様子を見ることができた。そして一句。

「日に雨にもの頃涼し舟のうえ」

○六月十二日

明け六ツ、替地（伊予市）の沖から本州方面に向かい、その夜は広島の「きのへ（現・大崎上島木江）」で明かした。御手洗《みたらい》（現・呉市大崎下島）で順風が強く、舟は大揺れに揺れたので、御手洗には寄港しないことになった。心残りのままに一句。

「ながめやる遊女の里の蚊やり哉」

高橋吉祥の「旅行一件控」表紙
（「高橋文書」／内子町蔵）

○六月十三日
木江を出港し、「首」という所を通過して只海《ただのうみ》（現・広島県竹原市忠海）で潮待ちのため投錨。これを機に連れと一緒に上陸、八幡神社に参詣した。茶店で風呂に入り、髪を整えて昼食にカレイを食べた。潮待ちが長くかかりそうなので、二人の勧めもあって遊廓らしい隣の姫路屋に立ち寄り、三味線を聞いた。そこで一句。

「鳴蟬も三味の調子につれよかし」

時が経って潮も変わり、出帆が近いという時の遊女とのやりとり。

「いでて行く帆にまつ風の薫り哉」

遊女からの返書の端に一首。

「ままならぬうき世と今はあきらめて　芳沢」

「なみだながらに祈る夕立　菅原」

やがて抜錨し、順風にまかせて三原の浅野氏の城を遠望し、福山の阿伏兎《あぶと》（現・広島県福山市鞆）という所まで海上約一三〜一四里を舟は走った。
○六月十四日
阿伏兎口で夜明けを迎える。五ツ頃（朝七時前）鞆に着くと連れ立って上陸し、まず行水をさせてもらってから祇園社ともう一社に参詣してそこで一句。

「祇園会やいとも尊き神楽殿」

塩飽本島より下津井方面を望む

阿伏兎の景勝「磐台寺観音堂」

五百木村庄屋高橋吉祥の旅の行程
（寛政６年〔1794〕６月11日～11月３日）
往路
復路
岡山県
兵庫県
京都府
大阪府
和歌山県
香川県
徳島県
紀伊半島
蒲生田岬
津山
美作
宍粟
たつの
坂越
6/18
正條
赤穂
6/16
牛窓沖
備前
岡山
牛窓
倉敷
玉野
6/15
下津井
日比10/22～24
高梁
丸亀
観音寺
高松
阿波
徳島
6/19
姫路
10/21
姫路沖
加西
加東
加古川
三木
大久保
三田
宝塚
6/20
神戸
6/21
大坂
亀岡
6/26～
10/2
京都
高槻
宇治
奈良
八尾
堺
10/20
橿原
和歌山
海南
有田
御坊
田辺
海南
高知
安芸

新見
庄原
三次
10/25
瀬溝
広島県
福山
府中
尾道
6/14
鞆
6/13
只海
三原
広島
竹原
呉
江田島
6/12
木江
10/26～2
岩国
御手洗
10/28～11/1
山口県
今治
瀬戸内海
新居浜
光
柳井
11/2
三津浜
西条
松山
出港
6/11
伊予灘
東温
愛媛県
出発
6/11
大洲
国東
内之子
11/3
帰着
杵築
八幡浜
大分県
高知県

観音寺を見て市中見物をしていると袖を引く者があるので、さすがに旅の心持ちになり、涼しい座敷で酒を飲んだ。芸妓らの勧めで三味線も聞いて一句。

「葛水の身にしむ妹が情け哉」

別れに連れが詠んだ句。

「別れ暑しまた逢う酒の笑かな」

「かけ香の少しは肌に残れかし」

鞆の祇園社の向こうに平重盛の手植えと伝えられる松があることで有名な小松寺があり、ここには琉球人の新しい墓がある。そこで一句。

「よくきけば蟬の音細し小松寺」

朝鮮人が通った時に立ち寄ったという寺の参詣は暑いのでやめた。日が陰るのを待つうち、潮の具合がよくなったと言ってきたので船に戻った。

○六月十五日

備前下津井《しもつい》の沖で夜を明かす。海が静かで、潮任せに船は進んだ。旅立ちから五日経ち、故郷を思い出して一句。

「気にかけん里の葛水一夜酒」

この日は旅の思い出話などをするうち、備前出崎《でさき》の沖で日没になった。

○六月十六日

備前牛窓《うしまど》の沖で夜が明ける。ここは月の名所として有名である。

「牛窓の空やあやなす膝隣」

八ツ過ぎ頃から海も静かで、赤穂城《あこうじょう》の沖を潮任せに進む。遠眼鏡で城の櫓を見て、浅野内匠頭や大石内蔵助、義士のことなどに思いを馳せた。
○六月十八日
朝、坂越《さこし》を出発し、徒歩で片島と正條《しょうじょう》(現・兵庫県たつの市揖保川町)に寄り、正條から人足を雇って駕籠に乗り、斑鳩寺(現・兵庫県揖保郡太子町)に寄って姫路まで行った。人足賃は一一八文であった。この日は姫路城下に宿泊。
○六月十九日
夜明けに姫路を駕籠で出発。豆崎という所から、松の古木がある曽根天神を参詣して一句。

「九百年神風涼しそねの松」

石の宝殿(現・兵庫県高砂市阿弥陀町)から川渡しを二カ所越えて尾上の松(現・兵庫県加古川市尾上町)を見物し、駕籠と馬を乗り継いで大久保(現・兵庫県明石市大久保町)泊まり。
○六月二十日
大久保を出発し、明石の人丸神社(柿本神社)や平忠度《ただのり》の塚(現・兵庫県神戸市西区)、平敦盛塚(現・兵庫県神戸市須磨区)をはじめ、湊川神社・生田神社(現・兵庫県神戸市中央区)ほか名所を見物して七ツ過ぎ、須磨に宿泊した。

○六月二十一日
住吉を出て大坂のいよや文兵衛方へ八ツ半頃到着。その夜は稲荷神社の祭りを見物する。
○六月二十六日～十月二日（京都滞在）
京都では「御殿御用」とあるが、内容はよく分からない。知恩院近くの宿所に滞在した。
御殿御用の合間の見物先――四条河原（夕涼み）・清水寺・北野神社と太閤井戸・金閣寺・平野神社・雲林院・等持院・龍安寺・妙心寺・御室・うづまさ・広沢池・四禅院・木嶋大明神・清源寺・あたご・あだしの・祇王寺・二尊院・小倉山・野々宮・天龍寺・臨川寺・清輪寺・あらし山・松尾・梅宮――このほか池坊《いけのぼう》で生花、飛鳥井家で蹴鞠《けまり》を見物した。
○十月三日～十七日（大坂滞在）
竹田芝居★や大相撲を見物し、住吉神社に参詣した。堺では鉄砲鍛冶を見学した。
○十月十八日
乗船したものの、風の具合が悪く、堀江（現・大阪府大阪市西区）に芝居見物に出かけた。
○十月十九日
天候は回復したが、あいかわらず風の具合がよくないので、天満まで能見物に

▼竹田芝居
竹田出雲が始めたからくり芝居。

行った。やっていなかったので、知り合いを訪問して夜、舟に戻った。
○十月二十日
朝出帆、武庫《むこ》の下江（現・兵庫県尼崎市）まで進んだ。八ツ前（午後一時頃）、風向きが西風に変わったため武庫まで引き返す途中、六ツ過ぎ（五時過ぎ）から風向きもよくなったので進路を変更して進んだ。
○十月二十一日
姫路沖で夜が明けた。夜にかけて南風になったので順調に進んだ。
○十月二十二日
備前口で夜が明けたが昼過ぎから雨模様で西風が強くなり、やっとのことで日《ひ》比《び》の浦（現・岡山県玉野市）に入港した。上陸して風呂に入ったが、外海は波が大きく、舟には帰らなかった。
○十月二十三日
あいかわらず西風が強かったので、舟は出航しなかった。そこで瑜《ゆ》伽《か》権現《ごんげん》(現・岡山県倉敷市児島由加）に参詣して夕方帰った。
○十月二十四日
この日も同じ状況で出航しなかった。しかし九ツ頃試しに舟を出したものの、西風に翻弄されて進まなかった。
○十月二十五日

天気はよいものの南西の風のため、思うように進まなかった。丸亀沖で夜が明け、七ツ頃（午後三時頃）に瀬溝《せみど》（現・岡山県笠岡市）に着いた。

○十月二十六日

毎日南西風が強いため舟が出ず、退屈した。夜七ツ（午前四時頃）に出航したので、福山（現・広島県福山市）沖で夜が明けた。向かい風が強いため、苦労しながらようやく昼八ツ前（午後一時頃）に鞆の浦に入港した。その後は上陸し、祇園社や医王寺を参詣した。

○十月二十七日

この日も鞆で過ごし、四ツ頃（午後九時頃）に出港した。

○十月二十八日

ようやく西風もおさまり、花暮《はなぐれ》で夜が明けた。九ツ前（午前十一時頃）から雨激しく、帆を降ろした。八ツ頃（午後一時頃）に御手洗入港、明石屋で入浴した。

○十一月二日

高浜（松山市）に到着した。その後、替地（伊予市）まで移動して灘町の宮内家で一泊した。

○十一月三日

天気よく、替地を出発して中山で昼を済ませ、七ツ過ぎ（午後三時頃）にめでたく内之子に到着、銘々自宅に帰り着いた。

このように帰路は季節的に寒さも加わり（旧暦は現在の暦より一カ月前後遅くなる）、しかも天候にも恵まれなかったことや、早く帰りたい気持ちが強かったためであろうか、日記の記述も淡々としており、途中で参詣や見物をしても一句ひねることもなく帰っている。

また、当時の船旅は、潮の流れよりも風向きによって旅程が大きく左右されることが分かる。今なら台風でも来ない限り欠航することはあまりないが、船は風を大きな推進力としていたので、向かい風が吹くとたちまち進みにくくなり、風待ちを余儀なくされたのである。特に冬場は北西の季節風がよく吹くので、西方への航行には支障があったと思われる。

製蠟

大洲藩では物産の統制にも意を用い、領外への出津（移出）や入津（移入）について寛政十年（一七九八）に規定を定めた。その中で「内山筋から蠟や櫨《はぜ》、蜜を出す際には、犬寄越《いぬよせ》えではなく上灘から出津すること」と定められ、それぞれの出津口銭（手数料）が決められていることから、藩内で木蠟《もくろう》の生産が行われていたことが分かる。

『積塵邦語』には、大洲藩における製蠟の開始は元文三年（一七三八）であると記されている。五十崎の綿屋善六・善太郎父子は、広島から職人三人を雇って蠟打（製蠟）を始めた。最初このあたりに利用できるような櫨の木はほとんどなく、九州から苗を取り寄せて領内のあちこちに植え付けたので、多くの実が採れるようになった。やがて一定の価格で売れるまでになり、販路も開けて事業として成り立ち始めた。ただ、職人三人の賃金は破格の高額であったので、一、二年かけて善六らの使用人に技を習わせ、三人を広島に返した。製蠟法は大洲藩のみならず新谷藩、やがて宇和島藩にも伝わっていった。内之子（内子町）では六日市の庄兵衛に伝えられた。

蠟の作業としては「蠟打ち」（蠟しぼりによる生蠟の生産）・「蠟晒し」（生蠟の漂白）があり、製品としては「蠟燭」、「鬢《びん》付け」（整髪料）などがある。

また、江戸時代後期から明治にかけて木蠟で財をなした内之子の芳我《はが》本家（本《ほん》芳我《はが》）に残る『芳我姓系図』および高昌寺文書によれば、年代ははっきりしないが芳我源六（明和六年〔一七六九〕没）が蠟を打ち、大坂へ出荷したとある。

芳我源六から三代を経た芳我弥三右衛門《やざえもん》は従来の木蠟製作過程の改良と効率化を試み、木蠟による繁栄の基礎を作った。蠟打ちによって櫨の実から搾り取った木蠟は緑色の生蠟《きろう》とよばれる。この生蠟から不純物を除去し、日光に晒していかに品質の良い白蠟を生産するかがカギになる。それまでは生蠟をカンナで削って莚《むしろ》に広げ、天日《てんぴ》に晒すという大変手間のかかる作業であった。常に蠟作りのこと

「芳我姓系図」
（本芳我家蔵）

「芳我氏過去帳」
（本芳我家蔵）

を気にかけていた弥三右衛門に、ある夜、天の助けか幸運な偶然が訪れた。厠《かわや》（便所）に行った後、手水鉢《ちょうずばち》で手を洗おうとした時、持っていた手燭から鉢の中に溶けた蠟がこぼれ落ちた。その瞬間、蠟は白みを帯びて花形の結晶のような状態になった。これを見た弥三右衛門は不思議に思い、もう一度鉢の中に蠟を落とすと、再び同じ状況になったことから、蠟晒しの工程に大きなヒントを得たのである。常に蠟のことが頭になければ、蠟が水に落ちたことなど気にも留めないところであろう。

これがいつのことかははっきりしないが、弥三右衛門（十六歳）が文化十四年（一八一七）くらいから約二十年間苦労しながら製蠟業を営み、天保十一年（一八四〇）に居宅を買い取るまでの財力ができたようであるから、天保の頃ではなかろうかと推定される。ただ、同じような伝承は京都にもあるということなので、どちらが本当の話か疑いたくなるところであろう。しかし、蠟が水に落ちること自体はそんなに珍しい現象ではないので、内之子にも京都にも製蠟法の改良に腐心していた人がいたということであろう。いずれにせよ時代や洋の東西を問わず、発明・発見はこのような偶然が契機となることがままあるようである。

弥三右衛門はこの偶然の体験から、熱した生蠟を少しずつ冷水に注ぎ、急冷却されて白色を帯びた小片《しょうへん》になった蠟（蠟花《ろうばな》とよばれる）を取り上げ、水を切って晒すという工程を考え出し、工程の効率化のみならず上質の白蠟生産を可能にし

アンペラ式晒法（『新編内子町誌』所収／大倉永常著『農家益』より）

た。やがて芳我家では蠟打ちをやめ、生蠟は近郷から仕入れて蠟晒しのみを専門に行い、良質の白蠟を出荷するようになった。その後も芳我家では晒し技術や工程の効率化の追求が続けられた。明治以降ではあるが、仕入れた生蠟を大鍋で加熱して溶かしていたのを、蒸気発生装置を考案し、蒸気の熱で溶かす方法が考案された。また、地面に敷いた莚などで晒《さら》す方法（アンペラ式晒法《さらし》）を、蠟蓋《ろうぶた》とよばれる広く浅い木箱で晒す方法（箱晒法《はこざらし》）に改めた。これは箱を竹や木の枠の上に並べて置けるので、作業が楽になる、均一に晒すことができる、何枚かを重ねて運ぶことができるという利点がある。さらに、蠟を流し込んで製品化していた丸くやや深めの蠟皿を、商標を彫りこんだ四角の型に改めた。丸から角の型にすることで荷作りの無駄がなくなり、多量の製品を運搬できるようになった。

　こうして芳我家の蠟は好評を博し、本芳我家の白蠟は明治二十六年（一八九三）のシカゴ万国博覧会、明治三十三年のパリ万国博覧会で入賞した。そして内子町は、藩政時代に始められた木蠟の全国的にも有数の生産地となったのである。

伊能忠敬の大洲藩測量

　寛政十二年（一八〇〇）から文化十三年（一八一六）まで日本の沿岸を測量し、「大日本沿海輿地《よち》全図」を完成させた伊能忠敬は、文化五年に四国を測量した。

本芳我家に伝わるパリ万国博覧会賞状

再現された「箱晒法」
（木蠟資料館上芳我邸／喜多郡内子町）

一行は六月二十五日に土佐から伊予に入り、まず宇和島・吉田藩領を測量した後、七月二十四日、三崎半島方面から新谷藩領の出海村に入り、新谷を含めた大洲藩領の測量を開始した。出海村には宇和島藩から郡方役人四人、郷目付二人、付添案内村役人五人の一一人が見送りに、大洲藩・新谷藩からは新谷代官と役人一人、庄屋が出迎えた。次いで櫛生村における昼食の時、大洲藩代官、郡代五人、船頭二人、郷目付二人、付添案内村役人として徳森村・北只村・下須戒村・手成村・一木村・下唐川村各村の庄屋、大洲藩郡奉行、新谷藩郡奉行の総勢一八人が挨拶に訪れた。また同日、松山藩から一人、今治藩から二人、そして広島藩領の大庄屋一人、庄屋二人が挨拶に訪れるなど、これから測量が予定されている地域が事前準備のための情報収集を積極的に行った。

測量は必要に応じて先手《せんて》・後手《ごて》の二組に分かれ、それぞれ計測しながら申し合わせた地点で合流するという方法をとって能率を上げていたようである。

一行は七月二十五日に長浜で作図作業を行い、二十六日には肱川をさかのぼって内陸の大洲まで測量した。先手が長浜→大越村→上老松村→加屋村→米津村→八多喜村→大洲城下、後手が八多喜村→春賀村→五郎村→若宮村→中村→大洲城下という経路で大洲に着き、藩が用意した淡路屋などの旅籠《はたご》に宿泊した。ここでは大洲藩から金銀と和紙を、新谷藩から銀と蠟燭を贈られているが、金銀の受け取りははばかられたとみえて、金銀ではなく、和紙と蠟燭を贈ってもらい、のち

伊能忠敬肖像（久保高一編『伊能忠敬測量日記』明浜町教育委員会発行より転載）

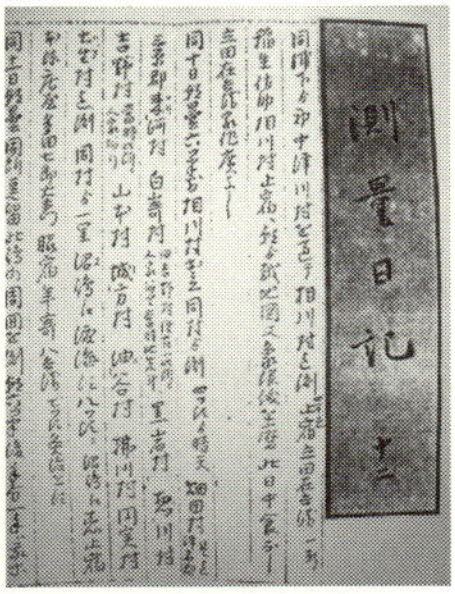

「伊能忠敬測量日記」（久保高一編『伊能忠敬測量日記』明浜町教育委員会発行より転載）

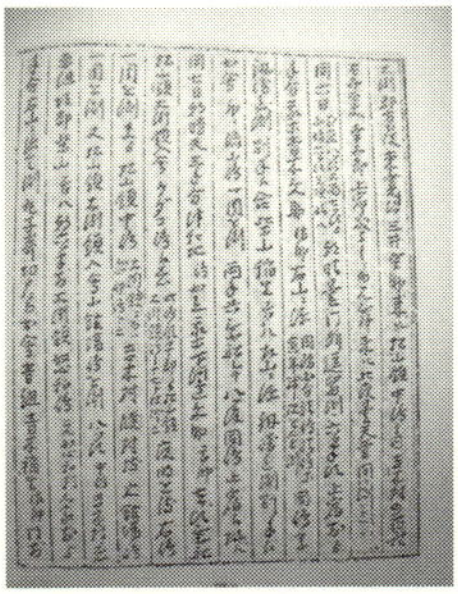
「伊能忠敬測量日記」の大洲での測量を記載した箇所

に売却して代金を受け取っている。このように一行は、行程にある各藩から金銭や特産物などを贈られており、日誌には「贈物」と記録している。

七月二十七日に小松藩領から庄屋二人が見学に来訪した。この日、一行は大洲城下から川船で肱川を下り、再び長浜に宿泊している。翌二十八日には船で長浜沖の青島を測量し、その後、先手は串村↓大久保村↓高岸村↓上灘村、後手は長浜↓黒田村↓今坊村↓三ツノ尾村↓串村↓上灘村を測量し、上灘に宿泊した。二十九日、上灘を出発し、先手は米湊にて作図に当たり、後手は高川村↓森村を経て灘町の宮内邸に宿泊した。ここで松山藩領の大庄屋二人の訪問を受けた。月が変わって八月一日、先手は灘町から逆に尾崎村↓本郡村を経て再度森村に至り、灘町に戻った。後手は吾川村を経て松山藩領黒田村に入り、三津浜に宿泊した。

大洲藩郡方の役人が松山藩領との境界まで伊能一行を送り届ける一方、松山藩からは郡奉行・浦奉行配下の役人や大庄屋・庄屋・船頭など一〇人が出迎えた。さらに大洲藩の庄屋六人が別れの挨拶に訪れるなど、藩境《はんざかい》を越える時には双方ともに丁寧な対応をしている。

測量に関しては、伊能忠敬ら測量隊の経路や動向に注目が集まりがちになるのは当然であろう。しかし測量の成功に当たっては、各藩の多大な協力と負担があったことも見逃してはならない。測量隊の到着までに藩に課せられた事前準備は、絵図の作成と測量道の作成であった。

絵図は縮尺が決められた上に村の境と村間《むらかん》の距離が必要であり、できがよくなければやり直しを命じられる性質のものであった。そこで大洲藩では、絵図方の東《ひがし》寛治《かんじ》に命じて入念な事前測量を実施した。特に大洲藩の飛地《とびち》である中島地域には、松山藩と大洲藩との領有権争いが絡む小島があるため、念入りに測量が行われたようである。

測量道は、海岸線を歩ける状態の所は特に作成の必要はなかったが、荒磯などの多い所は作成に困難を極めた。リアス式海岸の多い宇和島藩に比べて、大洲藩の海岸線は出入りが少なく、しかも小砂利の状態の所が多かったので、測量道は比較的容易に作成できたようである。それでも長浜から郡中にかけての測量道は、村人が通常利用する村道とは別に造られ、村道と接することもほとんどなかった。もちろん事前測量や測量道作成のための労力や食費などの諸費用が、ほかの藩同様、大きくのしかかってきたことはいうまでもない。

さて、八月二日より興居島を手始めに島嶼部の測量に入った。中島地域には、大洲藩領の怒和《ぬわ》島と松山藩領の忽那島との間に二子《ふたご》島という無人の小島がある。小島といえども、領民にとっては畑の肥料となる海藻が採れるなど重要な場所であったため、この島の領有権をめぐって大洲藩と松山藩との間で長年にわたって論争になっていた。もし紛争が起こって裁判にでもなれば、親藩である松山藩に比べて外様である大洲藩が不利になる可能性が大きかったので、大洲藩は東寛治

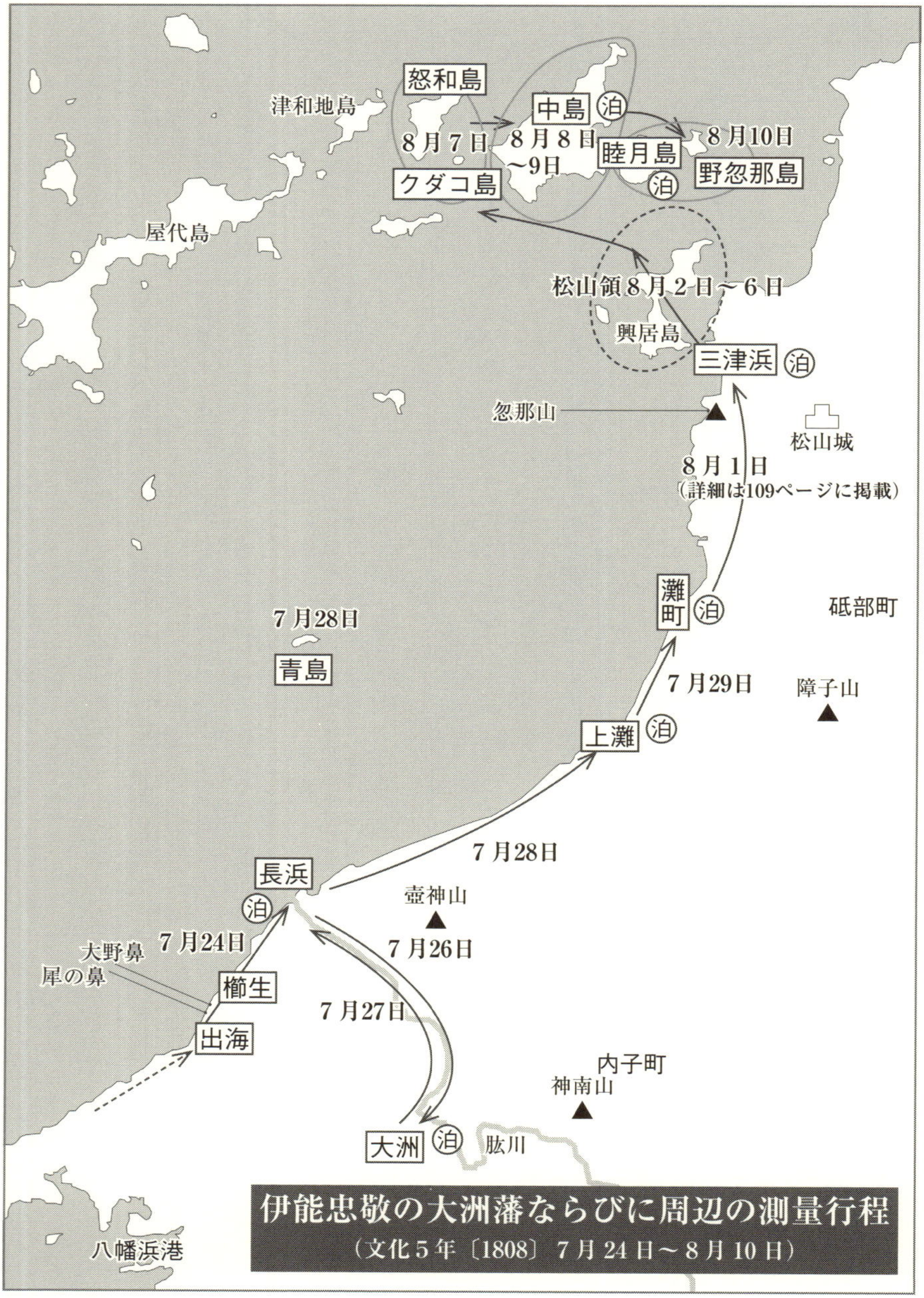

伊能忠敬の大洲藩ならびに周辺の測量行程
（文化5年〔1808〕 7月24日〜8月10日）

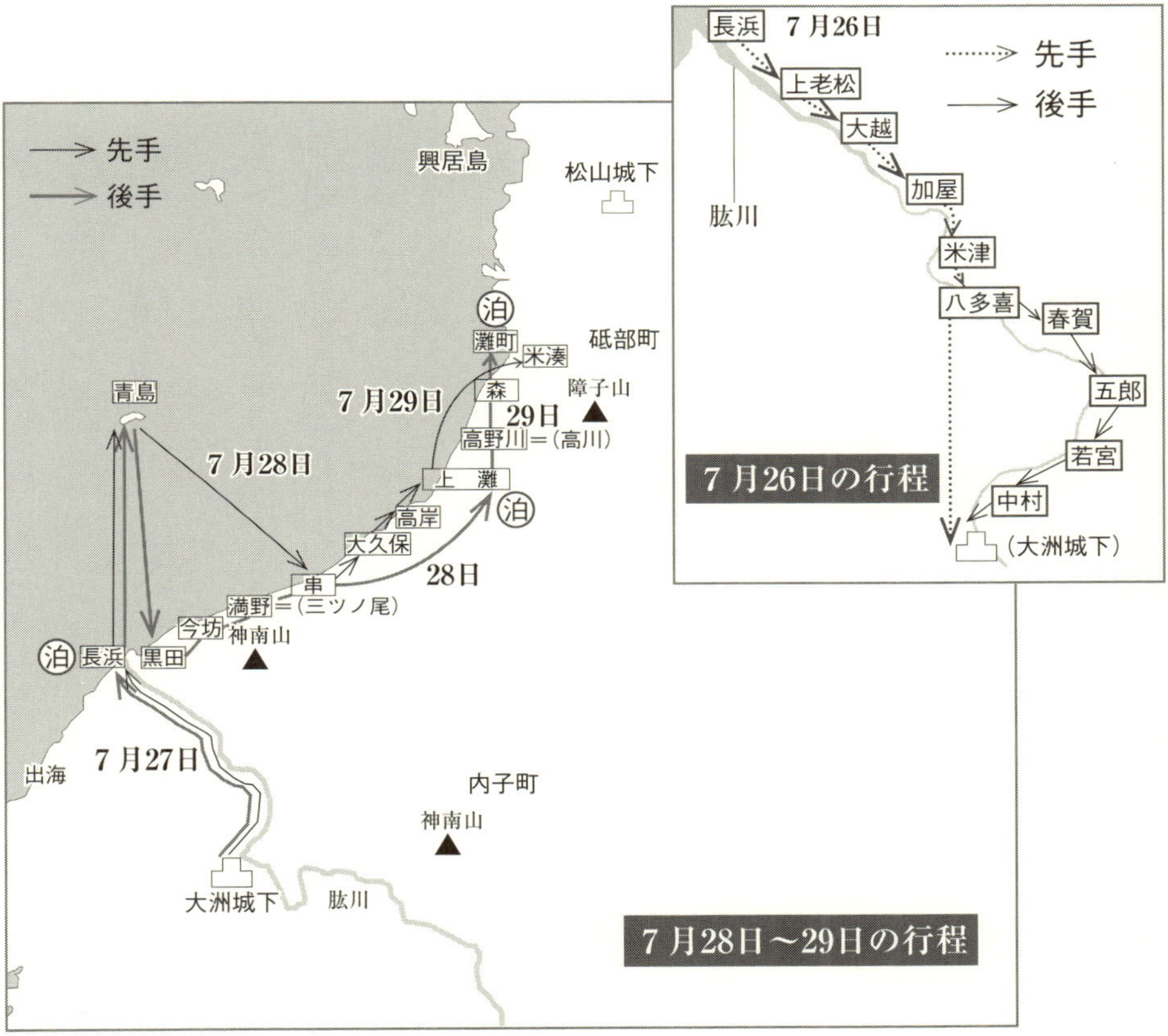
長浜
7月26日
先手
後手
上老松
大越
加屋
肱川
米津
八多喜
春賀
五郎
若宮
中村
（大洲城下）
7月26日の行程
先手
後手
興居島
松山城下
泊
灘町
米湊
砥部町
森
障子山
青島
7月29日
29日
高野川＝（高川）
7月28日
上　灘
泊
高岸
大久保
串
28日
満野＝（三ツノ尾）
今坊
神南山
泊
長浜
黒田
出海
7月27日
内子町
神南山
大洲城下
肱川
7月28日～29日の行程

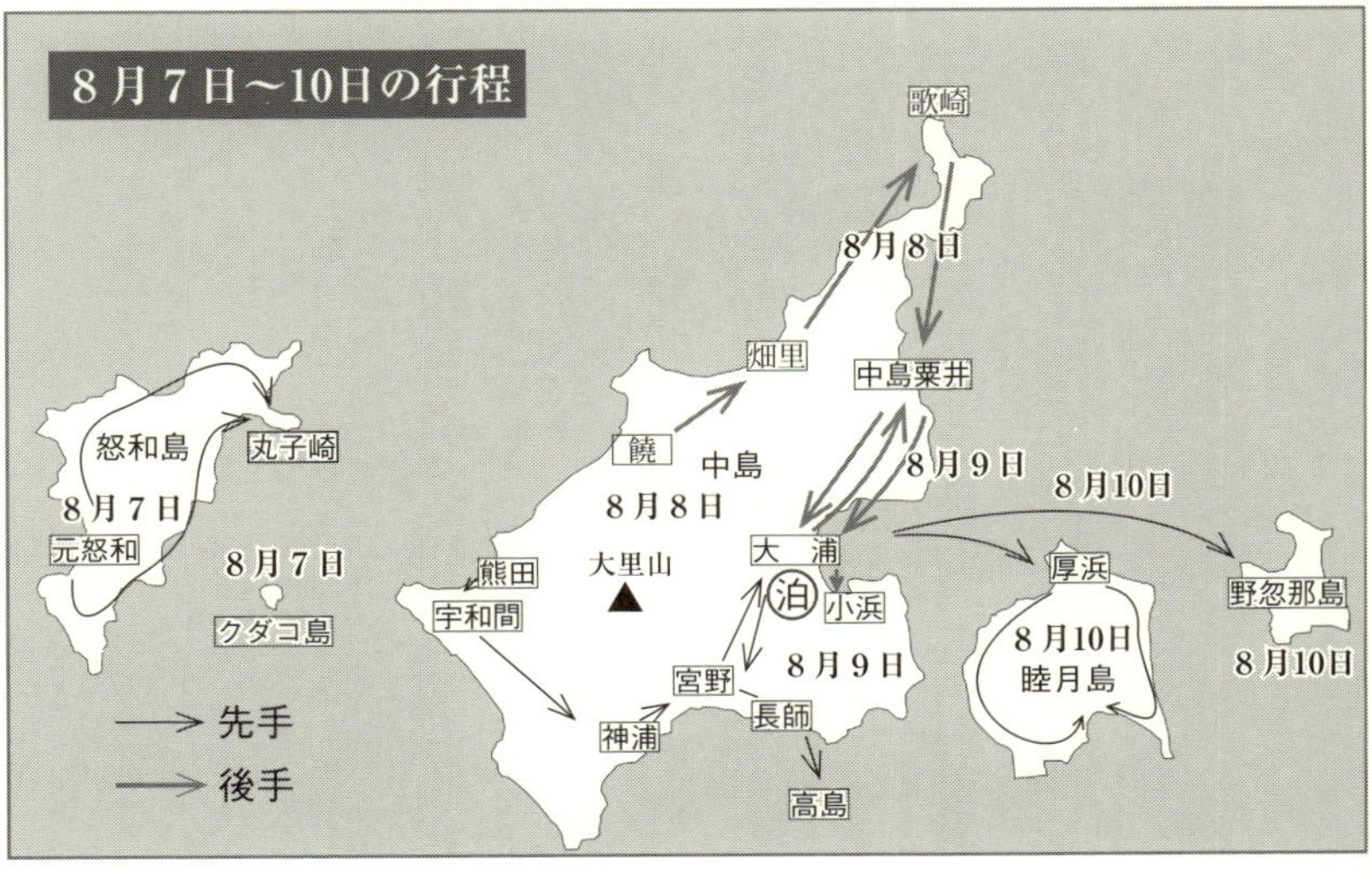
8月7日～10日の行程
歌崎
8月8日
畑里
中島粟井
怒和島
丸子崎
饒
中島
8月9日
8月10日
8月7日
8月8日
元怒和
8月7日
大　浦
厚浜
野忽那島
大里山
熊田
泊
小浜
クダゴ島
宇和間
8月10日
睦月島
8月10日
宮野
8月9日
長師
先手
神浦
後手
高島

に精密な絵図を作らせた。

この島がいずれの藩に属するか、伊能測量隊が訪れる時にも決着していなかった。そこで両藩は取り決めを行い、事前の測量で二子島のうち「大之嶋」を松山藩領、「小之嶋」を大洲藩領と描いてとりあえず提出したのである。そして測量隊が宇和島藩領に滞在している時に、両藩で争いになっている島の測量をしないでほしい旨を申し入れた。これは、幕府測量隊の測量によって島の領有権が決定づけられることを警戒しての措置であった。さらに測量隊が大洲に滞在した時も、伊能本人に直接、要望を行っている。伊能は、「大名間でも決着がつかないことを、我々天文方の身分で決めることなどできるはずもないのだが、心配なようであれば、問題をかかえるすべての小島には一切上陸せず、遠測で済ませよう」という主旨のことを述べて、両藩の申し出に沿う措置をとった。

大洲藩飛地のある島嶼部の測量は、八月七日から測量隊を三つに分けて始まった。この日、大洲藩領の怒和島は元怒和村から二手に分かれて測量し、丸子崎切戸という所で合流している。このほか松山藩との入会地《いりあいち》となっているクダコ島・小館島や松山藩領の島などを遠測も含めて測量し、一行は中島にある庄屋忽那家に宿泊した。忽那家は測量隊や役人全員が宿泊できるくらい大きな屋敷であったことが推定される。

八月八日は大洲藩領と松山藩領がある中島の測量を行った。島の東側の吉木村

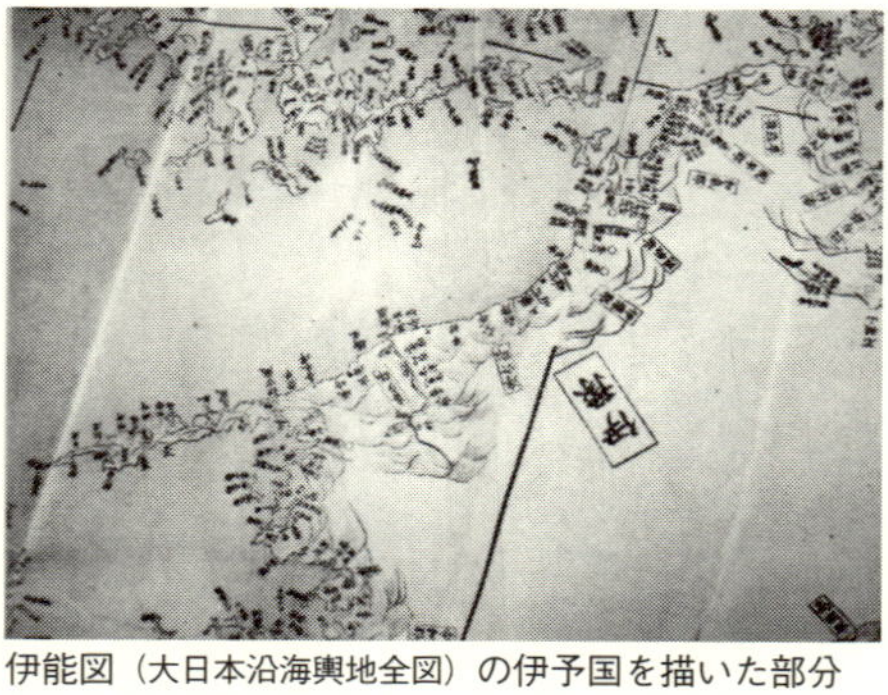

伊能図（大日本沿海輿地全図）の伊予国を描いた部分
（久保高一編『伊能忠敬測量日記』明浜町教育委員会発行より転載）

から一隊は熊田↓宇和間↓神浦↓宮野まで島の南側を、一隊は饒↓畑里↓歌崎↓中島粟井まで島の北側を回って西側の大浦で合流し、庄屋堀内家に宿泊した。翌九日はそれぞれ残っていた宮野↓長師↓高嶋（長師沖の小島）↓小浜、及び中島粟井↓大浦↓小浜まで測量して中島を終えた。

八月十日、三隊に分かれて中島の大浦を出発し、一隊は松山藩領野忽那島《のぐつなじま》を、あとの二隊は無須喜島（睦月島）をアツ浜（厚浜）から東西に分けて測量して睦月庄屋宅に宿泊した。この日をもって大洲藩領の測量がすべて終了したので、大洲藩関係者五人をはじめ、庄屋一四人が挨拶に出向いている。翌十一日から再び松山藩領の測量に取りかかったので、高浜や堀江に大洲藩の役人や船頭ら九人が見送りに出ている。大変丁寧な対応といえる。

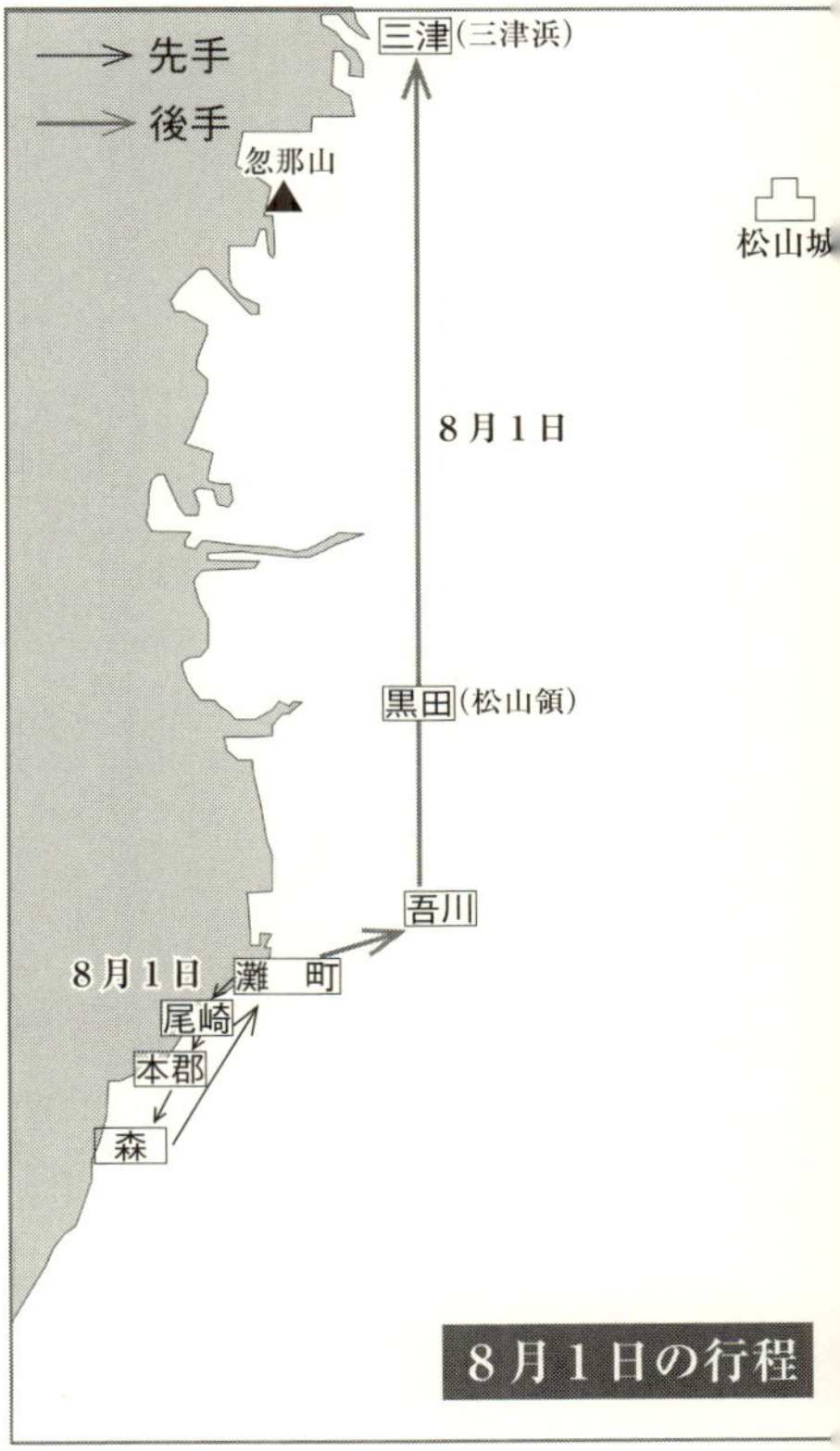

8月1日の行程

③

加藤家十一代・泰幹

天保の飢饉に伴う「田所・柳沢騒動」が発生し、首謀者が処刑される。
甘蔗栽培が、石高に計算されない無高地や耕作者のいない手余地、永荒地で始まった。
そうして物価が高騰したので、生活に必要な一六四品目の価格の上限を定める。

天保の飢饉と民政重視

加藤遠江守泰幹《やすもと》は文化十年（一八一三）に生まれ、文政九年（一八二六）、家督を継いだ。翌文政十年には宇和島藩領富野川《とみのかわ》の農民が大洲に逃散《ちょうさん》、文政十一年には菅田《すげた》の農民一四〇人が川原に集結するという出来事があった。この二年は洪水が発生している。天保元年（一八三〇）には宇和島藩領伊方《いかた》から八〇〇人が平野方面から大洲領に逃散した。泰幹時代も幕府公役は課せられ、災害等も起こった。

天保五年には凶作に備えて富裕者へ寸志銀の拠出を命じた。天保六、七年には洪水や大雨で不作が続き、七年には大洲・新谷で囲籾の売却が許可された。天保八年には柳沢騒動で首謀者三人が処刑されている。天保九年には虫害と洪水で不作となり、天保十年には干害で凶作になった。幕府に損耗高《そんもうだか》の報告が行われ、如法寺河原で雨乞いの千人踊りが、また、各地で雨乞い踊りが実施されている。

天保十一年、藩医鎌田玄台が『外科起廃』を著し、弘化三年（一八四六）に『解剖図』を描いた。天保十三年には藩主泰幹によって、泰済から続く『韓魏公集《かんぎこうしゅう》』の最終版が出版された。『韓魏公集』は北宋で神宗までの三代の皇帝に仕えた宰相韓琦《かんき》が著した漢詩文集で、泰済は領民に高雅な文章を親しませようと自ら監修して刊行を計画し、版木の彫刻以外の作業を藩内で行った。

天保十四年には泰幹による郡中方面の巡視や、城の苧綿《おわた》櫓の棟上げなどの出来事があった。また、江戸近海に外国船が現れた場合の大洲藩としての警備手配書を幕府に提出した。

弘化元年、大洲藩は二万百七十石を水害による損耗高として幕府に届けるなど、天災による損耗はその後もたびたび発生した。

財政難に対しては、藩では省略令（倹約令）はもとより藩士の禄の借上《かりあげ》や村々への課税を行うとともに、藩の予算の二割削減などを行って経費節減に努めた。

なお、泰済・泰幹ともに民政に力を入れ、参勤のない年は領内を巡見して奇特者や高齢者をはじめ、直接領民に接したという。『予州大洲好人録』・「農家業状筆録」・『積塵邦語』などが刊行されている。

『韓魏公集』と『忠献韓魏公家伝』（大洲市立博物館蔵）。最終版の刊行は泰済没後であった。

農民の生活

文化年間、大洲藩士井口亦八《いぐちまたはち》の手になるといわれる「農家業状筆録」には、当時の農民の暮らしぶりが次のように述べられている。

農民の暮らしが少しの暇もなくつらい労働の連続であることは、古今東西全く変わりがない。季節によって多少の差はあるけれども、年明けから年末まで、ゆっくり休める日は一日もないといっても過言ではない。

元日には庄屋や村内の家々へ挨拶回りを行い、二日は鍬初めといって、早朝に畑の隅を掘り、紙で包んだ餅・柿・蜜柑《みかん》を埋める。隣の人がそれを探して掘り、その年の健康と豊穣《ほうじょう》を祈願する。四日には山仕事初めとして山で木や柴を刈った。

正月三ガ日の食事でさえ、農家では貧富にかかわらず米二～三合に麦一升を混ぜた麦飯を食べ、三ガ日を過ぎると朝晩は雑炊を食べた。食事の内容は家ごとに異なり、一村のうちでも麦飯が食べられたのは一割前後で、ほとんどの農家は雑炊を常食としていた。味噌や醤油についても原料に格差があったという。夏場に麦がとれるまでは麦も大切な食糧であった。もし前年の未納年貢などがあれば、収穫したばかりの麦もすぐに藩に納めなければならないので、飢えに苦しむこともあった。

今に残る棚田（喜多郡内子町北表）

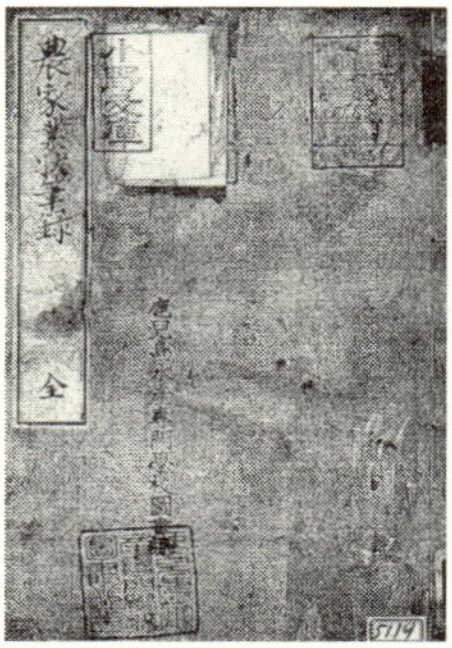

「農家業状筆録」表紙（大村博氏収集資料／内子町蔵）

少しでも生活の足しにするため、紙漉《かみすき》、菰《こも》や莚《むしろ》編み、簑笠作り、柴・薪の伐り出し、炭焼き、葛根・蕨《わらび》根掘りなど、農民はさまざまな副業を行って老若男女がそれぞれに稼いだ。

以前はほとんど全ての農家に布団というものがなく、「ふすま」といって草の蔓《つる》などを蒟蒻《こんにゃく》糊で固め、布団くらいの大きさにしつらえた夜具を用いたという。その夜具も家族全員分はなく、みんなが寄り添って寝た。やがて徐々に夜具を用いる農家が増えていったが、貧しい農家は古い莚にくるまったり、囲炉裏《いろり》の近くで体を温めたりしながら寝ていた。

三月になると田起こしの作業が始まる。起こした田には肥《こえ》を入れてさらに打ち返す。狭い山田（棚田）などは牛で鋤《す》くことが難しかったので人力で打ち返さなければならなかった。畑でも種まき、施肥《せひ》、植え替えなどの作業を次々と行わなければならない。特に小さい子どもをもち、家族の世話や副業までを担当した女性の負担には厳しいものがあった。

気候も毎年一定ではなく、台風・洪水・病害虫などの不安定要素もあって、農作業にはいつも不安がつきまとっていた。

秋になると収穫と後作《あとさく》の作業で多忙な日々が続いた。夜には縄をない、俵を編んで年貢上納の準備も忙しくなった。そうするうちに山林を管理する代官が村を訪れて竹藪を見て回った。村々からは竹役★によって伐り出された竹の上納が始ま

▼竹役
竹の伐り出しを行う課役。大洲藩では高百石につき二〇人。

る。竹藪の多くは山にあり、近い所でも二～三里（八～一二キロメートル）、遠ければ八～九里も離れた所から運ばなければならなかったので、竹を筏《いかだ》に組んで運ぶ村もあった。ともかく、割当数を十月末までに大洲城下の枡形にある藩の蔵に揃えて出さなければならない決まりであった。

　年貢米は秋から冬にかけて完納することが定められていた。藩から村へ出された年貢米上納に関する触状《ふれじょう》には、量を正確にして俵作りは念入りにせよと書かれている。上納は吉日に行わせた。年貢米は一度に五～六斗（七五～九〇キログラム）ほどを馬に乗せて運んだ。遠くの村からの運搬は大変であり、四～五里も離れた所からは、夜中に起きて茶粥《ちゃがゆ》を食べて出発し、朝の八時頃から十時頃までに藩の蔵に納めた。

　計量所には計方《はかりかた》★がおり、乾燥具合を検査して、よければ計量させたが、乾燥が不十分であったり籾《もみ》や砕《くだ》け米が入っていたりするとやり直しを命じた。このように検査に時間がかかったので、年貢の納入は計量一日、往復二日の三日を要する場合もあった。

　大豆は米に次ぐ重要な上納物であった。遠方からの納入の手間をはじめ、乾燥具合・虫食い・粒そろいの検査の状況は米同様である。

　大洲藩では紙の生産に力を入れて専売品としていた。楮の皮は古田村（現・内子町五十崎）、北平村（現・大洲市河辺）の楮役所（梶役所）に運んで役人の検査を

▼計方
年貢米の検査・計量をする役人。

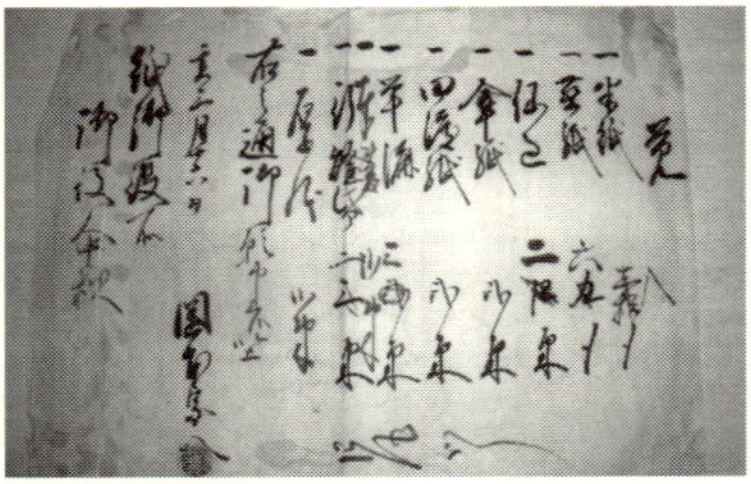

紙役所納入目録
（大村博氏収集資料／内子町蔵）

受け、上・中・下の三段階に分けられて相応の代銀を受け取る仕組みであった。これも年貢同様、遠方からの運搬は一日がかりであった。紙漉人は楮役所へ出向いて材料を買うのであるが、出荷量との兼ね合いで欲しい量だけ買えるかどうかは分からなかった。紙漉はおもに女性の仕事で、夜の十一時～十二時頃まで漉いた。特に寒い時期の夜更けの作業は冷たく、耐え難いものであった。

とにかく農民は年中多忙で、特に水害の恐れがある五郎村や若宮村などでは、麦秋《ばくしゅう》の頃★には未明から夜半まで働き詰めであったという。

自分の田畑を自作して生活できる農民は、年貢や諸掛り夫役《ぶやく》を済ましてしまえば残りは全て自分のものとなったが、田畑が少なく、家族の生計が成り立つかどうかの農民は「当り地」「当り作」といって他人の田畑を借りて小作を行った。もちろん米・大豆・麦など決められた小作料を納めなければならず、年貢・諸掛り・地主への小作料は農家にとってかなりの負担であった。

村の男女交際と婚礼

男女の交際から婚礼までの行事には、地域によって様々な形式や習慣があった。中田渡《なかたど》村（現・喜多郡内子町中田渡）の新田《にった》八幡宮（神社）は、拝殿の奥にある弊《へい》殿《でん》が高床になっており、床下は昔から若い男女が愛を語り合うことのできる公認

▼麦秋の頃
麦が稔る五月頃。

新田八幡神社（喜多郡内子町中田渡）

の場所になっていたという伝承がある。

　若い男が村祭りなどで見初《そ》めた娘の家を聞いて、夜に訪れるという夜這《よば》いの習慣は多くの地域で存在していた。夜這いに行く時は夜這い提灯《ちょうちん》という小さな提灯を持ち、夜這い唄を口ずさみながら出かけた。他村へ行く時にはその村の若者と連絡を取っておくのが礼儀で、無断で出かけると喧嘩になることもあった。娘の親や村人はそれと分かっても黙認したので、半ば公然と行われていたという。

　江戸時代から明治時代半ば頃まで、足入れという習慣もあった。これは、娘を将来結婚させてもよいと思う男の家に、仲人《なこうど》の仲介によって奉公に出るくらいの軽い気持ちで住まわせ、娘が相手の男や親に気に入られれば、そのまま結婚に結びついていくが、そうでない場合は実家に帰るというものである。帰った場合でも、奉公がうまくいかなかったのであり、不縁ではないと見なされた。子どもが生まれた場合には男の家が引き取るよう、仲人が話を着けていたという。

　結婚が決まると、次は婚礼である。花嫁が実家を出発すると、親族の年配者が花嫁の背中に炒《い》った大豆を投げ、「炒り豆に花が咲くともこの家《や》に戻るなよー」と唱えた。

　嫁入り道中では、先頭で提灯を持って露払《つゆはら》いをする親族が、「嫁入りぞー、嫁入りぞー」と大声で知らせた。道端の見物人や若者は「嫁さんヨーヨー」と言ってはやし立てた。山村では、娘が村から出て行くのを惜しむ気持ちから、村の若い男たちが木や石を道一杯に置いて花嫁一行の通行を妨げる、わやく（いたずら）を行った。

花嫁が婚家に着くと、縁側から家に上がって荒神様《こうじん》（竈《かまど》の神）に挨拶をした。かための杯が終わる頃、地域の若者が色々なやり方で祝意を表した。

例えば、どっしりと落ち着くようにという願いを込めて、大きな石を二つ重ねて庭に置いたり、入り舟ということで祝い唄を歌って川舟を庭に運んだり、半分（半畳）の筵の上に炭を入れた一升枡を置き、その上に橙《だいだい》を乗せて「一生住みます。代々繁昌」と縁起を担いだりした。祝宴が三日続くことも珍しくなかったという。

これも大洲

天保の妻《め》敵討《がたきうち》

　妻敵討とは、武家社会で武士の妻とほかの男との不倫があった場合、武士の名誉を守るため、夫が妻と男を討ち果たすことを認めた制度のことである。近松門左衛門の浄瑠璃に、実際に起きた出来事をもとにした物語が作られているが、大洲藩でも天保十年（一八三九）、妻敵討が起こった。

　ことは四月十一日、大洲藩のある中小《なかこ》姓《しょう》の妻（二十七歳）と、ある村の若い百姓（二十三歳）の出奔《しゅっぽん》に始まる。当時は生活苦などから百姓の出奔は年間五〇人にも及んでいたが、百姓身分の青年と年上の武士の妻の駆け落ちは、藩内でも人々の話題になったのではなかろうか。

　ともかく中小姓の申し出を受け、大洲藩は出奔から約一カ月半後の五月二十九日、この出奔事件を江戸町奉行や関係機関に届け出た。この時点で妻と百姓は、今でいう指名手配の犯罪人となったのである。

　中小姓は藩の許可を得て、医者であった弟とともに出奔後から二人の行方を捜していた。最初四国を回ったが発見できず、六月には大坂に足を延ばして捜すことにして、六月二十九日に大坂東町奉行所にも妻敵討の届けを出した。ところが何という偶然か、その日の夕方に二人を発見し、二人がたまたま逃げ込んだ大洲藩蔵屋敷で目的を果たしたのであった。

事件の顚末

　ことの顚末については、討ち取られた妻と百姓からの事情説明や供述などは得られていないので、一方的な話にはなるが、当事者である中小姓が七月一日、大坂東町奉行所の取り調べに対して行った口述によって知るしかない。

　それによると――。私宅は先祖代々加藤家に仕え、私の禄は十三石四人扶持であった。妻は同じ大洲家中の娘で十一年前に結婚して二人の男子をもうけた。そのほか母と医者をしている弟と、妹を含めた七人家族で暮らしていた。

　しかし私は以前から病気がちで家族も多く、経済的にも次第に困窮してきたのでお勤めもお断りし、十年くらい前に在居（城下を離れて支配地の村で生活すること）を許可していただいた。禄は従来通り支給された。領内の村に引っ越したが、親戚とも相談して母と妹と子どもは親戚に預け、村では私夫婦と弟の三人で何とか細々と生活していた。弟は職業がら往診などで留守がちであり、私も用事で夜も家を空けることがしばしばあった。

　そうこうするうち、私に対する妻の態度が微妙に変化してきた。長年仲むつまじく暮らしてきたので不審に思っていたところ、今度は、我が家に日雇いなどで出入りしていた心やすい村の若い百姓が、私や弟の留守中に家にやって来て妻と猥らなことをしている、という噂《うわさ》を聞くようになった。

　私は「取り留めもないことよ」と気にもかけなかったが、三月頃から妻が私を心から疎ましく思っているように見受けられるようになった。四月には、私がいる時に百姓がやって来ていろいろ話をする中で、妻と百姓が私をののしるようなことを言ったりしたので、「さては私の留守中密かに出入りして、密通でもしているのではないのか」と問いただした。しかし二人は答えなかったので、心外ながらそのままにしていた。妻にはその後もことの真相を問いただしたが埒が明かず、結局、四月七日に大洲の実家に預けることにした。

ところが十一日の夜、妻が実家を抜け出し、百姓の方も行方がわからなくなったので密通を確信した。また、二人が連れ立って夜中に逃げていくのを見たという者もいたので、欠け落ちの噂が藩内に広まるのではないかと大変心配した。

私は前から病気がちで歩行もままならなかったが、治療して快方に向かったため、二人の行方を捜し出して討ち取ることを決意し、五月四日、大洲を出発した。弟は私の健康状態と病気の再発を気遣い、途中で合流して一緒に捜索することになった。

最初は四国を回ったものの見つけることができず、六月二十四日、大坂にやって来て毎日二人の行方を捜し回った。そして二十九日の夕暮れ、大坂のどことも知れず、通行人も少ない場所でついに二人とおぼしき者を見つけた。

足早に近づいて見れば確かに二人に間違いなかったので、妻敵討の主旨を告げ、刀を抜いて迫っていくと、二人は驚いて逃げ出した。私と弟が追い詰めると、近くの武家屋敷に逃げ込んだ。ここまできて取り逃がすわけにはいかないので、私たちも屋敷内に踏み込んだ。やがて屋敷内の小庭に隠れていた二人を見つけ、私が後ろから百姓に斬りつけ、倒れたところを弟が取り押さえた。あたりはすでに暗くなってよく見えなかったが、星明かりを頼りに私は百姓の首を討ち落とした。さらに庭で身を縮めるようにしていた妻も引き出して弟が取り押さえ、百姓と不義密通に及んだことの次第を私が話して聞かせた。そして黙ったままうつむいている妻の首も私の手で討ち落とした。

やがて、騒ぎに気付いた屋敷の役人たちがやって来て私たちを取り囲んだので、これは妻敵討であることを告げた。驚いたことに何という偶然か、この屋敷が大洲藩の蔵屋敷であったので、安堵の胸をなで下ろした次第である、と記されている。

また、医者である弟も、奉行所に対して神妙な態度で次のように述べている。

私は十六歳の時から医道を学んだ。以来だれかに仕えることもなく、兄宅に同居して厄介になっていた。不在のことが多く、兄嫁の密通については出奔するまでよく知らなかった。その後、病気がちであった兄が藩に妻敵討の願いを出し、いとまをもらって大洲を出発したと聞き、兄の病気が気になったので後から兄を追いかけて同道することにした。以後の顚末は兄が申し上げた通りであるが、大洲藩蔵屋敷で二人を討ち取り、本意を遂げる時に私も助力したという事実に間違いはない。

事件後の処置

事件後すぐに中小姓と弟は、大洲藩の役

人に連れられて大坂東町奉行所に出頭した。奉行所も朝、届け出があった妻敵討がその日の夕刻には実行されたので、さぞ驚いたことであろう。ともかく人を二人も殺したのであるから、通常であれば奉行所で入牢の上、取り調べを受けるところだが、妻敵討ということでそのような措置は取られなかった。

　翌六月三十日、大坂東西両奉行所から二〇人が派遣されて検視が行われた。二人の死骸はあらかじめ大洲藩蔵屋敷で検分されており、検視役人に「男は左肩に三寸ほどの切り傷が一カ所あり、首は討ち落としの状態であった。木綿縞単物を着て花色の帯を締めていた。女は首討ち落としの状態で、白地のかすり帷子を着て、縞縮緬帯を締め、白絹の脚絆を身に付けていた」という主旨の検分書が提出されたが、中之島の大洲藩蔵屋敷始まって以来の騒動になったことはいうまでもない。

　七月一日、大坂東町奉行所は中小姓と弟を呼び出して取り調べ、先の口述が行われるという経過をたどるのである。そして奉行所は、その日のうちに二人に対してお構いなし、すなわち無罪の裁きを下した。兄弟は大洲藩大坂留守居役預けとなり、帯刀を許されて藩の蔵屋敷に帰った。その後、二人は大洲に帰ったと思われるが、地元の人々にどう思われ、どのような人生を送ったのかは定かではない。

　半月後の七月十四日、大洲藩江戸留守居役から江戸町奉行所に事件の落着を届け、六月二十九日の記録を抹消してもらっている。このような事件が起きると、藩から幕府の諸機関へ届け出なければならず、藩の体面が損なわれることになったのである。

　ともかく江戸時代の武士社会では、不義密通を行った妻や相手の男に対して妻敵討という制裁が公認されていた。しかし、現実に実行されることは珍しかったとみえて、大洲藩の記録にこの件以外の妻敵討の事例は見当たらない。それは不義密通がこれ以外になかったのではなく、面倒な妻敵討の実行を避けたという可能性がある。普通の仇討ちと違い、妻の不義密通が原因では自慢するどころか、面目がつぶれることになったのであろう。にもかかわらずこの中小姓兄弟が妻敵討をあえて実行したのは、この事件が大洲藩家中のみならず領内にうわさとなって広まり、著しく名誉が傷付けられたため、仕方なく実行せざるをえなかったという側面があるのではなかろうか。

　一方、武士以外の町人たちの不義密通事件はどうだったのであろうか。

　妻敵討より二十年前の文政元年（一八一八）九月、大洲城下の藤吉という町人が隣の吉三郎の妻と密通したとして訴えられた。この事件は吉三郎と組内の協議で、妻を親元に帰すことでいったんは落着していたが、藤吉がまた妻を連れ出して八幡浜へ出奔したため、追手を差し向けて捕らえ、大洲の町奉行所へ訴え出たというものである。奉行所は二人を晒しの上、それぞれ領内の島に流罪にした。

　二人のその後については分からないが、代償は大きかったといえよう。

　大洲藩では道ならぬ庶民の恋も、封建社会のしがらみの中で不義密通という重大犯罪として厳しく罰せられたようである。

これも大洲

絵師・若宮養徳の貢献

若宮養徳は、宝暦年間に若宮の紺屋幸右衛門の子として誕生した。紺屋は元松山藩士であったが、元禄の頃に大洲に移って染め物屋を始めたという。養徳の本名は村上清成であるが、惟正、文流斎、閑林斎、無生、晩年には芋畑翁などと号した。

六代藩主泰衑は、ある時、五郎村の別荘に往き来する途中で、民家の入口に貼ってあった武者絵を目にとめた。なかなかの出来ばえに感心した泰衑は作者を探し出させ、若宮村の庄屋に作者を連れて出頭するように命じた。この作者こそがまだ少年の若宮養徳であった。

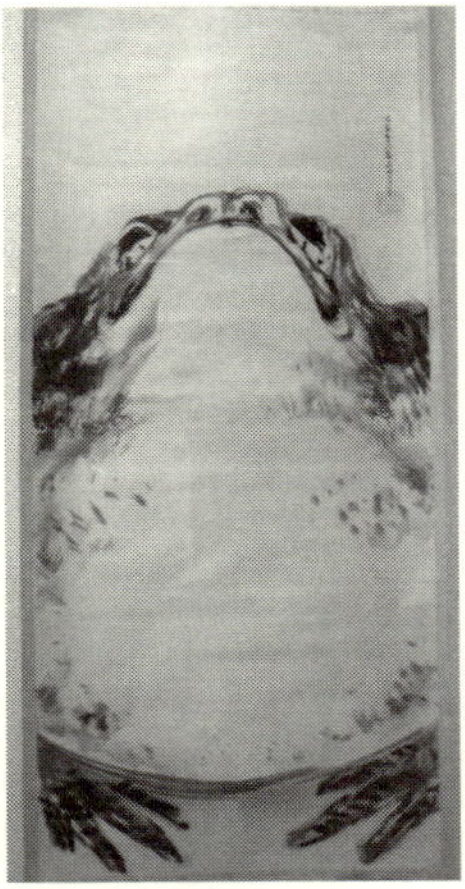

養徳筆「蝦蟇図」
(大洲市立博物館蔵)

さて、出頭命令を受けた庄屋や養徳の家族は、恐る恐る城に出向いた。絵を描くように命じられた養徳は、臆することなく描いてみせたので、藩主は大いに感心して、養徳にお褒めの言葉と褒美を与えた。

父親の幸右衛門は養徳の画才に期待し、本格的に絵を学ばせようと、狩野派の画家・林美彦に入門させた。養徳はここで技を会得し、一人前の画家になることができた。

さて、泰衑によって見出された養徳の画才を、絵師として発揮させたのは十代藩主泰済であった。加藤文麗の血を引く泰済は絵も堪能であり、三十代の養徳を坊主（茶坊主）として登用し、絵師として育成していた。養徳は、のちにさらなる修行のため江戸に行き、藩命によって加藤家とゆかりの深い木挽町の狩野惟信のもとで絵の技術をみがいた。やがて上達が認められ、師の惟信から「惟」の一字をもらって「惟正」と号した。養徳は花鳥、人物、獣や魚を描くのを得意としていた。

養徳筆「布袋図」（大洲市立博物館蔵）

養徳は門弟の育成にも努め、幕末の頃、大洲地域で活躍した画人のほとんどは養徳の門人かその系統であると思われる。また、如法寺をはじめ藩内の寺院などには、養徳の筆になる襖絵や掛け軸、天井画などの大作が残されている。

こうして画才を開花させた養徳は、天保五年（一八三四）に八十歳前後の高齢で世を去った。

これも大洲

大洲名物「いもたき」と銘菓「しぐれ」

親睦を深める「いもたき」の継承

大洲では秋に肱川の河原で〝いもたき〟が行われ、観光名物にもなっている。

いもたきとは、大きめの鍋に夏芋（里芋）、鶏肉、蒟蒻《こんにゃく》、人参、油揚げ、椎茸《しいたけ》、白玉粉などの具材を醤油味の出し汁で煮込んだ鍋料理であり、何人かで鍋を囲んで親睦を深めるという行事でもある。

いもたきは藩政時代に始まったといわれ、「えひめの記憶」（生涯学習情報提供システム）では、その起源について、いくつかの説を紹介している。

一、江戸時代、大洲藩では春と秋の二回、各地で〝お籠《こも》り〟という寄合行事が催されていた。秋のお籠りは河原に収穫された夏芋を持ち寄り、親睦の一時を過ごした。

いもたき（写真提供／大洲市観光協会）

二、肱川の洪水によって里芋の名産地になった肱川付近の農民が、収穫祭として旧暦八月十五日の芋名月に里芋を供えて豊作を祈り、河原で芋を炊いて会食した。

三、加藤家五代藩主泰温が江戸から呼び寄せた陽明学者川田雄琴は、藩内各地を巡って講義をしたが、講義の後の楽しみとして始まった。

四、農村における五人組、七人組の寄合や念仏講の後の楽しみとして始まった。

いずれも伝承であり確証はないが、江戸時代に行われていた農民の素朴な親睦の行事が現代にまで受け継がれ、観光行事として発展してきた。今も毎年八月下旬、いもたきの初日に如法寺河原で「いもたき初煮会」が開催されている。

大洲銘菓「しぐれ」

しぐれの二つの名産地

大洲銘菓の代表の一つが「しぐれ」である。しぐれは甘く煮た粒あずきと餅米を混ぜ、蒸して作る和菓子である。「志ぐれ」とも表記する。十八世紀初め、大洲藩江戸屋敷で秘伝の菓子として作られたものが明治時代以降、地元大洲に広まったといわれている。

しぐれを作っている菓子店は複数あり、店によって味に微妙な違いがある。もっちりとした食感のものが多いが、種類によってはぱさぱさとしたものもある。昭和の頃からは、大洲の中心街だけでなく、海に面した大洲市長浜の菓子店でもしぐれが作られ始め、長浜はしぐれのもう一つの名産地になっている。

第四章

勤皇藩の幕末期の動向

幕末の動乱期から維新までを勤皇の立場で乗り切った大洲藩と新谷藩。

1

加藤家十二代・泰祉と十三代・泰秋

風雲急を告げる幕末期、有能な藩士の建策で勤皇に舵を切って乗り切った兄弟藩主。
長浜の商人が世話をした土佐の吉村虎太郎は脱藩、坂本龍馬も大洲藩領を通って脱藩した。
大瀬村で世直し一揆的な奥福騒動が起こり、郡中で「ええじゃないか」と乱舞した時代。

朝廷重視の『防海策』

十二代加藤出羽守泰祉《やすとみ》は天保十五年（一八四四。十二月二日、弘化と改元）に生まれ、嘉永六年（一八五三）、十歳で家督を継いだ。

嘉永六年（一八五三）にはペリーが浦賀に来航し、大洲藩も警備人数の対応を行った。嘉永七年（一八五四。十一月二十七日、安政と改元）と安政二年、全国的に大きな地震に見舞われ、安政四年にも大地震が発生した。そのため、大洲城の櫓や門をはじめ、大洲・新谷両藩の江戸屋敷にも大きな被害があった。復旧の経費を賄《まかな》うため、藩は村々の富裕者に対して借上銀を命じ、なお不足する分は庄屋に負担させた。

一方、たびたびの災害や不作で疲弊《ひへい》した農村のテコ入れのため、藩からの出資

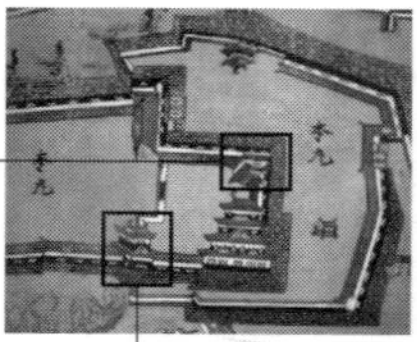

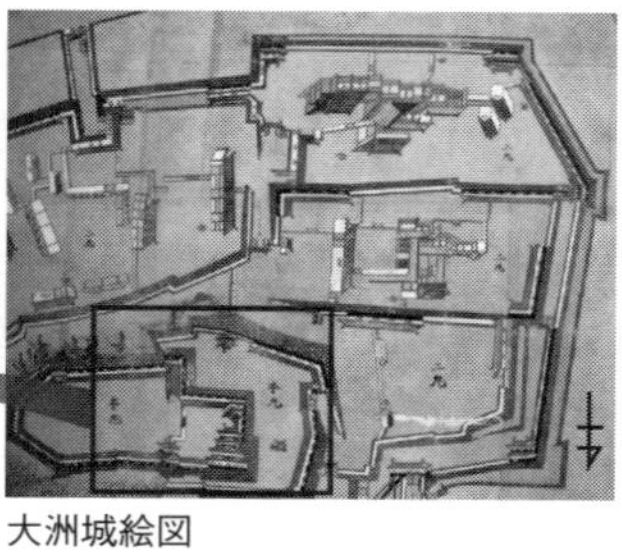

大洲城絵図
（大洲市立博物館蔵）

や藩内で募った出資金を基金として、勧農銀制度を設けた。また、藩士の建言を入れて、防波堤をはじめ長浜港の整備が行われた。

安政四年、武田斐三郎《あやさぶろう》が五稜郭の築城を始め、翌五年には常盤井《ときわい》氏と三瀬諸淵《もろぶち》が電信の実験を行っている。なお諸淵は、翌六年シーボルトに師事した。安政五年から六年にかけてコロリ（コレラ）が流行し、寺社などで祈禱が行われた。

安政六年には外国船が長浜沖を通過し、幕府に報告がなされた。また、藩士の建言を入れて、防波堤をはじめ長浜港の整備が始められた。大洲城では台所櫓の棟上げも行われた。

桜田門外の変が起こった万延元年（一八六〇）には、長雨のために晴天の祈禱が行われたり、泰祉の巡在が行われたりしている。

文久元年（一八六一）、長浜沖に外国船が来航し、現地では大騒ぎになるとともに、開国の影響を身近に感じるようになった。長浜には文久三年にもフランス船が停泊している。

新谷藩では大砲の火薬を製造中に爆発事故が発生し、死者九人を出している。また泰祉は、和宮輿入れ《こしいれ》に伴う勅使供応役に任命された。この年は疱瘡《ほうそう》（天然痘）・麻《ま》しん・コレラなどの感染症が流行した。大洲城では高欄櫓が改築されている。

泰祉は『防海策』の著書が示すとおり、朝廷を重視して攘夷の立場を取った。

幕末に復元された大洲城台所櫓（右の絵図のA部）

幕末に復元された大洲城高欄櫓（右の絵図のB部）

武田斐三郎

三瀬諸淵（33歳）

文久二年には坂本龍馬が大洲藩領を通過して脱藩したといわれているが、大洲藩では周旋方《しゅうせんかた》を設け、三名の藩士を京都に派遣して情報収集や情勢分析、諸交渉に当たらせた。彼らは勤皇急進派であったので、公家を通じて朝廷との結びつきを強め、天皇から藩主の滞京命令を得ることに成功した。さらに文久三年の「八月十八日の政変」では京都御所や市中の警備を命じられ、泰祉は藩士に対して正式に勤皇の方針を伝えた。

この頃、尊皇攘夷による藩論統一と農兵制の設立などの建言を入れ、泰祉は郷《ごう》筒《づつ》★や軍役夫★などの制度を設けて、百姓を軍事体制に組み入れようとした。

元治元年（一八六四）、長州藩は朝廷における主導権を握ろうと京都に軍を派遣したものの「禁門の変」で敗北するという事件が起こった。

安政の大地震

嘉永七年（一八五四）十一月五日午後四時頃、大洲藩を含む西日本の広い範囲で大地震が発生した。前日の四日には、江戸を中心に東北地方から東海地方にかけて大地震が発生して大きな被害を出していたが、五日の地震はいわゆる南海地震であった。いずれもマグニチュードは8台半ばという研究もあり、かなりの大きな揺れであったと推定される。

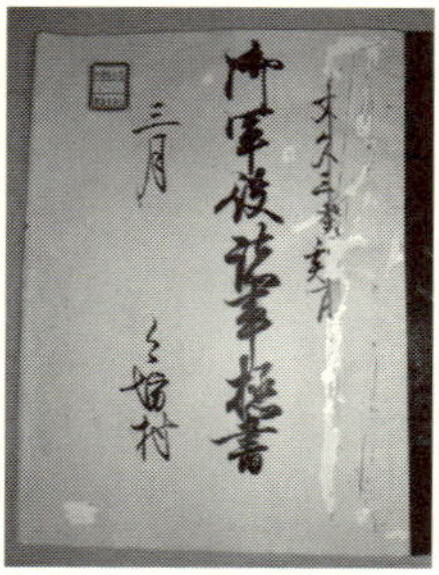
「御軍役諸事極書」（大村博氏収集資料／内子町蔵）

▼郷筒
京都警備のための出兵で手薄になった藩を防衛するため、鉄砲を持つ農民で組織された鉄砲隊。

▼軍役夫
出兵の際に動員された農民。村高に応じて人数が割り当てられ、兵卒や雑役に従事した。

揺れや被害は広範囲に及んだため、地震の状況は多くの地域で記録に留められている。

郡中（現・伊予市）灘町では、生きたまま地中に埋まってしまうのかと思われるほどであったという。家は大破して中に入れず、しかも余震の恐怖から裏手の畑に莚を敷き、屏風《びょうぶ》を立てて寝たが、その夜は余震で屏風が二度も倒れた。湊町方面では火災も起こり、さらに人々は津波が来るかもしれないと言って恐れていた。灘町・湊町では死者一一人、負傷者数一〇人であった。

また、大洲藩内の村記録によれば、「地震が発生して村の中心部が特に大きく揺れた。家屋敷や土蔵などが数多く大破して石垣が崩れた所もある。ただ、日中のことであったため、人的被害がなかったのが不幸中の幸いであった。大洲領内では郡中の町が特に大きな被害を受け、死者二〇人、負傷者四〇人であったという。郡中以南の海岸部では、出海村の被害が大きかったようだ。七日・八日とも昼夜の別なく余震に見舞われ、そのたびに肝を冷やした。余震は一カ月くらい続いた。

宇和島藩領でもあちこちで被害があり、死者も出たが多数ではなかったという。宮内村・雨井浦《あまいうら》・楠浜浦《くすはまうら》では大津波が押し寄せ、大きな被害があったが、日中のことであったため死者は出なかったそうだ。宮内村では三嶋神社南方の喜木へ通じる道まで津波が来たほか、三百石ほどの大きな船三隻が田んぼの中に打ち上げ

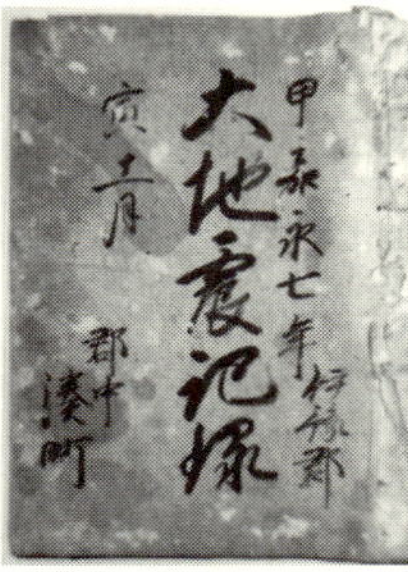

「大地震記録」表紙。「郡中三町の『独立』と安政大地震の記録」（伊予市史資料集第6号「郡中湊町町方文書」）

られ、大変な状況であったという。雨井浦の町中では、津波が引いた後に塩水がすねの高さくらいまで残った。津波は寄せる時よりも引き際の方が特に恐ろしいものである。

土佐藩領では特に大きな被害があり、宿毛の町は家が一軒も残らず津波にさらわれて犠牲者は数知れないらしい」というように、各地の地震と津波の被害状況が端的に述べられており、平成二十三年（二〇一一）の東日本大震災で私たちが目の当たりにした被害の光景と、百五十年余の時をこえて重なるものがある。

伊予市湊町に残る古文書によれば、湊町での被害は死者八人（男二人・女六人）、家屋（全壊・大破・破損）三三五軒（町一〇〇軒・浜二三五軒）で、死者一人当たり銀札五〇目の見舞金が藩主より支給された。ついで難渋者へ粥《かゆ》の炊き出しを行うとともに、白米の支給なども行った。また、米・麦・雑穀《ざっこく》・茸《きのこ》・竹木の値段を据え置くよう指令している。番所には役人を昼夜常駐させるのみならず、張番所★を三カ所増設して治安維持の強化を図った。

地震当日は浜手の方で複数の火の手が上がり、奉行・代官のほか役人全員が出張した。米湊村・下吾川村からも加勢があり、ほとんどは消し止めたが一軒だけが全焼して、翌日次第に鎮火した。藩主より家主に銀札一〇〇目の見舞金が支給され、町からは加勢の者に粥が振る舞われた。

さらに、家屋の破損についてその程度を調べて届けるよう指令を発している。

▼張番所
特設された番所。

特に破損調べの指令書末尾には「いつもと違い、極めて急を要することなので、全て即時に対応するように」という主旨の文言が記されている。家屋倒壊などの被害者のために二〇間《けん》の小屋を浜の方に三カ所、一二間の小屋を町はずれに一カ所設けるよう、藩主から指示があった。

このように、災害時の初期対応は素早くなされたということができよう。次いで、災害時にありがちなデマや略奪、便乗値上げに対しても次のような対応が行われた。

津波が来ると言いふらし、近くの山へ逃げ込む者に対して「恐怖心からデマが飛びかって人心が不安定になり、山林や遠くの村に難を逃れようとする者がいると聞くが、大きな心得違いである。たとえどこへ逃げようとも、災難がいつ起こるかは予想できないのであるから、そのことをよくわきまえてみだりに住所を離れず、火事などの二次災害が起こらぬよう心を配り、神仏にお祈りをして動揺しないようにしなさい」という「御触《おふ》れ」が出され、人心の安定化が図られた。

地震当日、造り酒屋の留守宅から酒用の米を持ち出して分配した一一人を捕えた。取り調べのあとは三日間の「晒《さら》し」の刑に処し、「叱り」の上で釈放している。すなわち取り締まりは強化するが、状況を勘案して粋な計らいをしたというところであろう。ただ、盗み出された米二一俵などを、地域で米が足りなくなった時は売り払うように申し付けて、そのまま酒屋に返還した措置が、「この非常時に、もっと状況に配慮した措置をなぜ取らなかったのか」とばかり世間の人々の批判にさらされた、という反省の弁も記されている。

また、地震直後の食糧品値上げ禁止の御触れのほか、「近頃日雇いの賃金が値上がりしているようだが、殿様のご主意に背くものである。他所の大工が法外の手間賃を要求する向きもあるので、あまりの高賃金を要求する職人がいれば通報しなさい」という主旨の御触れを出して、便乗値上げに目を光らせている。

このように通信手段や道具、物資ともに今よりははるかに乏しい時代にあっても、災害には適切な対応を迅速に取る必要があった。文面からは被災者に対する心遣いも読み取れて、身分制の敷かれた封建時代とはいえ、人間の優しさが感じられるような気がする。

ともかく、災害時の危機管理の本質は今も昔も変わらないと思われるが、対応の速さや当否は今と比べてどうだろうか。

安政の大地震時の大洲

屋外の様子

記録の多くは、家の中にいて地震に遭い、あわてて避難したという主旨のものが圧倒的に多い。しかし、現在の大洲市肱川町に残る記録には、屋外で地震に遭ったために、揺れによる山や川などの変化が記述されており興味深い。

嘉永七年十一月五日、肱川町月野尾に住む者が下ノ河というところで櫨の実を採っていたところ、七ツ半頃（午後五時頃）、大きな揺れが来た。川向かいの方を見ると、大岩が動き、大きな石がガタガタという音を立てて倒れ、二つ三つ「アサガフチ」という淵に転げ落ちた。小石にいたっては無数に崩れ落ちた。川の水は二〜三間《けん》（四〜五メートル）も跳ね上がり、川の波は二〜三尺（六〇〜九〇センチメートル）のうねりとなって上へ上へと遡《さかのぼ》った。

地震の初めには、草木がドウドウ、ゴウゴウという音を立てて西から東へうねりながら動いた。川の両岸の人は驚きのあまり、「コウコウ」と犬を呼ぶような声を上げていた。

家の中では掛けていた物や棚の物が落ち、便所の溜《ため》から肥やしが外に飛び出して庭に溜まるという有様であった。

村の古老は、百年か二百年に一度の大地震だ、などと口々に言いながら、狼狽《ろうばい》しつつも神仏に祈っていた。

大洲城下の様子

別の資料には大洲城下の状況が記録されている。

大洲では十一月五日申《さる》の半刻（午後五時頃）頃、みんなが夕食の準備をしたり

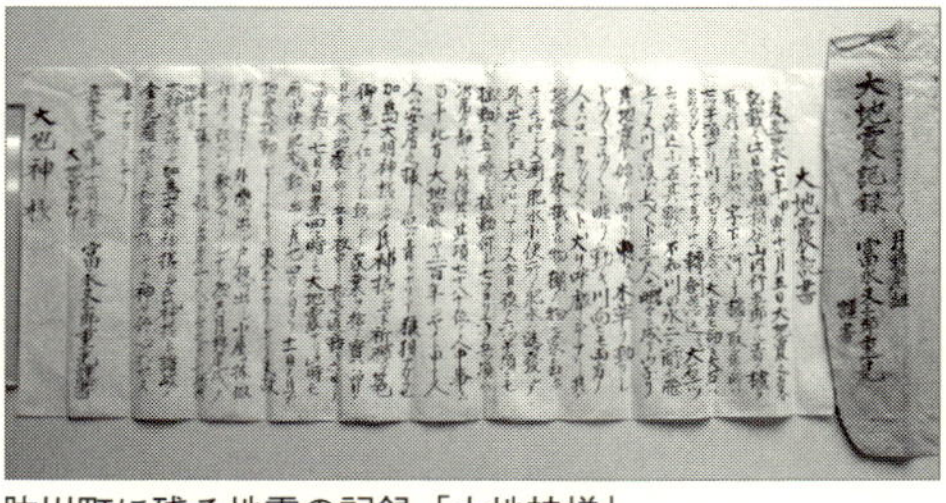

肱川町に残る地震の記録「大地神様」
（大洲市立博物館蔵）

食事をしたりしていた時に大地震が起こった。びっくりしてそれぞれに驚きの声を上げ、取る物もとりあえず老人や子どもの手を引き、病人を抱えながらもまっしぐらに広い場所へ避難してきた。みんなは「家がつぶれた」「火事だ火事だ」などと声を掛け合ううち、あたりを見渡してみれば中村下之町一帯が黒煙《こくえん》に包まれ、男たちは「水だ水だ」と上を下への大騒ぎになった。

何とか収まったので銘々自宅に帰り、無事であった者は互いに喜び合って神を拝したりしたが、一方で死傷者も多かった。

夕食を済ませ、被害に遭った家族や親類が集まったが、地震の話題で持ちきりであったのはいうまでもない。

そうこうするうちにまた揺れ出し、銘々がまた驚きの声を上げた。揺れが止んで顔を見合わせているうちにまた大揺れがきたので、みんな一目散に広場へと向かった。その後、当面の避難場所を作ろうと家から戸板や畳などを取り出し、布団を背中に掛け、時節柄、頭には霜が降りた状態で過ごす者がいたり、古い莚まで使って雨露をしのぐ簡単な小屋を造る者がいたりするなど、それぞれ思い思いの対策を取った。作物が植えられた畑でもお構いなしに小屋を造ったが、そうしている間にも何回も大揺れがきて、子どもはおびえ、老人は寒さに耐えかねて悲鳴を上げるうちに、ようやく放射冷却によって冷え切った晴天の朝を迎えた。

みんな地面を掘って簡易の竈《かまど》を造り、家から鍋釜を持ち出して食事を作った。

食事は新香と味噌と塩という簡単なものであった。

昨日以来の疲労や睡眠不足もあって、日中は眠気を誘う暖かい日差しにまどろんでいるとまた余震が来て目を覚ますという、まさに世も末かとも思われる状況が続いた。避難した人々の話題も、地震の恐さばかりであった。六日夕暮れから日も陰って寒さが増し、小屋住まいも厳しいものになった。

留守宅の用心のために警備の班が組織され、拍子木《ひょうしぎ》を打って家々を回った。夜には軒ごとに明かりをともし、主人は草鞋《わらじ》に股《もも》引きという格好で家の玄関に構え、大きな余震が来ると広場に避難する状況であった。

七日朝、自宅に帰って片付けなどをしていると、巳《み》の上刻《じょうこく》（十時頃）に大地震があり、再び避難小屋へ駆け込んだ。それから小屋住まいが十五〜十六日間続き、昼夜を分かたず数え切れないほどの余震が続いた。

そうするうちに殿様から、家臣はじめ家持ちの者に銀が支給された。また、藩の地震対策も機能し始め、枡形に消防詰所的な小屋を造って百姓を待機させたり、町の出入り口に番人として六〜七人を配置し、通行人を監視させたりして治安の維持を図った。さらに、中村に二カ所の粥の炊き出し小屋を設けたり、藩の米蔵の米を安く販売して米価の騰貴を防いだりするなどの措置もとられた。

十五、十六日頃から小さい余震が日に四〜五回くらいになってきたので、小屋住まいの人々も自宅に帰り、家財道具の修理などをするまでになった。町人は六日以来商売を休んでおり、師走も近付いてので気が焦るのはもっともであろう。しかし二十三、二十四日より一週間ほど、いつもの風と違う強風が吹き荒れ、家が地震で破損しているのでみんな心配した。時節柄、時々大粒の霰《あられ》も降って大変であったが、余震は日増しに少なくなって、十二月一日より天気も安定したのでみんな喜んで、百姓は氏神に参籠《さんろう》したりした。

ところが同日八ツ刻（午後二時頃）頃、やや大きい余震があり、町内の者は残らず広場に走って避難した。落ち着き始めていた人心はこれを契機に再び張り詰め、川原や枡形あたりに今回は藁《わら》屋根の小屋を造りはじめた。二日頃より雪が降り、四日、五日頃には一尺（約三〇センチメートル）余も降り積もった。

このような打ちひしがれた状況の中、笑いを誘う話もあった。最初の地震が起こった時、大洲肱町の風呂屋で女三人が入浴中であった。驚いた三人は裸のまま飛び出し、隣の紺屋《こんや》の竹垣にしがみついたとか。普通であれば物笑いの種になるところだろうが、さすがに大災害の時だけに、それほど笑う者もなかったという。

このように記録された内容は、時を超えて現在の私たちに役立つことが数多く含まれており、防災対策や被災後の対応を考える上で大いに参考になるのではなかろうか。

賦課銀と庄屋

安政の大地震の復興費用を賄うため、安政五年（一八五八）、借上銀が賦課されることになった。江戸時代、藩財政が窮乏すると、省略令による支出の抑制や藩士の給料カットをはじめ、百姓や町人への臨時賦課金の徴収がたびたび行われた。

さて、借上銀が課されるという情報をつかんだ庄屋は、それに応じる代わりに次のような希望を、会所目付を通じて藩に願い出た。すなわち、弘化二年（一八四五）の用立て銀一〇貫目はそのままにする代わりに、庄屋に与えられている二人扶持と、庄屋本人に一代限りということで与えられている三人扶持を永代《えいたい》支給してほしいというものである。

この弘化二年の用立て銀とは、借金に苦しむ藩士への貸出金にあてる財源の一部として、藩が町人に融資を求めたものである。この庄屋は、殿様のご要望だからということで、弘化二年一月に借上銀を正銀で一〇貫目を用立てて上納した。この利息は毎年米七石（米俵一七俵半）であった。

ところで、銀一〇貫目が今のどのくらいの価値になるのだろうか。もちろんいくつかの換算法があり、また何を基準にするかによって値が違ってくるので、当時の金一両を、銀一貫目を、現在の何円と確定することは不可能である。しかし、江戸時代後半の状況を幅をもたせて大まかに把握することは可能で、庄屋が用立てた銀一〇貫目は一〇〇〇万円から二〇〇〇万円と推定される。

庄屋は扶持米の代々支給という願いを、会所目付を通じて藩に伺いを立てた。その後、内々《ないない》であった連絡は、弘化二年の用立て銀一〇貫目に対する利息米なら永代給与も可能だが、願い出の件は不可能なので了承されたいというものであった。

庄屋が思案していると、代官から内々《ないない》の相談があるので、町会所へ来るよう通知があった。安政五年三月十日にまず係の役人宅に出向き、永代扶持の願いについて話をした。納得してもらえると思ったのだが、何分今度の借上銀の件は藩全体のことなので、庄屋の要望通りにはならないと言われた。

三月十一日、町会所で代官から、近来二度の天災で藩の出費が多く、大変なことになっている。家来たちは難渋し、救済の手も届かない状況である。そのため、この度熟慮の上、借上銀の賦課を決定したということなので、承知の上準備するように、という話があった。その場で庄屋が、準備金はどのくらいになるか尋ねたところ、一人扶持あたり七貫目であるから、三人扶持なら二一貫目になる。何分高額になるのでよく考えて回答しなさいと言う一方、早く回答しないと為《ため》にならないとも言われた。

庄屋は、出費多《た》端《たん》な状況や新たな御用金の恐れなどの理由を付け、献金の交換条件として、庄屋への二人扶持と一代限りの三人扶持の永代支給の件をまた持ち出した。しかし、代官からは、今まで願いはあったが認めていないし、今回は各村共通のことなので、特別扱いはできないという回答があり、親戚の庄屋も二一貫目を負担することになったので、不承不承承諾した。集まった庄屋一同が承諾した後、料理と酒が出て夜に解散した。

　こうして庄屋の願いはかなわなかったが、その不満は心に残り、何か事があれば表面に出てくるのが世の常である。安政六年一月七日、庄屋と親戚の庄屋がお勤めで登城した。いつも通りに詰め場所への案内を依頼したところ、「今日は差し支えがあるのでお断りする」と言われた。庄屋は先例について話したが埒《らち》が明かないため、我慢して廊下の縁側に座った。やがてやってきた親戚の庄屋とともに再度同じ依頼をしたが答えは同じであった。運よく知り合いの会所目付に出会い、事の次第を話したが、目付は意外にも「お勤めの時はいつも縁側に詰めている」と言うので、この場は我慢してそのまま控えていた。去年のお勤めの時は何のことはなかったのに、今回は大船頭並★という格下げの扱いをされたことが腑に落ちなかった。

　これが恒例になることを恐れた庄屋は、親戚の庄屋と相談して、詰め場所をよい場所に変えるよう、役人に申し出た。しかし、役人は理解できないようで、「どうしてそのようなことを言うのか」と逆に質問されたので、あらましを説明

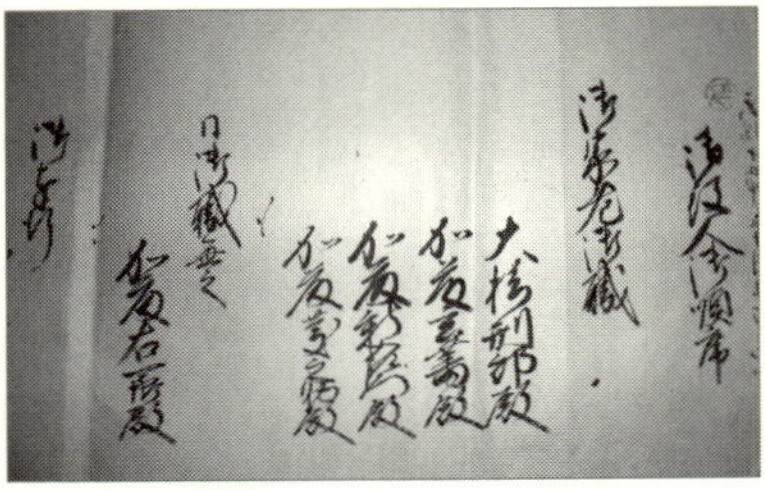

大洲藩役人順席
（大村博氏収集資料／内子町蔵）

▼大船頭並
長浜の船手奉行配下の役職で、この庄屋よりは下ということだが、庄屋がどの格に位置するのかははっきりしない。

大洲藩役職一覧
（江戸中期）

- 藩主—家老6—奉行（大奉行）5
  - 旗奉行1—旗組28
  - 弓奉行2—弓組28
  - 先手奉行10—先手組九組167
  - 持筒奉行2—持筒組二組32
  - 長柄奉行4—長柄組三組54
  - 手廻奉行4
    - 手廻目付2
    - 手廻給人3・手廻中小姓27・手廻徒士小姓35
  - 普請奉行1—普請方下奉行7・棟梁2・大工4・普請組二組202
  - 船手奉行1（長浜）—大目付1・目付5・医師1・蔵代官1・蔵方1・作事1・大船頭3・小船頭14・人仕役2・棟梁2・小物成2・取次書役2・蔵目付1・蔵手代2・下目付2・浜番所2・台所詰2・船手組122（舵取16・手明16・並扶持90）・肴持15・櫛生浜番1
  - 用人5
    - 年行司役1・着到方2・近習8・用人中小姓4
    - 右筆3・家老右筆2
    - 御家様付1・御部屋目付6・定番4・料理方3（ほかに手明1・人足4）・物書1
    - 御内分
    - 坊高（奥坊主4・坊主8）
  - 町奉行1—同心5・捕手組9
  - 郡奉行5
    - 郡代2・代官5・山方2・郷手代・郷目付・下目付
    - 会所（預2・中見方6・右筆14・紙座目付1・紙渡2・小畑蔵2・貸米蔵2・扶持方所3・買方3・門番1）
    - 長御蔵（代官2・手代6）
    - 御支配蔵（代官1・手代4・遣番1）
    - 新御蔵（代官3・手代4・門番1）
    - 小物成蔵（代官2）

- 作事奉行1―作事着到2・作事大杖2・木挽1・瓦師1・作事組61・破損組11
- 宗門奉行2―宗門方
- 武具方2―玉薬方3・研師1・鉄炮鍛冶1・刀鍛冶1・鍛冶1・柄巻1・弓師1
- 納戸奉行5
  - 小遣組二組20
  - 細工所（時計師1・畳師1・紙漉1・蒔絵師1・仕立師1・塗師1・磨之者2）
- 台所奉行1―台所方給人2・料理方10・台所目付2・賄方2・膳番4
- 御金方2―勘定方・銀札場
- 人足奉行1―道具組二組（道具持42・駕籠陸尺12）・草履取組二組20
- 大目付4
- 医師11（うち、中小姓3）
- 馬廻侍中93
- 江戸定府―奥家老1・用人2・留主居（聞番）2・元締1・医師2・手廻徒士10・坊主6・納戸16・小役人6・大工1・門番1・裏門番2・本所屋敷門番1・作事遣番2
- 京都詰―留主居1・下役1・物書1
- 伏見詰―留主居1・下役1・門番1
- 大坂詰―留主居1・目付1・蔵方2・買方2・下目付1・右筆2・水主3・門番2
- 忽那島詰―島代官1・医師1・目付1・手代2
- 替地詰―大目付1・目付6・郷目付1・下目付2・代官1・医師1・蔵方1・取次1・郷蔵手代3・郷手代1・浜番所1・大谷番所2・門番1・鳥見1・餌サシ1
- 須合田詰―代官1・蔵方1・目付1・手代1
- 上灘詰―代官1・手代2・浜番所1
- 厩別当1―馬役2・厩小頭2・中間60・門番1
- 鷹匠1―餌サシ2・餌取1・犬引4
- 諸小役―墓番1・墓番組2・矢倉目付3・太鼓打2・川水主3・門番3・川渡舟2

（算用数字は人数）『大洲市誌』を参考に作成

加藤家十二代・泰祉と十三代・泰秋

した。二月のお勤めの時にも同じ役人に変更を申し出たところ、「それほど言うなら『中之口』に詰めなさい」と言われる一方、「旧例の変更はいかがなものか」という話も長々とされた。

翌万延元年（一八六〇）三月、出勤して会所目付を訪ねた際、「役人から『気がかりなことがあり詰め場所を変えてほしいと庄屋が願い出たので、中之口に変えてやってくれまいか』という話があった。中之口でも小姓詰所でも都合のよい所に変えてよろしいが、気がかりなこととはどんなことか」と言われたので、少しだけ話して引き下がった。ともかく今回から中之口に詰めることになり、帰ってから親戚の庄屋と喜び合った。

文久元年（一八六一）、領内に御用銀が賦課された時、庄屋は扶持の永代支給の件を三たび持ち出したが認められなかった。このように、庄屋の願いは賦課銀や献金など機会あるたびに交換条件として持ち出されている。

江戸時代は本人の実力よりも家の格が重視されるという格式社会であった。庄屋だけでなく藩士も同じだが、家格に対しては相当なプライドがあり、格に対応した正当な扱いがなされない時の怒りは大きかったようである。そして、先例を重視するという考え方は、現代にも脈々と受け継がれている。

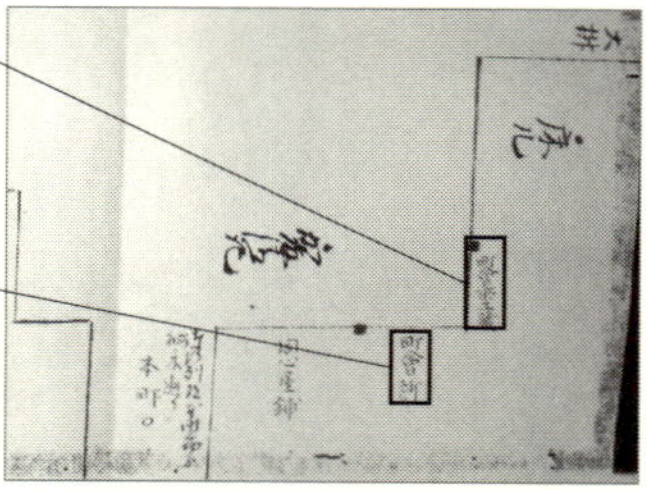

大洲城下における庄屋の詰め場所（町会所）（大村博氏収集資料／内子町蔵）

雨乞い踊り

自然現象による影響には、地震以外にも様々なものがある。文久元年（一八六一）五月九日から好天が続き、藩内のあちこちで雨乞いの祈禱が行われたが一向に効果が表れなかった。六月十三日には五百木・城廻両村で大雨乞いを実施したがこれまた効果なく、農作物への影響は日増しに深刻になっていった。そこで七月上旬、今度は広く大瀬・村前村へも呼びかけて「千人踊り」を和田組の宇都宮神社で催すことになり、七月八日に実施願が出された。しかし、日照りが続くので延期に延期を重ね、結局七月二十日に実施された。

朝八ツ刻（午前二時）に集合したが、服装については庄屋は上下《かみしも》を、組頭は袴を着用した。また、五人組頭は脇差と拍子木を、百姓は蓑笠を持参した。五人組頭以下は草鞋《わらじ》履きで参加した。

それぞれ手弁当が原則であったが、庄屋の弁当は年行司《ねんぎょうじ》★が用意し、庄屋と組頭の酒一人二合程度と湯茶は、分担して村で用意した。さらに太鼓一つ、幟、高張提灯は各組から持参した。

社人は手弁当で勤め、神社中殿で祈禱、修験者は図に示す特製の小屋で祈禱した。酒は村割で用意したが、最終の結願《けちがん》祈禱までは出さなかった。

▼年行司
一年交替で務める村や町の世話役。

庄屋は拝殿に敷いた畳の所に、上下を着用して交替で一人ずつ詰め、組頭は自分の組が踊る時、袴を着用して縁側に敷かれた莚に詰めた。そして五人組頭による固めの踊りの場面では、所属組と一緒に踊った。

庄屋の二人が山伏の小屋や社人のもとに参詣し、結願後にお神酒《みき》をいただいた。社人による龍神祭は社殿の玉垣の中で行われ、山伏への供物は大瀬村の愛行院が用意した。

会場となる宇都宮神社の境内には、社殿の東側に二間×二間半の修験小屋が設置され、神社の庭の中央には、太鼓で踊りの音頭を取る場所が厚板《あついた》で設けられた。賽銭箱《さいせんばこ》は神主が、縁莚や屏風は個人が調達し、板類は借り受けた。

踊りについては、線香一本が燃える間に一番目が七回ずつ踊り、三番合わせて二一回が済めば全員による惣踊り（総踊り）に移って夜明けまで六回踊った。

踊り人数は一番目が五百木・城廻村三五〇人、大瀬村成屋組九〇人、二番目が村前村三〇〇人、大瀬村江子組七〇人、大瀬村池田組五五人、三番目が大瀬村四七五人で、惣踊りの人数は一三四〇人にのぼった。

惣踊りが済めば、役人、社人は庄屋詰所であいさつした後、社殿でお神酒をいただいた。

準備段階では仮設小屋、舞台の設置から、道具類、供物《くもつ》、酒等の用意まで、多くの物や人手を必要としている。ただこの雨乞い祈禱は、あえて規模を大きくし

かつて「千人踊り」が催されていた宇都宮神社（喜多郡内子町五百木）

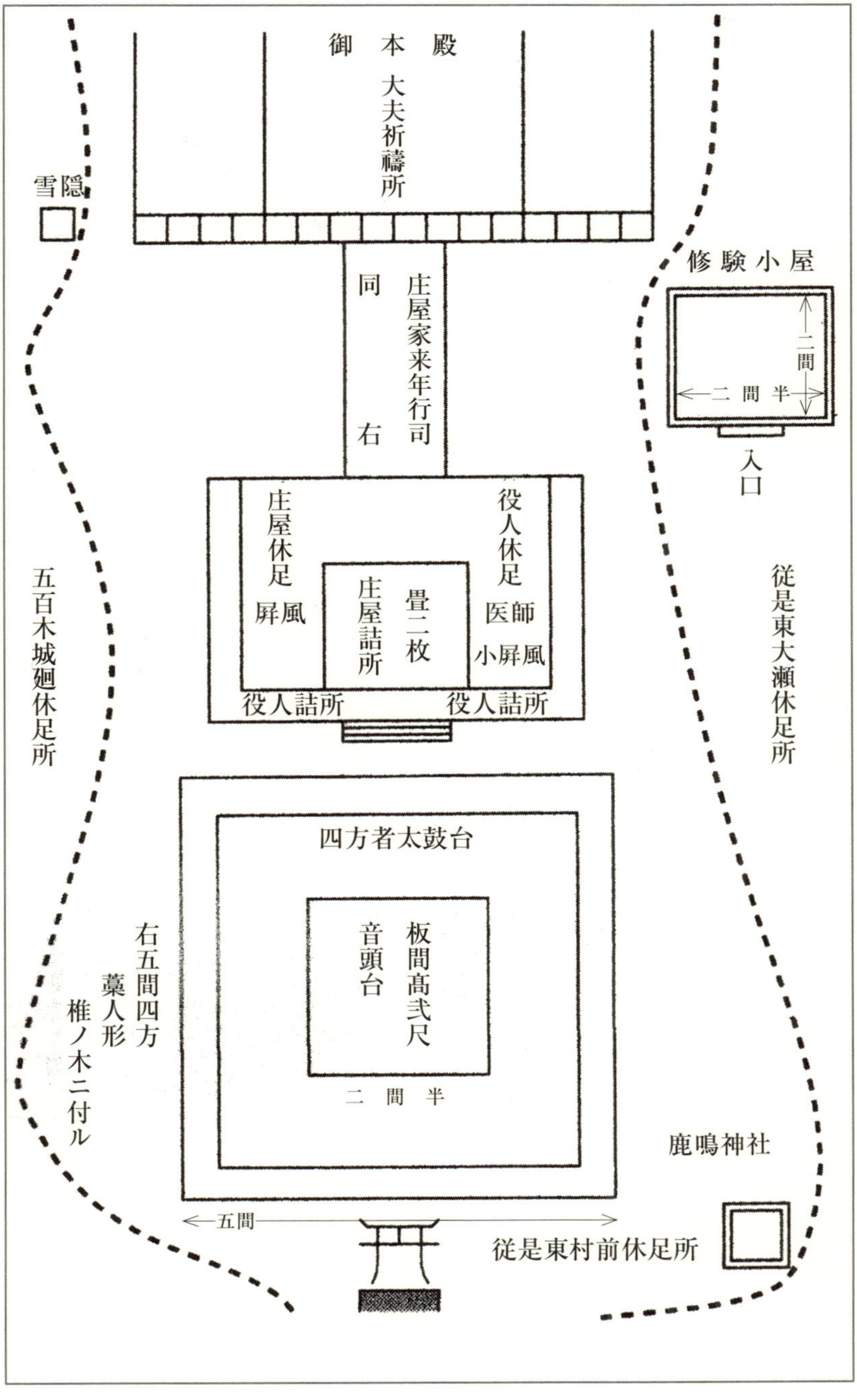

雨乞い踊り図「五百木村・城廻村永代記録」より（一部変更／内子町寄託品）

加藤家十二代・泰祉と十三代・泰秋

雨乞い踊り（千人踊り）に要した物品などの一覧

種類	内容	
供物	蓬《よもぎ》	二
	蜜柑《みかん》	一五
	梨	一五
	柿	一五
	棗《なつめ》	一五
	栗	一五
	茄子《なすび》	一〇〇
	牛蒡《ごぼう》	一〇〇
	蕗《ふき》	一〇〇
	塩鮠《しおはや》	一二
	干鯖《ほしさば》	一二
	白米	六升五合
	生米	六升三合
	酒	一斗
	線香	二把
	蠟燭《ろうそく》	一斤半
	瓢簞《ひょうたん》	一
夫役	準備	一九人役
	片付け	一三人役
借り物	鍬《くわ》	四
	穴掘鍬	一
	竹	二
	畳	二
	梯子《はしご》	一
	掛矢《かけや》	二
	桶	二
	板	四〇
	一間板《いっけんいた》	一〇
	盥《たらい》	一
	縁取筵《ふちどりむしろ》	二一
	机	一
	藁束《わらたば》	五
	火鉢	二
	茶釜	一
	土瓶	一
	半切《はんせつ》（紙）	二
	菰《こも》	七
	縄	四
	屏風	二
夫役	山伏用飯炊	
金銭負担	五百木《いおき》村・城廻《しろまわり》村	銀札　六五匁
	大瀬村	銀札　一一一匁
	村前《むらさき》村	銀札　七三匁
謝礼	社人一人	銀札六匁
	社人一人	銀札六匁
	社人一人	銀札六匁
	社人一人	銀札二匁
	社人一人	銀札二匁
	修験者一人	銀札六匁
	修験者一人	銀札三匁
	関係者一人	銀札一匁
	関係者一人	銀札一匁
	関係者一人	銀札一匁
	関係者一人	銀札一匁
	関係者一人	銀札一匁
	関係者一人	銀札一匁
	関係者一人	銀札一匁

たものであるために大がかりになっているが、村単位などのものはもっと簡略であった。

泰祉、勤皇へ藩論を統一す

地震や日照りなどの天災もさることながら、政治情勢も大きく変動し始めた。安政の大獄を経て万延元年（一八六〇）には桜田門外の変が起こり、文久二年（一八六二）には安藤信正が傷つけられる坂下門外の変が起こった。公武合体の立場を推進した薩摩藩で寺田屋事件や生麦事件が起こり、やがて尊皇攘夷を主張する長州藩が朝廷を動かし、幕府に攘夷の実行を迫った。

こうした情勢のもとで文久二年六月、大洲藩は山本尚徳《ひさのり》、武田敬孝《ゆきたか》、中村俊治を周旋方に任命して京都に派遣し、新谷藩でも八月に香渡《こうど》晋《すすむ》を派遣して、長州藩の桂小五郎、周布《すふ》政之助、久坂玄瑞をはじめ、薩長士を中心とする多くの藩士と交流を図りながら情報の収集と情勢分析に当たらせた。

特に勤皇の急進的な立場であった山本・武田・中村は、大洲藩主加藤泰祉《やすとみ》の滞京命令を得るために、公家と連絡を取りながら活動していた。公家の中でも加藤家と親戚関係にあった徳大寺卿の力添えもあって十二月、朝廷より泰祉に滞京命令が下された。

「加藤出羽守へ
　方今時勢苦心の趣相聞こえ候。今度出府に付伏見通行の由、上京暫く滞在これ有り候様御沙汰の事　十二月」

泰祉は幕府から年内参勤を命じられて大洲を出発していたが、西宮で命令に接し、暮れも押し詰まった十二月二十七日、京都に入った。同日、朝廷から京都非常警備の命が下され、泰祉は直ちに受諾した。これによって大洲藩は勤皇の立場に立つことになったのである。

　翌文久三年一月十八日、泰祉は天皇に拝謁して盃を受けた。早速大洲藩は武田に京都警衛（警備）人数動員計画を立案させて朝廷に提出し、一月二十八日、朝廷から了承された。

「覚
一、乳付旗　一本　一、同足軽　三人　一、番頭　一騎
一、武者　五騎　一、鉄砲足軽頭　一騎　一、鉄砲小頭　一人
一、同足軽　一五人　一、陸戦砲　三挺　一、同術士　三人
一、同足軽六人
総計　騎馬武者七騎、術士三人、小頭以下二五人
右の通御座候。尤も、賊勢の緩急、自国の模様次第にて、人数相増し候義も御座有るべく、申し上げ置き候。此の段御届け申し上げ候。以上♣

♣右の通りでございます。ただ、賊軍や藩内の状況次第では、派遣人数を増やす用意があることも申し添えておきます。以上の通りお届けいたします。

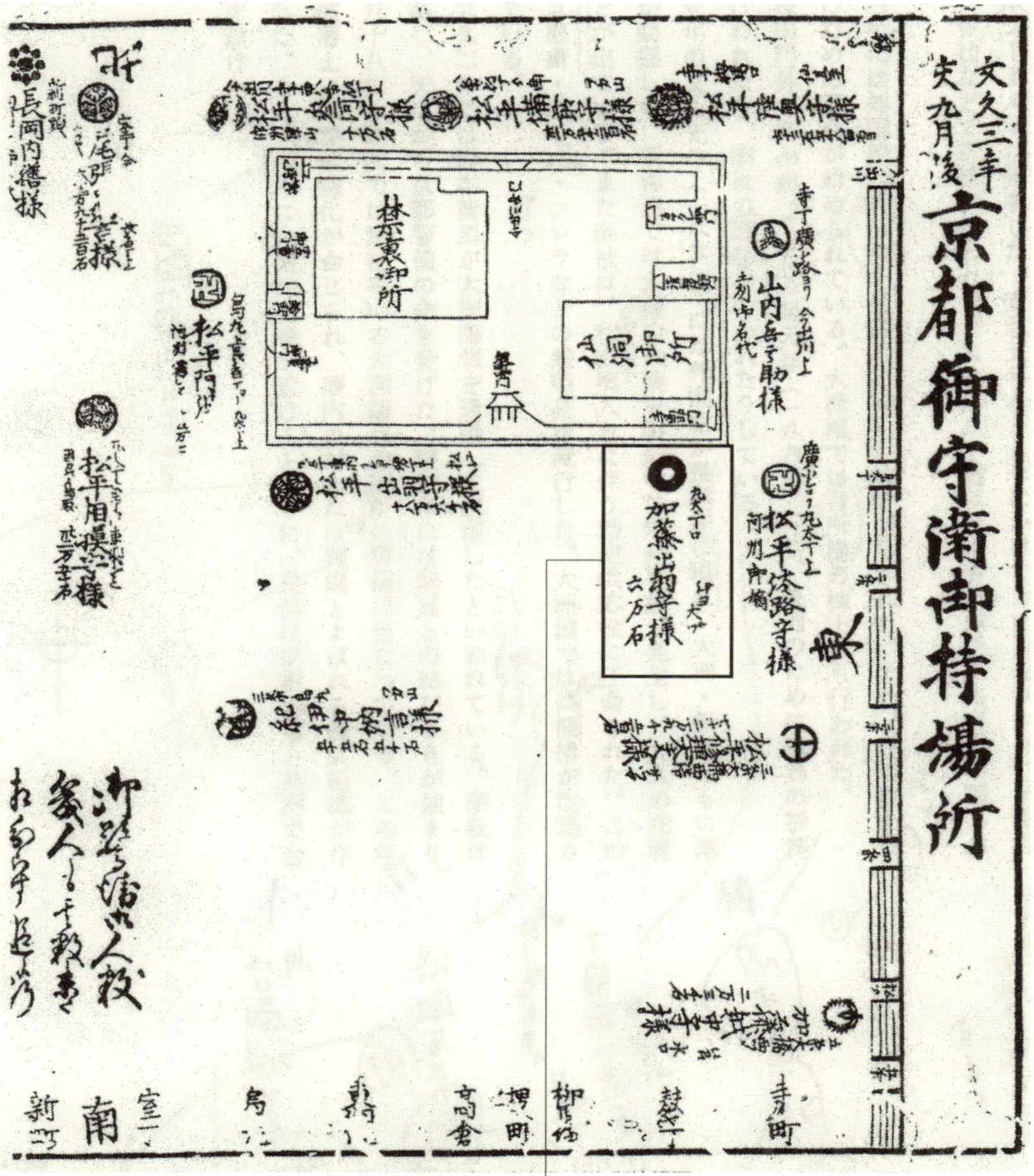

「八月十八日の政変」における「京都御守衛御持場所」図（『内子の町並みと人々のくらし』愛媛県高等学校教育研究会地理歴史・公民部会地理部門刊より転載）。この図は、平成６年（1994）３月に郷田智成氏が発見した

ここが大洲藩の持ち場

文久三年正月　　加藤出羽守」

新谷藩では三月、幕府が薩長の意見で一万石につき一人の親兵を朝廷守備として出すよう命じた指令に従う形で、香渡晋が親兵を統括していた三条実美《さねとみ》に差し出しを願い出た。その結果四月二十三日、天皇から新谷藩主加藤泰令《やすのり》に二名を差し出すよう下命があった。

江戸にいた泰令は幕府に帰国を願い出、八月六日、京都に到着した。命を受けて泰令と大洲藩主泰祉がともに御所に参内し、天皇に拝謁したのが八月十七日であった。翌十八日、会津・薩摩両藩を中心とする公武合体派によって八月十八日の政変が起こり、公卿七人をはじめ尊皇攘夷派勢力が京都から追われた。

参内の命を受けた大洲藩は二〇八人、新谷藩は数十人を動員したが戦いにはならず、御所の警備を命じられて九月中旬まで当番日の警備を担当した。大洲藩主泰祉は病気のため朝廷に帰国を願い出て、九月五日に大洲に向けて出発したので、京都には留守居役山本尚徳、周旋方武田敬孝ら四人、医師一人、警衛人数として四〇～五〇人が残留した。

武田は京都滞在中の泰祉に、尊皇攘夷で藩論の統一を図るよう建言している。

また、武田は警衛人数動員の立案に苦慮し、兵力充実のためには、兵農分離政策を転換して農民を含む庶民を兵に取り立てる必要があると感じて、藩に農兵取り起こしの建白書を提出した。建白書は周旋方の山本・中村を経て泰祉に取り次がれ、早速大洲で実施することが決まった。これによって大洲藩では三月、郷筒《ごうづつ》という庶民の鉄砲隊を組織する旨の布達《ふたつ》を行った。

新谷藩では大洲藩の方式をそのまま用いて、四月に布達を行っている。新谷藩では、六月に郷筒のほかに郷組《ごうぐみ》という庶民の鉄砲隊も組織された。郷筒との違いは、構成員である庶民を足軽組並みの扱いにする、すなわち準藩兵の扱いにする点であった。

大洲藩では翌元治元年（一八六四）十一月、郷足軽という、新谷藩の郷組と同様の組織を作り、慶応元年（一八六五）にはケヘル（ゲベル）隊という西洋式の銃隊を召し抱えるなど、庶兵の採用が続いた。

武田から尊皇攘夷で藩論の統一を図るよう建言を受けた泰祉は、文久三年十月、大洲に帰藩するや、すぐに家臣に総登城を命じて勤皇の方針を宣言した。それでもしばらくは幕府の意向を伺おうとする家臣もいて、新しい考え方になじみにくい傾向があった。

そこで元治元年（一八六四）五月、泰祉自ら家臣に「藩内の情勢は藩論が一致するどころか、勤皇と佐幕の二極化になり大変心配している。身を挺して国に尽くす心構えがあっても、藩論が一致せず藩内が不統一であれば、皇国のためにならず申し訳がない。皆それぞれ情勢をよく弁《わきま》えて、藩論統一に向けて協力するように」と訓辞を行った。そして、弟の泰秋を政事相談役に任命して藩主の指導力を強化し、ようやく藩論が勤皇で統一されることになった。

京都では元治元年六月、池田屋事件が起こり、巻き返しを図ろうとした長州藩と、それを阻止しようとした薩摩・会津両藩との間で蛤御門の変（禁門の変）が起こった。大洲藩は京都警衛人数を派遣したが、朝廷の了承を得てからにすべきであるとの京都留守居役からの連絡を受け、多度津（現・香川県仲多度郡多度津町）から引き返した。

同じように人数を出した新谷藩は、御手洗（現・広島県呉市）で長州藩の兵から情報を得て引き返した。

七月になって泰祉はにわかに体調を崩し、翌八月に二十一歳の若さで病没したので、弟の泰秋が加藤家十三代藩主に就任した。

大砲鋳造と長浜台場

江戸時代の後期、鎖国日本も外国船の脅威にさらされるようになり、黒船の来航などで海防の必要性が説かれる状況になった。大洲藩でも長浜沖に外国船が姿を現すようになり、『防海策』の著者でもある大洲藩加藤家十二代藩主泰祉は、内外の情勢を受けて軍備の増強を図ろうとした。

大洲の亀山という所に大砲場《ば》という地名が残っており、現在は宅地と化しているが、ここで大洲藩が大砲を鋳造していた。周辺にそれらしい痕跡《こんせき》が見られるという。伝承によれば、大砲場で製造した大砲は近くの如法寺河原に運び出し、川を隔てた梁瀬山《やなせやま》の中腹めがけて試射した。しかしその大砲は性能が悪く、威力は大したものではなかったといわれている。

さて、大砲は「ダンペ」という石積み用の船で肱川を下り、長浜の台場に運ばれた。しかしその運搬は容易ではなく、八幡瀬のあたりは浅いので、重い大砲を積んだ船は一向に進まない。そこで百姓数百人が動員されて鍬で川を掘り、やっと船を通したという。春賀《はるか》の瀬では八多喜《はたき》の住民に一戸一枚の割で戸板を持参させ、三〇〇枚もの戸板で肱川の水をせき止め、船を浮かして一気に堰を切って船を下流へ流したということである。

こうして長浜まで運ばれた大砲は台場に据え付けられた。演習の初日には大洲国産兵器の威力をひと目見ようと近郷近在から見物人が詰めかけ、まさに黒山の人だかりであった。やがて標的として沖合に流した漁船めがけて、火薬に点火され、大砲は火を吹いた。あたりに轟《とどろ》く爆音に見物人はびっくりしたが、弾は予想に反して沖合の船どころか水際にボトンと落ちたので、期待して見守っていた見物人はじめ関係者一同は拍子抜けしたといわれている。

長浜に残る古地図に、文久三年十一月加藤出羽守（十二代藩主泰祉）と書かれた

妙法寺河原（大洲市柚木〔ゆのき〕）

春賀付近の肱川（大洲市春賀）

長浜台場の地図があり、台場の位置や大きさを知ることができる。それによれば台場は肱川河口の「沖の城」と、山手の「亀の首」という所の二カ所に築かれ、規模は浜手のものが二二間（約四〇メートル）×二〇間（約三六メートル）で高さ一間半（約二・七メートル）、山手のものが海抜八間（約一四メートル）の位置に九間（約一六メートル）×四間半（約八メートル）で高さが五尺足らず（約一・五メートル）であった。

図には描かれていないが、日和山という場所にも台場が築かれていた。かつては一〇

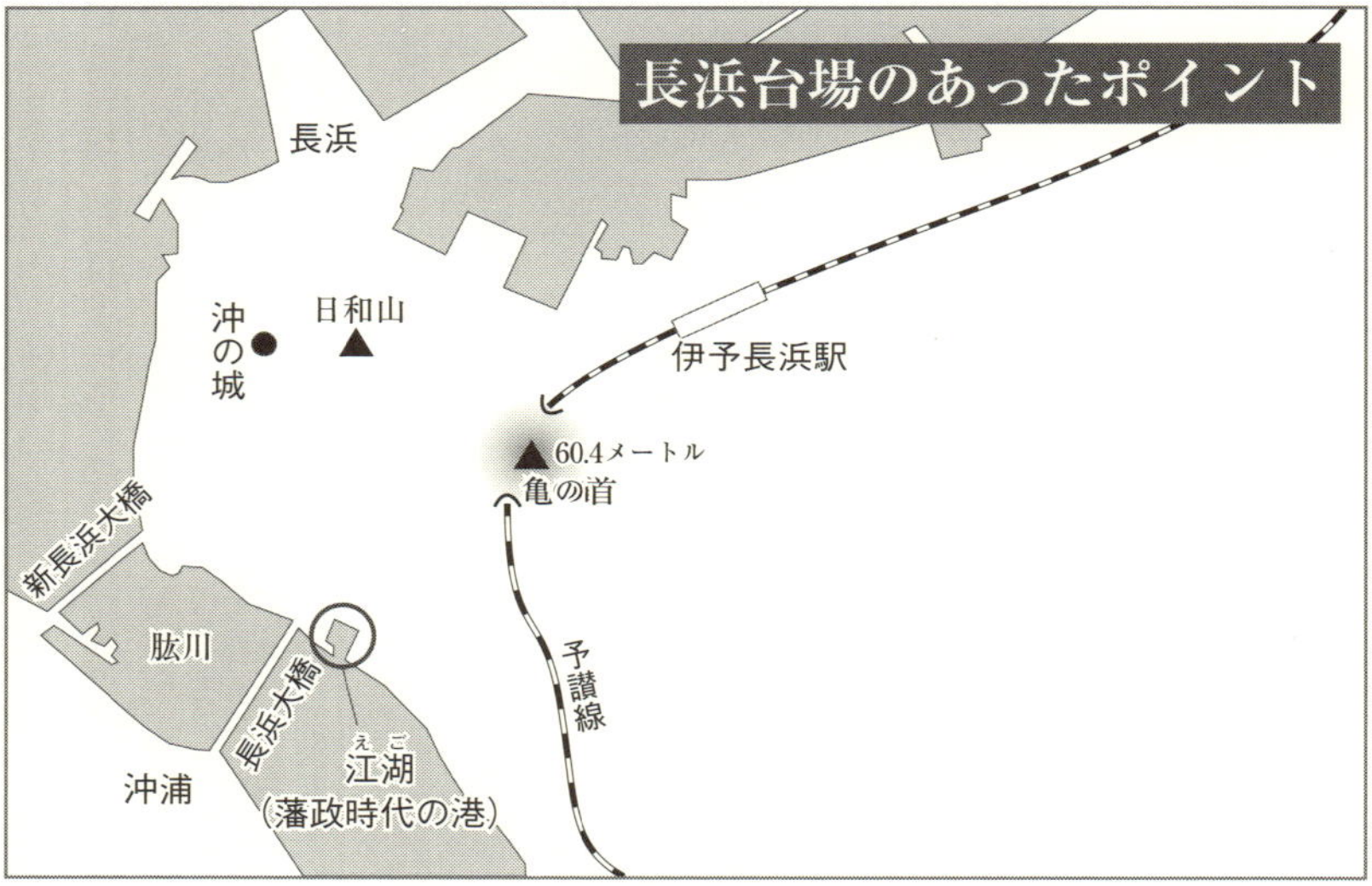

沖の城台場跡には現在、愛媛県立長浜高等学校が建つ（大洲市長浜）

亀の首台場跡（大洲市長浜）

メートルくらいの小高い山で、稲荷神社があったといわれている。台場の築造年代や規模は不明で、現在は削平《さくへい》されて駐車場になっている。
しかし、台場も完成後数年で無用の長物と化し、明治になって撤去された。

維新を迎えた十三代藩主・泰秋

最後の藩主大洲藩加藤家十三代遠江守泰秋《やすあき》は泰祉《やすとみ》の弟にあたり、弘化三年（一八四六）に生まれた。元治元年（一八六四）八月、兄の泰祉が二十一歳の若さで急死したため、家督を継いで明治維新にいたる。

泰秋の時代は、藩内に省略令を発して財政の切り詰めを図るとともに、御用銀・寸志銀などの拠出を命じた。また、慶応元年（一八六五）には物産方を置いて諸産業の統制を行っている。開国の影響で物価が高騰し、救済策として銀札一貫目の加入で抽選により賞金を得るという、今の宝籤《くじ》のような対策も取られた。慶応二年、小田筋の大瀬地区では、奥福《おくふく》★騒動とよばれる世直し一揆的な騒動が発生している。

泰秋は、泰祉が打ち出した勤皇の方針を受け継いだ。蛤御門の変後の元治元年七月、朝廷は幕府に長州征討を命じたので、長州藩は朝敵となった。大洲藩は京都にいた長州藩士や足軽ら二二人の預かりを幕府から命じられた。

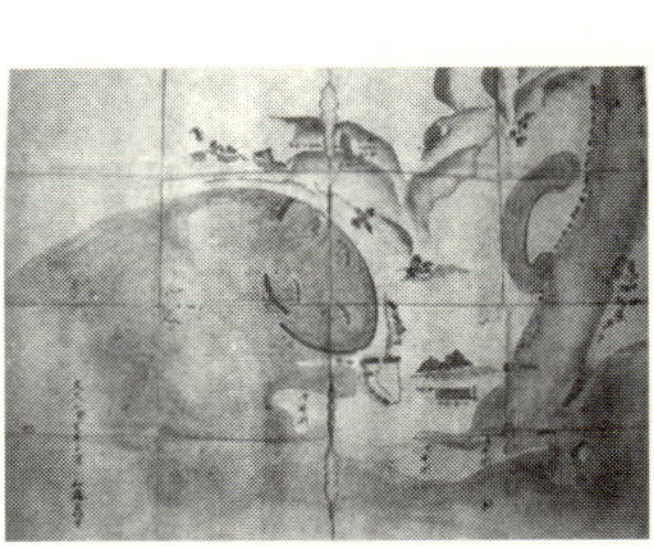

長浜台場図（『長浜町誌』より）

▼奥福
訛って〝おこふく〟とも言う。

元治二年二月、大洲藩は宇和島藩・龍野藩（現・兵庫県たつの市）とともに、長州藩主毛利氏の預かりを命じられ、取り扱いを協議していたが、慶応元年四月、第二次長州征討が起こったため御役御免となった。この年、大洲藩は農兵で組織されたゲベル隊を召し抱えるとともに、蒸気船を購入し、「いろは丸」と命名している。また、朝廷より京都御所警備のための人数派遣を命じられた。

慶応二年六月、大洲藩は兵庫表警衛の幕命を受けた。しかし、藩主泰秋は江戸在府のままであったため、武田敬孝は、藩主の帰国を願い出ること、土佐藩との関係を持つこと、郡中と長浜の海防を充実させること、長崎で武器購入を図ることを家老に建言した。七月末、藩主の帰国が認められ、兵庫表（西宮・夙川など）への警衛人数の派遣計画が具体化し始めた。

一方、武田が提唱した土佐藩への使者については慶応二年七月、大洲藩から武田ら二名が、新谷藩から香渡晋が派遣され、土佐藩主山内容堂に面会して意見を聞いた。土佐への使者は翌慶応三年にも二回派遣され、うち一回は坂本龍馬にも面会して情報を得たり、いろは丸沈没の事後処置について協議したりしている。

慶応二年十一月、大洲藩は武田・山本尚徳ら五名、新谷藩も五名の藩士を使節団として長州に派遣した。一行は上関→三田尻→山口→小郡→舟木→清末→府中→下関→室津の経路で十二月半ばに帰着した。

慶応三年三月、薩長同盟が成立した。大洲藩は長州支援の方針を決め、藩命によって長州に使者を派遣した。十月、十五代将軍徳川慶喜は土佐藩主山内容堂の建言によって大政奉還を願い出た。しかし、同時に三条実美らの画策によって、薩長両藩に討幕の密勅が下された。幕命で西宮警備を行っていた大洲藩は長州に使者を送り、討幕の長州軍が上京する際には、西宮上陸を支援することを密約した。泰秋はただちに西宮の大洲藩兵に藩命を伝えた。やがて十一月下旬、長州軍一三〇〇人が七隻の船で西宮に上陸し、兜山山麓に陣を構えた。大洲藩は艀《はしけ》一〇〇隻、一〇〇〇人分の賄い、草鞋一〇〇〇足の提供をはじめ、朝敵扱いとなったままの長州藩士が京都を往来する際の同行、飛脚の提供などを行った。

十二月九日、岩倉具視ら討幕派の公家や薩摩藩によるクーデターが起こされ、王政復古が宣言されて、慶喜の辞官納地や朝敵扱いになっていた長州藩の復権などが決まった。

大洲藩は前藩主泰祉以来、朝廷の警備に携わっていたことから、翌十日に御所に駆けつけ、俄《にわか》造りの陣屋を構えて警備に当たった。寒さの中の徹夜の警備に対して、朝廷から酒が下された。さらに大洲藩は、王政復古が布達された十四日、京都市中見回りを命じられ、丸太町から五条通りの間の烏丸《からすま》通りより東側と鴨川以東を担当した。

慶応四年一月二日、王政復古及びその後の情勢に憤激した幕府側と、薩長を中心とする討幕派との間に鳥羽・伏見の戦が起こった。大洲藩は京都留守居役らが伏見方面に偵察に赴き、状況を朝廷に報告した。一月四日には留守居役を中心とする小隊を会津藩陣地付近の荒神橋に派遣したが、すでに会津藩は退却していたので戦闘は行われなかった。鳥羽・伏見の戦は薩長側の勝利に終わり、大洲藩は大津の警備を担当した。

鳥羽・伏見の戦に始まる戊辰戦争において、慶応四年五月、大洲藩は朝廷から甲州鎮圧を目的とする二小隊の派遣を命じられ、隊は甲州から奥州に転戦した。

明治二年（一八六九）、泰秋は版籍奉還を願い出て大洲知藩事に任じられ、封建的支配は終了した。そして明治四年の廃藩置県によって、大洲藩の名称は消滅した。しかし、明治維新の変革に動揺した農民を含む庶民によって、明治四年に大洲騒動が起きるなどの混乱があった。

② 「いろは丸」顚末

検証は必要だが、何よりも乗艦経験者の航海記は歴史の証人としての貴重な史料である。海難事故と事後処理、相手との交渉など、法の必要性が認識された事例ではなかろうか。蒸気船購入の経緯、購入相手、国島六左衛門の自刃、賠償金の行方など、研究課題は多い。

「いろは丸」の購入

「いろは丸」は幕末に大洲藩が購入した蒸気船で、坂本龍馬率いる亀山社中（のちの海援隊）に貸していた時、紀州和歌山藩の蒸気船と衝突して沈没した。

さて、郡中《ぐんちゅう》灘町（現・伊予市）に豊川渉《わたる》（弘化四年〔一八四七〕～昭和五年〔一九三〇〕）という人物がいた。明治中期に郡中町長も務めた豊川は、日記をもとに自分の半生を綴った「思出之記」を著している。いろは丸については別の考え方や反証も示されているが、以下の内容はあくまでも豊川の認識に基づいていることを記しておきたい。

豊川は大洲藩郡中奉行国島六左衛門の信用を得て、元服後に奉行付き若党となり、西洋式の調練（軍事訓練）やゲベール銃の射撃

豊川渉肖像。20歳くらいの時、慶応年間の撮影といわれる（伊予市教育委員会蔵）

ゲベール銃
（大洲市立博物館蔵）

訓練などを行っていた。国島は慶応元年（一八六五）、役替えのために大洲に帰り、翌年、長崎にミニーゲルという小銃を買い付けに出かけた。しかし買い付けとは名ばかりで、実は二〜三人の同志とはかって薩摩の五代才助の仲介でオランダから蒸気船を購入したのであった。もちろん事前に大洲藩の了承を取り付けての話ではなかったので、とりあえず「丸に十の字」の薩摩藩旗を掲げて長浜に寄港した。国島らは江戸から藩主の帰藩を待ってお召船《めしぶね》を蒸気船でえい航し、蒸気船の優秀性を強調して購入の了承を取り付ける腹積もりであったが、そのような前例がないということと、蒸気船を採用すれば従来の船頭たちが失業するという反対意見のために実現しなかった。やむなく蒸気船は長浜沖にある青島の沖合でお召船を待ち受け、お召船の正面に進んでわざと後進し、お召船の通過を待って前進し、はるかに速く長浜港に入港してその性能のよさを披露したのである。やがて蒸気船は藩に承認され、正式に大洲藩船「いろは丸」となった。

　文久三年（一八六三）から森村（現・伊予市森）の番所詰となっていた豊川のもとに、長浜に来るよう国島六左衛門からの内命が下ったのは慶応二年であった。長浜の蒸気船内で国島からいろは丸乗り組みの内示を受け、後日、藩から機械油差し見習いとして乗船するよう正式の通知を受けたが、豊川は「その時の嬉しさは天にも昇るような心持ちであった」と述べている。さらに隠居の身であった父親にも乗船の下命があり、父子でいろは丸に乗り組むことになったのである。

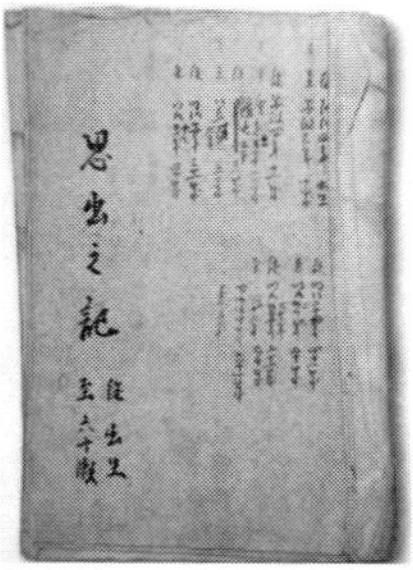

豊川渉の日記『思出之記』
（伊予市教育委員会蔵）

「いろは丸」絵図
（公益社団法人鍋島報效会徴古館蔵）

いろは丸はオランダのボードインという人物の所有船でアビリ（オランダの美人の名前）という名前であったのを、国島がいろは丸と名付けた。♣

乗組員は船将（船長）以下六〇人であったが、知人もなく船が動く仕組みも知らず、心細い限りであった。蒸気船、いわゆる「黒船」に対して抱く一般の武士や庶民の印象は必ずしもよいものとは限らず、「いろは丸」という船名がありながら「ゲド丸」（外道のことか？）という蔑称が付けられ、乗組員は「黒船衆」とよばれて蔑視されるという風潮もあった。

♣平成二十一年（二〇〇九）に発見されたポルトガル語の購入契約書には、ポルトガル領事ロウレイロから購入とある。

長崎逗留記

いろは丸は文久三年（一八六三）十一月十九日早朝に長浜を出航し、馬関《ばかん》（下関）に向かった。当時航海中は乗組員の飲食は自由であったので、好きな時間に酒や飯を飲み食いしていた。油差し見習いの豊川は、機関室で石炭を焚いたり油を差したりする状況を見学した。十九日四時頃下関に到着し、二十日は船長以下上陸して思い思いに見物を行った。二十一日、下関を出航して二十二日朝、長崎に到着した。

長崎ではそれから一カ月間の投錨《とうびょう》であったので、唐人屋敷、出島のオランダ屋敷や大浦居留地の異人屋敷などを散策した。ある時、豊川と父親ともう一人の三人で居留地を散歩していると、たまたま出会ったアメリカ人女性が、自分の館を見せてくれた。女性の奏でる「幾つもの桟木の如きものを並べた、妙なる音を発する箱」、すなわちオルガンを初めて聴いた。

やがて来客があり、オランダのボードインだったので驚いた。彼とは、先般いろは丸購入代金を支払いに行った際に顔見知りになっていたので、彼の方から笑顔で挨拶をしてくれた。

女性に目礼をして握手で別れた後、「思いがけぬ幸運だった。船に帰ったら『歌も聴いて酒もよばれた』と皆に話して羨ましがらせようではないか」と大笑いした次第である。

国島六左衛門の死去

十二月二十四日、明《みょう》二十五日出航の通知があった。同日、豊川に国島六左衛門から呼び出しがあり、訪ねてみるといろは丸の元機関方の人物と酒を飲んでいた。この人が帰った後、用向きを尋ねると、特段の用ではなかったが、明日出航なので一杯やろうと思ったということだったので、酒を酌み交わしながらしばらく談笑して船に帰った。しかし、これが国島との今生《こんじょう》の別れになった。

翌日、突然出航延期の知らせが届いたので、どうしたのかと思って父の船室を

川原慶賀筆「出島図」（佐賀県立博物館蔵）

訪ねたがすでに上陸しており、船長以下主だった者は船にいなかったので、さては非常事態が起こったと思い、国島氏の宿所を訪ねた。すると階段のところに父がおり、「大変なことが起きた」と、話してくれた。

国島は井上将策（いろは丸二等士官）と夜更けまで酒を飲んで話をした後、それぞれ隣り合う部屋で就寝した。「将策、将策」と呼ぶ声に目を覚まして国島の部屋に入ると、どうしたことか国島は仰向けになって血の付いた手に短刀を握って苦しんでいた。井上がその手を押さえて見てみると、のどを二刀斬っており、やがて絶命した。さらによく見ると胸にも刺し傷があったので、船長に急報するという騒動になった。

ともかく遺書もなく、井上との夜更けにまで及ぶ談話の中でも特に変わった様子はなかったということで、自刃の原因は分からなかった。ただ、ある時国島が薩摩藩士に、薩摩における自刃の仕方を尋ねたことがあり、もしかすると覚悟の自刃であったのかもしれない。

秘密裡に白布で蒲団のまま遺体を包み、箱に納めて石灰を入れ、箱には「国島六左衛門小銃入」という札を付けていろは丸に乗せた。国島は最初小銃を買うと言って長崎に行き、他藩に先んじて蒸気船を買った。その船でついには自分が小銃となって帰るかと思えば、感慨深いものがあった。もっとも、船中では大洲の者以外事情を知る者はなく、遺体を納めた箱は荷物として扱われたが、機械方の大洲人はなかなか眠れなかったということである。いろは丸は平戸から下関を経由して十二月三十日に長浜へ着いた。

明けて慶応三年一月二日、遺体は長浜から大洲の国島邸に運ばれた。一族の悲しみは見るに忍びなかったが、奥方は気丈な女性で、子どもにあらかじめ「父上に対面させるが、泣いてはならぬ」と言い聞かせ、豊川らが箱から遺体を移すと顔の血痕を丁寧にぬぐい、その後で子どもたちを呼び寄せた。十七歳の長女をはじめ四人の子どもが揃って「お父上」と声をかけた時には、豊川も涙が止まらなかった。子どもを遠ざけ、奥方と一族に胸の傷を見せた時にはみんな驚いた様子で、中には「それで安心した」という人もいた。その後葬儀が行われたが、享年三十六歳とはまことに痛恨の極みである。なお、墓前には井上らが相談して石灯籠が建立された。

なお、国島が大金を使って購入したフランス製の人体模型も、豊川が大洲に運んだ。この模型は、日本にはまだ三体しかないという貴重品であった。運搬にあたって大洲渡し場の人夫が「また死体ではないのか」と尋ねたので、「日本ではまだ珍しい人体である」と言って笑った。今、大洲の医師の間で共有物になっているらしいが、まさに国島からの贈り物である。

国島六左衛門の墓碑と石灯籠
（寿永寺／大洲市西大洲）

「いろは丸」の沈没と紀州藩との交渉

慶応三年（一八六七）四月、土佐の後藤象二郎の仲介で、長崎に停泊していたいろは丸を、大坂往復の一航海だけ亀山社中の坂本龍馬に貸すことになった。そして大坂に向けて航行中の四月二十三日夜半、いろは丸は鞆《とも》沖で船の明かりと思われる光を発見した。近付くにしたがって蒸気船であることが分かったので、こちらは左へ左へと進路をとったのだが、先方（以下、明光丸と表記）は気付かないのかこちらの進む方向へ向かってきて、ついにいろは丸の中央部に衝突した。いろは丸は海水であふれた。

ようやく明光丸からバッテーラとよばれる短艇《たんてい》が救助に来たので、船長の坂本龍馬以下何人かは乗り移った。その際船長が、水夫たる者、船が沈みそうになるまでは船を離れてはいけないと号令し、いろは丸には水夫六名が残った。結局明光丸がいろは丸を鞆の港までロープでえい航して行くことになり、水夫がその作業を終えてえい航が始まったが、間もなく大音響とともにいろは丸は沈没してしまった。

沈没の報は四月三十日、長崎にもたらされた。みんな驚いたが、大洲藩の船長は、困ったことが起きた。しかし船は土佐に貸しており、もしもの時は修理するか代船で返すかという契約であるから、大洲であれだけ厄介視されている船だけに、むしろ帆前船《ほまえぶね》にでもして返してくれたほうがよいかもしれないと言って、うろたえる様子もなかった。

坂本龍馬らと紀州藩は、鞆の浦で最初の協議を行ったが決着しないので、長崎で議論することになった。明光丸・いろは丸ともに正当性を主張して譲らない上、日本では衝突事故原因の究明という事例もないし航海規則もないので、双方の主張の記録をもとに外国人の判断を求めることになり、事故の責任は紀州藩にあるという裁断になった。そして紀州藩から土佐藩に賠償金として約八万三五〇〇両（のちに七万両に減額）を支払うことで決着がついた。

『大洲市誌』によれば、いろは丸沈没で龍馬は大洲藩に多大な迷惑をかけたことを気にして、オランダ人から帆船を斡旋《あっせん》した。藩の担当者はこれを洪福丸《こうふくまる》と命名し、交易を行って利益を上げようと計画していたが、いろは丸経営の失敗や龍馬の暗殺もあってか、藩は慶応四年の夏に計画の中止を決定した。やむなく担当者らは長崎の拠点を引き払い、洪福丸で帰途についた。

しかし八月中旬、途中で立ち寄った下関で洪福丸は官軍東北遊撃隊にほぼ強制的に徴用されてしまった。大洲藩の一行はあてがわれた別の船で帰藩の途についた。一方、洪福丸は浜田（島根県）あたりで台風のために破損したが、犠牲者を出しながらも九月上旬、かろうじて敦賀《つるが》（福井県）にたどり着き、官軍は陸路新

いろは丸展示館（広島県福山市鞆町）

いろは丸展示館と鞆の浦

潟方面へ向かった。

大洲藩は翌明治二年（一八六九）五月、新政府に船の修理や賠償を願い出たが、その後どうなったのかの記録はない。ともかく洪福丸は翌六月、無惨な姿で長浜に帰着したという。

いろは丸購入に際しては、藩主や家老たちの署名のあるポルトガル語の契約書が発見されているが、疑問視する説もあり、国島自刃の理由は、藩の許可を得ないでいろは丸を購入した責任を取ったものであるとも、いろは丸の運用がうまくいかず、藩内反対派の猛烈な非難があったからであるとも言われている。

いずれにしても豊川は、いろは丸を藩許を得ずに購入したと考えており、国島の自刃についても、遺書もないし思い当たる節もないと思っている。これについて、藩政の中枢にいなかった豊川に、藩許を得たかどうかなどの詳しい事情が分かるはずもなく、国島自刃の理由が思い当たらないのは当然であるという見方がある。

坂本龍馬と海援隊士の宿泊所だった「旧桝屋清右衛門宅」（広島県福山市鞆町）

坂本龍馬と紀州藩が談判した「旧魚屋萬蔵宅」（広島県福山市鞆町）

③ 戊辰戦争への出兵

皇居と甲府の守衛のために編成された武成隊は、城下の枡形から川舟で大洲を出発する。戦死した大野伝太夫は立山村に生まれ、市木の大野家に養子に行った人物。大洲に凱旋した武成隊はすぐに解隊となったので、隊員は驚き、存続請願の動きも起こる。

武成隊の動向

戊辰戦争に際し、大洲藩は武成隊を組織して慶応四年（一八六八）、奥州に向かって出兵した。「奥州出兵之始末御届草稿」（事後、藩に提出する報告書の草稿）には、出発から帰還までの状況が記録されている。

五月二十六日、甲府の警備のため大洲を出発し、大坂、京都を経由して七月一日、甲府に到着、川浦、上小田原の関所二カ所の警備に就いた。

七月半ば、東京★進軍を命じられたので関所の警備を中断し、身柄を託されていた幕臣を彦根藩に預けて甲府を出発、勝沼（山梨県）に到着した。

八月三日、小田原経由で東京に到着し大《だい》総督府に届け出たところ、直ちに奥州へ出発するよう下命があったので、九日、蒸気船「翔鶴丸」で品川を出港し、平

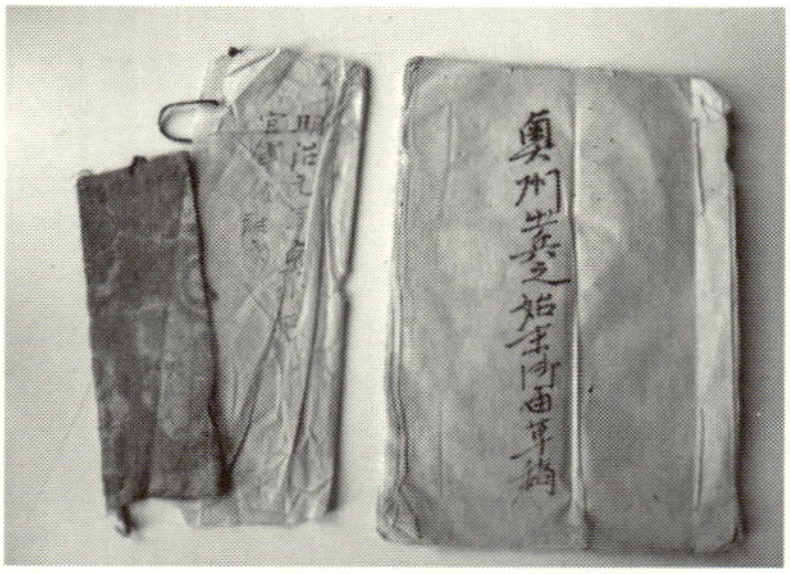

「奥州出兵之始末御届草稿」と「官軍服袖印」
（大洲市立博物館蔵）

▼東京
七月十四日、江戸を東京と改称した。

潟（茨城県）に到着した。

十二日早朝、東京より「脱走した幕府軍の軍艦が来襲する恐れがあるので、平潟の官軍のうち二三〇〇名は現地の警備にあたれ」との命令があったので、平潟に滞在したが、特に来襲の様子もなかった。

平潟を出発後、「相馬の中村城（福島県）まで兵を進めよ」との命令があり、中村城北方にある不乱院万日寺（現・慶徳寺）に着陣した。

八月二十日の明け方、戦闘が始まった。一番小隊四〇人は仙台藩領今泉（福島県相馬郡）、二番小隊三九人は仙台藩領駒ヶ嶺《こまがみね》（現・福島県相馬郡新地町）に展開した。夜、両隊ともに凱旋したが、今泉の戦で一番小隊の大野伝太夫に銃弾が命中し、中村本営の病院で戦死した。

その後、仙台藩領藤崎口（現・福島県相馬郡）に移動し、駒ヶ嶺の北向《きたむき》という所へ陣を移した。現地では、胸の高さくらいの防壁を五カ所、番小屋を二カ所設営し、以後九月十八日まで守備した。

やがて、幕府軍が官軍に謝罪・嘆願を行う情勢になったため、北向の守備を薩摩藩に交代し、仙台進撃の先鋒として坂本（宮城県）に到着、西ノ口の見張り番を担当した。坂本から亘理《わたり》城（宮城県）に移り、薩摩・肥後藩兵とともにパトロールに従事した。

十月一日、仙台城に到着、ここでもパトロールに従事した。朝廷から兵士に防

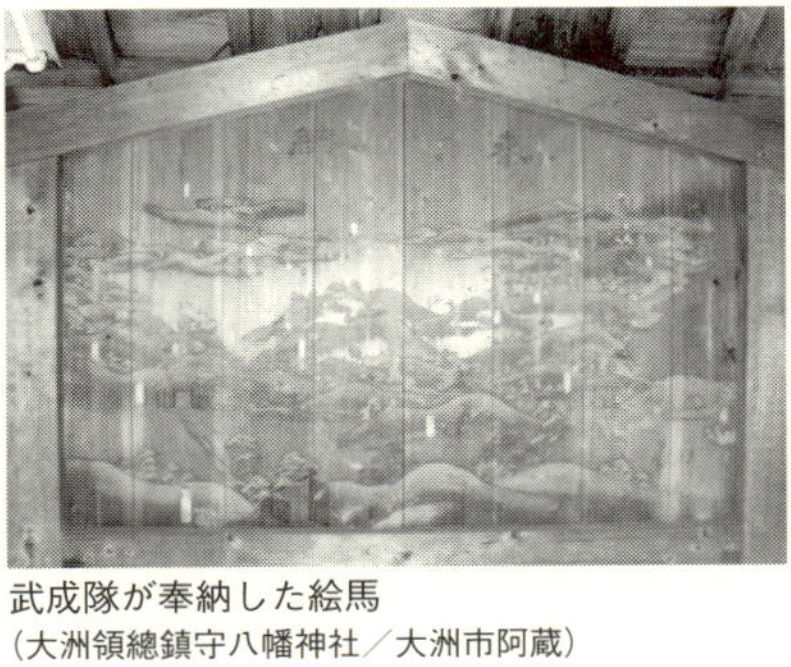
武成隊が奉納した絵馬
（大洲領總鎮守八幡神社／大洲市阿蔵）

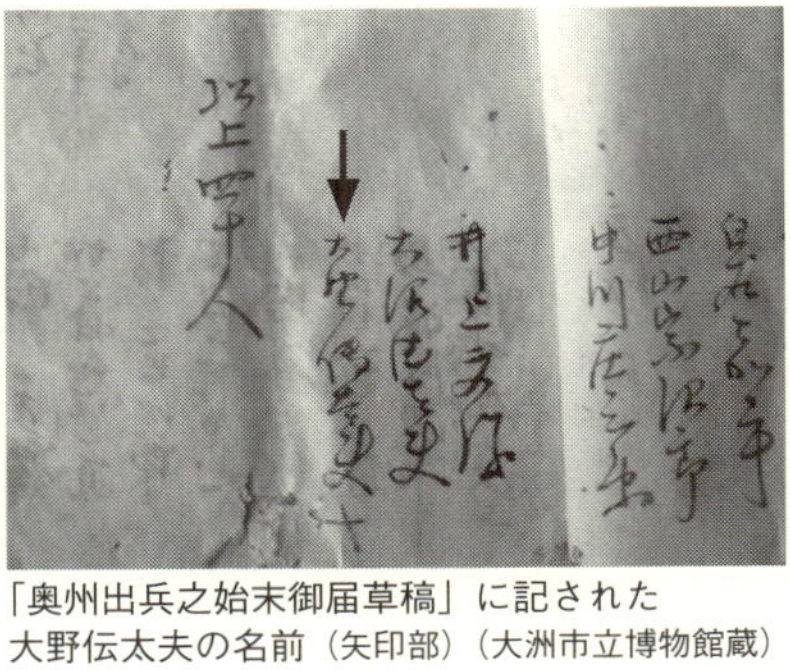
「奥州出兵之始末御届草稿」に記された
大野伝太夫の名前（矢印部）（大洲市立博物館蔵）

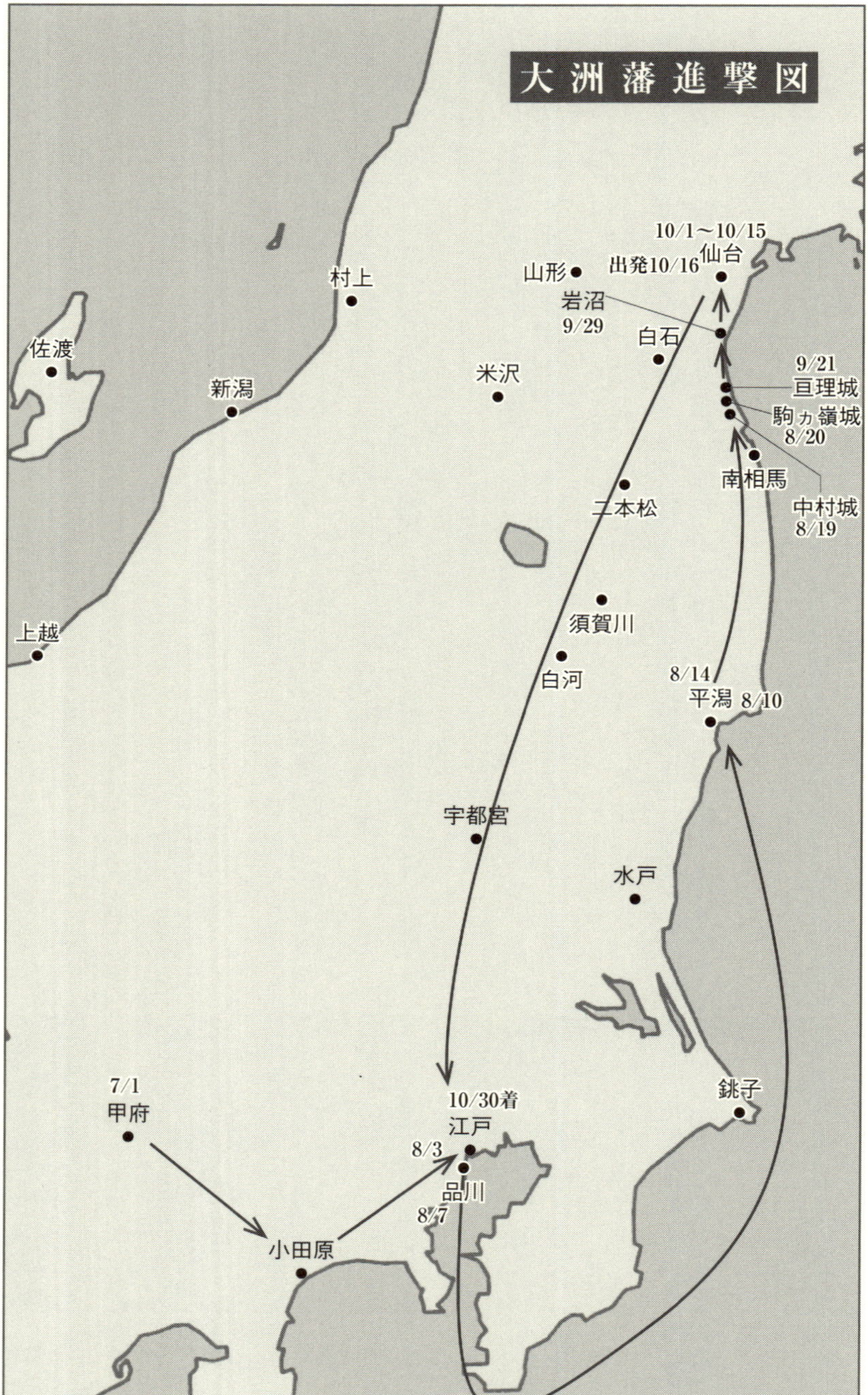
大洲藩進撃図
10/1～10/15
仙台
出発10/16
山形
村上
岩沼
9/29
白石
佐渡
9/21
亘理城
米沢
新潟
駒ヵ嶺城
8/20
南相馬
二本松
中村城
8/19
須賀川
上越
白河
8/14
平潟 8/10
宇都宮
水戸
銚子
7/1
甲府
10/30着
江戸
8/3
品川
8/7
小田原

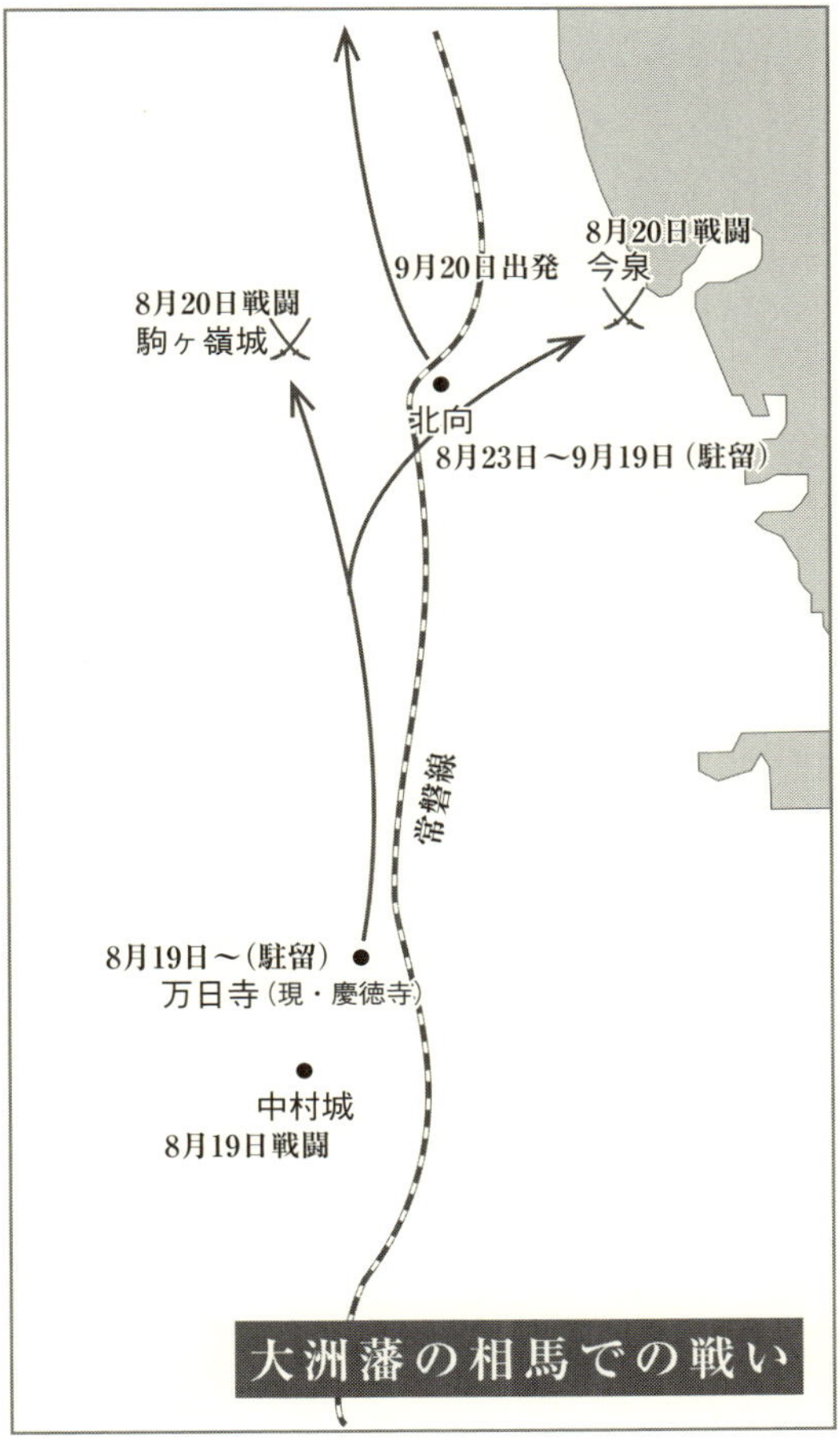

大洲藩の相馬での戦い

寒用の毛布が支給され、総督卿から、兵士慰労のための酒肴《しゅこう》が供せられた。

十月半ば、仙台藩重臣五名の東京護送を命じられ、東京へ向けて出発した。月末に東京の千住に到着し、大総督府の指示で五名を駕籠のまま宇和島藩に引き渡した。

十一月初め、大総督府から、兵士慰労のための酒肴料五〇両が支給され、さらに行政官から「長期の戦争における働きや苦労は天皇も承知され、感銘を受けておられる」という通達があった。天皇は現在京都から江戸城に来られているので、とりあえずの措置として兵士慰労のための酒肴が供せられた。

十一月半ば東京を出発、横浜からイギリスの蒸気船で神戸を経由して、月末に長浜に到着した。大洲に帰着したのは十二月一日であった。

なお、一連の戦闘で武成隊の兵士大野伝太夫が重傷を負って戦死、兵士松本市郎と軍夫久右衛門が軽傷を負い、兵士北山薫が病死した。また、六名★が旧幕府軍の兵を討ち取った。

新撰隊は京都の警護

新撰隊は、武田敬孝による文久三年（一八六三）の農兵取り起こしの建白で組織された農兵隊の一つであるが、成立年代や人数、名称の由来などは明らかになっていない。同じ農兵隊である郷筒の規定に、米二石を支給し、尻割羽織（後ろに切れ目のある羽織）の着用や帯刀を許可することなどが定められており、新撰隊も同じ条件であったと考えられる。このように藩は、農兵の募集に際して武士の特権の一部を容認して参加意欲を高めた。

慶応二年（一八六六）、大洲藩が幕府から西宮警備の命を受けて派遣した一一七名の兵員の中に、新撰隊一〇名が参加している。九月二十五日、大洲を出発して

▼六名
寺西忠蔵、戸名平八郎、大野熊次郎、三浦貫左衛門、岡田恭平、池戸源七。

貴重な記録を残した新撰隊隊員大村金作（写真提供／大村勉氏）

穏やかな瀬戸内海の丸亀沖

十月九日大坂着。十日午後、大坂を出発して西宮へ着陣。打出村御陣屋と夙川《しゅくがわ》御番所は、すべて松平飛騨守利鬯《としか》（加賀大聖寺藩十四代藩主前田利鬯）から引き継いだものであった。

慶応四年の会津戦争に際し、新撰隊は今度は朝廷側の部隊の一隊として京都の警備を命じられて派遣された。交代要員として参加した隊員の一人、内之子の大村金作（大内金左衛門を改名）は、出発から帰着までの記録を残している。

五月三十日早朝、長浜を出帆し、菊間沖、丸亀沖、高松沖の免島（女木島）、淡路島、兵庫を経由して六月六日八ツ（午後二時過ぎ）、大坂に到着した。

翌日から大坂天満宮を皮切りに北野新地、大坂城、四天王寺、御堂新地、九軒茶屋、道頓堀などを見物し、芝居も観た。その後川船で京都に到着、仁王門通りに宿泊して本陣に入り、四番部屋で寝泊まりをした。二十日まで毎日京都見物に出かけた。病死した隊員若宮清恵の通夜もあった。二十二日、御室御所《おむろごしょ》の仁和寺《にんなじ》の宮が上杉征討のために来た。日月の旗印で総勢は約一万人であった。移動命令が出て六月下旬、京都を出発したが、隊員の一人中野熊太郎が病死した。

任務が終了したので、七月四日に大坂を出帆し、金比羅宮へも参詣した。八日、多度津を出帆したものの夜六ツ（七時頃）よりシケとなり、備後の当木島《あてぎ》という小島の磯の岩場に座礁して船は破損した。幸い一命は取り留め、助けられて鞆の浦の枡屋清兵衛宅で世話になり、法宣寺で宿泊した。その後、座礁したもとの船

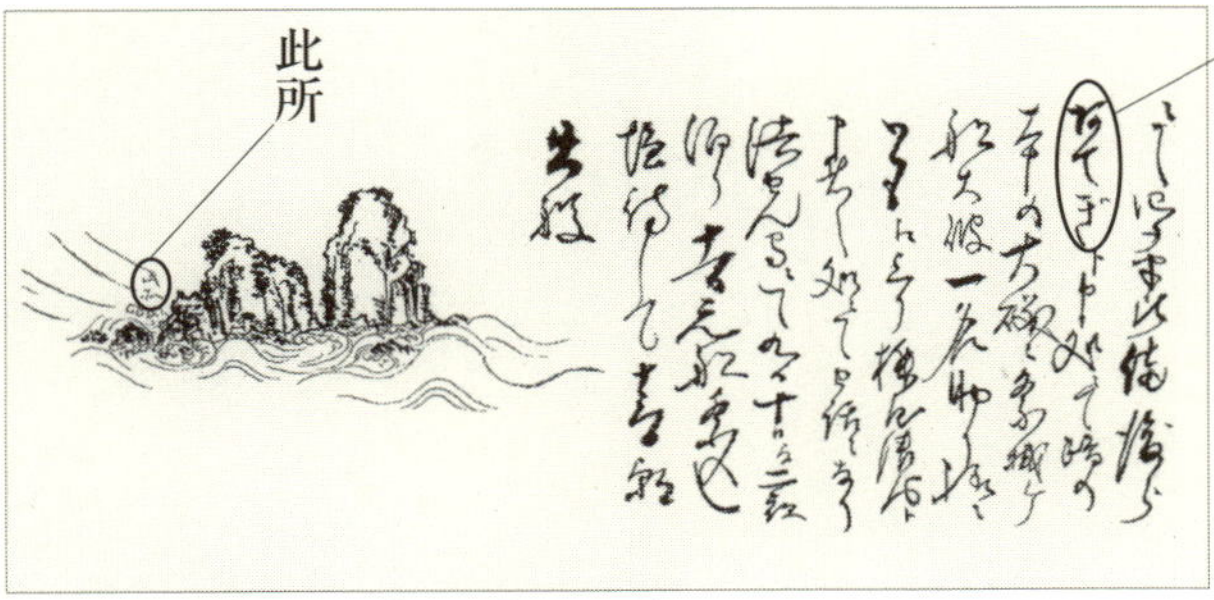

大村金作の記録により「あてぎ（当木島）」の「此所」が座礁場所だと分かる
（大村博氏収集資料／内子町蔵）

に乗り込み、潮待ちをして十三日に出帆した。高浜付近で夜明けを待って、十五日七ツ（午後四時頃）長浜に到着し宿泊した。翌日朝、長浜を出発、八ツ（午後二時頃）大洲に到着して、その日のうちに自宅に帰着した。

この出兵は会津戦争中の京都警備ということであったので、すでに戦場は東日本に移っており、不測の事態が起きない限りは危険度の少ない任務であった。期間中、隊員は京・大坂の名所旧跡を訪ねたり芝居見物を行ったり買い物♣をしたりするなど、結構楽しみの部分もあった様子である。

病死者二名があり、帰路の難船という事故はあったものの、全体としては平穏のうちに終了したといえよう。

♣ある隊員の買い物
鏡・カミソリ・砥石・京都絵図・財布・野風炉（野点用の道具）・たいこ・重箱・重掛（ふくさ）・茶碗・湯のみ・茶瓶・じょうご・釘ほかである。

④ 明治維新後の「大洲騒動」

山本尚徳は桑や茶の栽培を奨励して、養蚕業や製茶業の基礎を作ろうとした。
大洲騒動の帰り、郡中の農民は砥部の農民と合流して灘町の商家などを襲った。
大洲町は喜多郡の町村長を招いて、山本尚徳没後五十年忌の法要を開催している。

新体制への不安ととまどい

幕府が滅亡して明治時代に入ると、明治二年（一八六九）の版籍奉還、明治四年の廃藩置県をはじめとする諸改革が矢継ぎ早に実行された。また、西洋文明が導入され、国民生活の様々な場面で新しい生活様式や合理的な考え方が浸透し始めると、急激な変化にとまどう人々の間に不安と混乱が生じた。

版籍奉還によって大洲藩主加藤泰秋は知藩事に任命され、引き続き藩政にあたった。しかし、ついで断行された廃藩置県によって大洲藩は廃止され、大洲県として政府の任命した新しい知事が行政を担当することになったので、解任された知藩事は東京での居住を命じられて移り住むことになった。

明治四年に廃藩置県が行われた翌月の八月初め、手成村・戒川《かいのかわ》村の住人らが徒党を組んで大洲方面に向かい始めた。知らせを受けた大洲県庁では、元家老を遣わして説得に当たったが容易には納得させられず、逆に近隣の村々に参加を呼びかける状況に発展した。八月九日、一揆勢は大洲の若宮川原に集結し、これに呼応した百姓たちが内山筋や遠くは郡中から駆け付け、その勢力はおよそ四万人にふくれ上がった。一揆勢は川原に五百余の小屋を造り、鉄砲も数千挺用意して鬨《とき》の声を上げたりしたため、大洲城下の住民は大いに恐れ、周辺部に避難する者も出るなど大変な騒動になった。

大洲県は川原に係員を派遣して説得に努める一方、目安箱への投書で意見・要望等を出すよう呼びかけた。今回の一揆は首謀者が存在せず、明確な理由もないという特異なものであった。

一揆勢の挙げた理由は、藩主の東京居住が山本大参事★の陰謀によるものであるとか、種痘《しゅとう》が毒を子どもに植え付けるものであるとか、戸籍調査は住民の生き血を搾《しぼ》り取るためのものであるなど、根拠のない流言《りゅうげん》などに基づいていた。ともかく投書で述べられた要求の主旨は、旧知事（知藩事、すなわち加藤泰秋）の上京をやめて維新前の政治体制に復し、現在の県庁役人を藩庁時代の役人と入れ替えるというものであり、藩政時代への復古を願うものであった。

つまるところ、明治維新によって急変した社会を、慣れていた藩政時代に戻し、殿様の仁政《じんせい》を期待するというのが一揆の最大の理由であった。

▼山本大参事
山本尚徳。文政九年（一八二六）生まれ。常磐井厳戈（ときわい・いかしほこ）の古学堂に学び、勤皇思想に傾倒。幕末には中村俊治、武田敬孝らと京都周旋方として活動し、藩論を勤皇に導く。藩の執政として西洋思想・学問を導入した改革や殖産興業に取り組んでいた。

八月十三日、一揆勢は大洲県庁へ迫る勢いになったため、武力鎮圧も検討されたが、県庁に藩政時代の役人を登用するという案で再び一揆勢の説得を試みた。そして十五日、旧藩主加藤泰秋が自ら若宮川原に出向いて一揆勢の説得に当たることになった。一揆勢は泰秋に対して、上京などせず大洲にとどまって引き続き政治を担当してくれるよう哀願したが、泰秋が年寄りや女房子どものいる各々の自宅に早く帰るよう諭すと、一揆勢は柏手《かしわで》を打って拝礼したという。

県庁内では武力鎮圧の意見と、これに反対する意見が対立し、収拾が付かなかった。この情勢に山本大参事は、自分の命を絶つことで事態の収拾を図ろうと決心し、家族の慰留を振り切って自宅で自刃した。山本自刃の報が伝えられると、一揆勢は深い哀悼《あいとう》の意を表明し、十六日には一揆を解散して自分の村へ帰った。その後、山本大参事の人柄と大洲地域への貢献によって、没後六十年目に自刃の地に頌徳《しょうとく》碑が建てられた。

西欧の市民革命と異なり、討幕は市民階級を意識した民衆が立ち上がったものではなかった。大洲藩は勤皇藩になって幕府を討つ側に立ったとはいえ、幕府滅亡後の庶民の意識は、封建社会に戻して殿様の仁政を求めるといったレベルであり、討幕に奔走した藩士とはかなりのずれがあったことは否めない。これを民衆の無知と言ってしまえばそれまでであるが、幕末から明治への変革が急激であり、庶民のとまどいも大きかったということができよう。

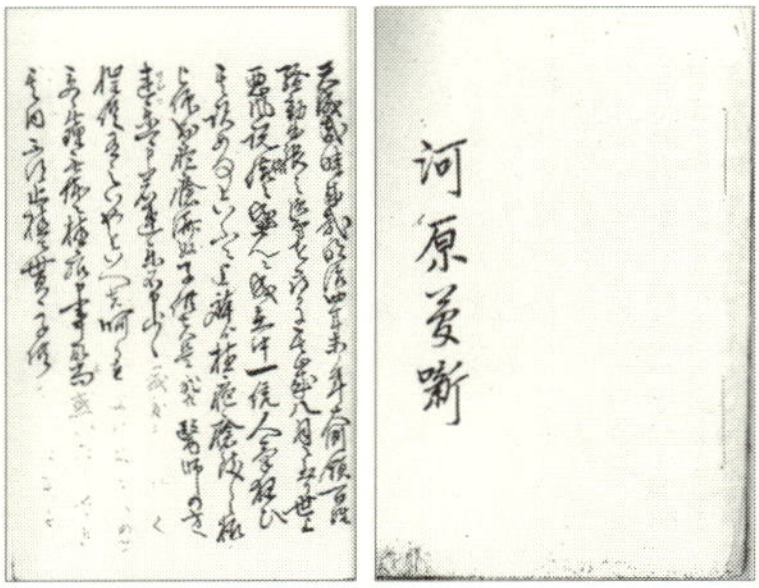

大洲騒動の記録『河原夢噺』
（大村博氏収集資料／内子町蔵）

山本大参事頌徳碑（大洲市大洲）

これも大洲

大洲藩の能楽

歴代藩主の能

大洲の能楽は、江戸時代の早い時期から藩主の教養の一つとしてたしなまれていた。さらに能楽が幕府の式楽（儀式用の芸能）になると、諸侯も研鑽に努めるようになり、大洲藩主も幽玄な芸能の習得に努めるようになった。

加藤家二代藩主泰興は、江戸の能楽師観世暮久を大洲に招いて乱舞（能）を学んだが、泰興は謡曲を得意としていたようである。

三代泰恒は江戸で観世暮休を師としたのみならず、観世藤十郎を召し抱えて指導を受け、大洲でも熱心に稽古した。江戸では浅草の藩邸内に能舞台を作り、舞台開きに「翁」「道成寺」を舞うことにしていたが、近所から出火した火事でせっかくの能舞台も類焼してしまった。

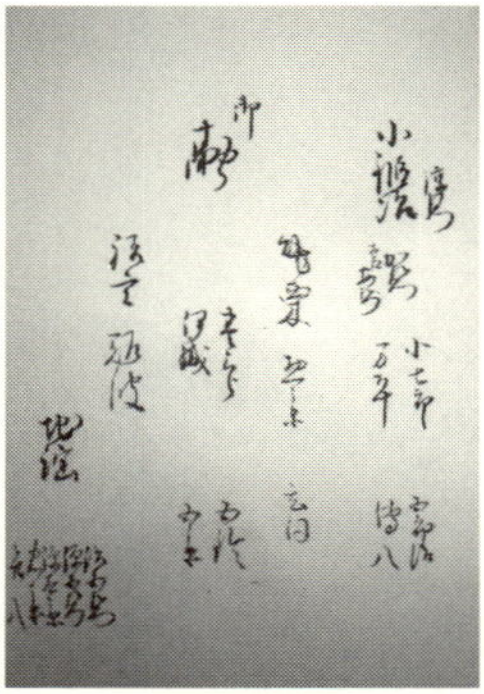
能楽の用語などが記された「高橋文書」（内子町蔵）

泰恒の能楽の腕前を知る話がある。江戸で能楽が行われた折、泰恒は「船弁慶」のシテをみごとに演じて五代将軍綱吉からお褒めの言葉を賜った。将軍が帰城後、水戸黄門から泰恒に御礼の登城を勧められたが、泰恒は、武家として猿楽のまねをしてお褒めにあずかったとて何の名誉なことがあろうと言ったという。

なお、この「船弁慶」の脇能は綱吉が演じたという説もある。

四代藩主泰統は特に能面・能衣装などを収集しており、すぐれたものがあったといわれているが、残念なことにのちに焼却処分されたという。天明二年（一七八二）の江戸における泰統の葬儀では、観世太夫が謡曲「江口」を謡って霊を慰めたので、家臣たちは、これで殿様も成仏なされたと言ったそうである。

五代泰温は観世藤十郎に仕舞の指導を受け、笛・太鼓・小鼓を家臣に務めさせた。

六代泰衑も観世藤十郎に能を習った。時には能囃子などを催し、シテを担当した。家督相続前には九代将軍家重のお相手を勤め、家重の謡いに合わせて小鼓を打っていたという。

七代泰武は小鼓を名人の幸清三郎に習い、かなり上達した。

八代泰行も幸流の小鼓を善喜という人物に習ったが、残念ながら十七歳で逝去した。

十代泰済は十七歳の時から能楽の梅若甚兵衛に仕舞の指導を受けた。寛政十一年（一七九九）二月の五百木村（内子町）庄屋高橋家の記録には、お城でお囃子を行うので見に来るように命じられたという記事をはじめ、謡曲の題名や用語と思われる次のような言葉が記されている。

「弓八幡　御羽衣　鉢木　三輪　邯鄲　八島　小鍛治　御融　祝言　地謡」

　このように歴代藩主は能楽を必修の素養として研鑽に努め、藩士もこれに習った。参勤交代で江戸在府中は、師を求めて励んだ者も多かった。

能楽を好んだ藩士と領民

　幕末・明治の大洲謡曲会で指導的な役割を果たしたのが徒頭《かちがしら》の松田久彰であった。参勤交代時には江戸で観世流梅若について謡曲を学び、修行を積んでついに奥義を極めた。やがて〝謡の松田〟と称されるようになったが、地謡と笛を得意とした。稽古の場では、たとえ大名であっても師の礼を取ったという。

　野田村の庄屋近田八束・冬載父子は、能楽のすぐれた指導者であった。天保五年（一八三五）夏、家老加藤新五左衛門と一緒に、江戸から観世流の山階滝五郎という名人が大洲に来てしばらく逗留したので、八束は入門の誓詞と金子三〇〇疋（銭七五〇〇文）で門弟になった。

　ほかに技を伝授された者は大洲の郡市兵衛・吉見伊右衛門・尾山軍兵衛・前田所左衛門・高津和左衛門、内之子の宇都宮弥左衛門・高橋竹九郎であった。

　冬載は十四歳の時から平岡与右衛門について小鼓を学び、〝つづみの近田〟とよばれて高く評価されるようになった。稽古熱心な冬載は、演技の前になると松田久彰を相手に練習に励んだ。久彰が農耕をしていても、そばに来てそこらの石を太鼓がわりに叩いていたという。

　このほか、太鼓の名人に石河和左衛門がいた。槍術や能楽にも堪能であったが、森田流太鼓の権威として知られ、〝太鼓の石河〟といわれた。道を歩いている時、後輩の家から太鼓の音が聞こえると、何の遠慮もなくそこへ上がり込んで「もっと魂を込めてやれ」とよく注意した。年老いた和左衛門はすっかり腰が曲がってしまったが、さすがに太鼓を打つ時は背筋がまっすぐに伸びていたという。

　大洲には能舞台がなかったので、能楽はおもに龍護山と寿永寺で行われていた。

寿永寺（大洲市西大洲）

龍護山曹渓院（大洲市大洲）

これも大洲

『大洲妖怪異談』

『大洲妖怪異談』は江戸時代、大洲藩内で起こった奇怪な出来事を集めたものである。成立年代がはっきりしない『洲《ず》藩奇怪録』という書物が大洲の法華寺にあったといわれ、明治三十九年（一九〇六）に郷土史家西園寺源透氏によって筆写されている。『大洲妖怪異談』は、それと同じ内容か同趣旨のものと思われるが、明治三年の写本であるので、西園寺氏の写本よりも古いものである。しかし、題名がどのように付けられたのかはわからない。

興味深いのは、四三人の登場人物のうち、武士と思われる三六人については、そのほとんどが大洲藩・新谷藩の加藤家や家臣団の系譜を記した「大洲秘録」で確認できる実在の人物ということである。ほかの七人は庄屋・猟師・船手・百姓・僧などであるので、資料による確認は難しいが、武士の例から類推すればこちらも実在の人物である可能性が大きい。

明治３年（1870）筆写の『大洲妖怪異談』表紙（大村博氏収集資料／内子町蔵）

『大洲妖怪異談』は怪談や奇談、珍しい話など短編五一話から成り立っているが、ここでは現実にある、またはありそうな話を五話紹介する。

一　大人（大男）の足跡を見しこと

享保の頃、西川次郎右衛門という者が狩りをしようと、鉄砲を持って平野村にある聖宮の社に立ち寄った。鳥はいないかと木々の梢を見ながら社の前まで行った時、地面にまるで仁王のもののような大きな足跡が付いているのを見付けた。不思議に思って跡をたどってみると、拝殿の階段の所で止まっていた。正体を確かめてやろうと、社殿をくまなく探したが、ネズミ一匹見つけることができなかった。さりとて社殿から出て行った跡もなく、理解に苦しむ何とも不思議な状況であった。

二　山神退治のこと

享保の頃、ある山で巻狩りが行われた時のことである。それぞれが狩りの道具を持って麓の広場に集まった。ほどなく殿様（泰温）の馬印も見えたので、老臣が各係に指令して勢《せ》子《こ》を動かし、それから弓・鉄砲・長槍を進めた。続いて馬廻り・手回りの侍を二手に分け、山の東西によじ登らせた。それぞれの部署が巻狩りの要領通りに各所に陣取り、どのような猛獣であっても一発で仕留めようと待ちかまえていた。殿様は本陣に到着し、各部署の手配の様子を遠目で観察した。やがて巻狩り開始の合図のホラ貝を吹かせ、それを合図に麓に準備していた太鼓をたたき、これを聞いた勢子大将が、獲物の追い立てを勢子に指示した。

さて、足軽で組織された勢子には受勢子《うけ》と追勢子《おい》の二種類がある。受勢子とは本陣後方の山頂から麓まで縄網を張り、逃げようとする獣が来れば空砲を次々と撃って追い返す係である。追勢子とは要所に配置され、勢子大将の合図で大声を上げながら岩場・藪の別なく山肌をたたき、藪をなぎ倒して獣を追い立てる係である。こうして追い出された狼・猪・鹿・狸・兎などの獣を家来たちが弓・鉄砲で仕留め、すぐれた腕前の持ち主は名を揚げていくのである。

獣を追い立てている時、松林の中から地響きを立てて巨大な猪が飛び出してきたので、矢弾を雨あられのごとく撃ちかけた。しかし手負いの猪はますます怒り、撃たれても突かれてもひるむことなく、死にものぐるいで本陣の方に向かって突進してきた。本陣の方も心得たもので槍で防ぎ、殿様は鉄砲を構えたが、急なことであったので操作に手間取っている間に猪が飛びかかってきた。殿様は驚く様子もなく鉄砲を取り直して撃ったので、猪はいったん倒れたが、なおも怒って駆け出した。この様子ではけが人も出るかもしれないと見物人がたいそううろたえる中、勢子の方は、これを逃がしては今日の恥とばかり、それぞれ気を引き締めて鉄砲を撃ちかけた。勢子の上げる叫び声は山々にこだまし、雷が一度にたくさん落ちたかと思われるほどであった。

ここで口分田《くもで》成親という家臣が、本陣から少し離れた松の陰で、現在殿様の獲物が少ないので、この猪を本陣で殿が仕留められたらさぞ喜ばれるであろうと思いながら状況を見ていたところ、本陣から早く撃つよう指令されたので、成親は鉄砲を持って猪に立ち向かった。猪は目を怒らし、毛を逆立て、歯を鳴らして詰め寄ってきたが、成親は少しもうろたえず十分に引きつけ、狙いを定めて発砲した。玉はみごと猪の眉間へ骨を砕いて命中し、急所に深手を負った猪はひとたまりもなく谷底へ転げ落ちた。これを見て、手をたたき、矢尻をたたいて賞賛する者の声はしばらくやまなかった。

この猪を麓の広場まで下ろそうと百姓たちがやってきた。四本の足をひとくくりにして棒四本を通し、八人がかりでようやく担《かつ》いで広場に下ろした。日も西に傾き、合図の鐘が聞こえたので勢子たちも列を乱さず麓の広場に集合した。広場ではこの日の獲物に仕留めた者の名前を記し、殿様が一つ一つ見分した。さて問題の猪を計測させたところ、頭から尾まで九尺（約二・七メートル）あったとか。別に不思議な話ではないけれども、古今希なる大猪であったので山の神の化身ではなかろうか、と里の老人が話していたのを記録した次第である。

この話は、当時の巻狩りの様子がよく分かり、史料としても興味深い。

三　八幡宮へ籠もりしこと

田村七右衛門好良は隠居して別外と号した。常に武芸をたしなむことは家中でもよく知られていたが、ほかにも茶の湯や生け花などを楽しむ風流人でもあった。若い頃、自分の度胸を試そうとして、ある夜、八幡神社に参詣した。ここは大洲城の北に当たり、高い山ではないけれども坂を結構登らなければならない。七本松・かもし谷・化物谷など、松が生い茂り昼でも薄暗い所がある。夜になると神主は里の方に帰り、夜更けには物音もせず、たいそう寂しい所である。

七右衛門は宵のうちから拝殿に正座して心を落ち着けていたが、夜も更け、灯明も消えかける頃に足がしびれてきたので、座り直そうと後方へ手をやると、塵落としと思われる、床板を切り抜いた場所があった。これ幸いとしびれた両足をその穴に垂らしたところ、何者かが下から足をつかんだので動けなくなった。

七右衛門はすぐに刀の柄に手をかけたが、相手の正体も見定めずに斬りかけるのは卑怯である、と思い直して柄から手を離し、下にいる者の手をしっかり捕まえて何者かと問いかけたところ、自分は家もなく、この辺をねぐらにしている者で、怪しい者ではない。今晩ここに忍び入って寝ていたところ、目を覚ますと上から大きな足が垂れ下がってきて、今にも踏み殺されそうであったので、恐ろしくなって夢中で足をつかんだ、と言って助命を乞うので、七右衛門は二度びっくり。この者の運の強さを笑うと同時に、もしあせって対応していたら、人を殺していただけでなく神社を血でけがすことになり、しかも物笑いの種になっていたであろうに、よくぞ正体を確かめたものよと思った。そして、これも霊験あらたかな八幡様のご加護であると思い、三拝して帰った。

大洲城と肱川

四　風穴のこと

大洲城は平山城で、東方は肱川の流れのために深い淵に臨む険しい岩肌となっている。この岩のすき間に、どこから通じているのか分からないが風の吹き出す穴があり、その風の冷たさは氷のようである。夏場には城の下の淵で家中の者が水泳の練習をするのだが、その時この穴のある岩に登ってみても風の冷たさは尋常ではなく、真夏でも心地がよくない。熱病を起こすようにも思える。

五　枕返し

大洲城の御殿に鑓の間という部屋がある。この部屋の畳に枕を返す場所がある。たとえば南を枕にして寝たのに、目覚めてみればいつの間にか北の方を枕にしているという具合である。ある夜、当番の者がためしにここへ寝て、もう一人がひそかに物陰から見ていると、熟睡したと思う頃に自分で起き上がり、眠ったまま枕を持って寝かわっただけで、別に怪しいことでも何でもなかった。

第五章 新谷藩（大洲藩支藩）

生みの苦しみ、本藩への気遣い、財政破綻、……色々あって分家はつらいよ。

①通史としての新谷藩

陣屋の候補地はほかにもあったが、小川の流路を付け替えて陣屋と城下町を建設する。八代泰理は、財政難で閉校していた藩校求道軒を再興し、児玉暉山を教授とした。幕末期の軍事費を賄うため裃着用や苗字使用などの格式を与え、領内に献銀を求める。

新谷藩成立と五年間の空白

新谷《にいや》藩の中心は大洲城の東北東約七キロメートル、現在の大洲市新谷に位置し、陣屋は現在の大洲市立新谷小学校の所にあった。領地は大洲藩領内の各地に分散していた。

新谷藩は、大洲藩初代藩主加藤貞泰の二男直泰《なおやす》に、幕府から一万石分知の内諾があったことで元和九年（一六二三）に成立した。しかし、大洲藩二代藩主泰興はこれを認めようとしなかったために長期の内紛に発展し、寛永十六年（一六三九）になって決着した。

新谷藩主は直泰《なおやす》、泰觚《やすかど》、泰貫《やすつら》、泰廣《やすひろ》、泰官《やすのぶ》、泰賢《やすまさ》、泰儔《やすとも》、泰理《やすただ》、泰令《やすのり》と続いて明治を迎える。藩主は一万石の大名となり、城でなく陣屋を構えた。江戸初期に

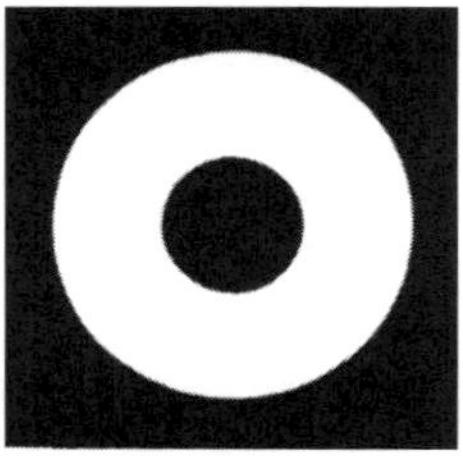

新谷加藤家家紋・蛇の目輪

支配領域・家臣団・城下町などの基本的な体制が整備された。

初代藩主加藤織部正直泰は元和元年、米子で生まれ、藩主就任後は供応役や火消役、江戸城の門番役などを務めた。また、歌道に長じ、烏丸《からすまる》家に歌を学んでいた。

二代加藤出雲守泰觚は明暦二年（一六五六）に生まれ、天和二年（一六八二）、家督を継いだ。泰觚は駿府城の城番の副職である加番役を二回務めたが、一万石の小藩には結構な負担となった。江戸の火事で新谷藩の屋敷が天和二年と元禄十一年（一六九八）の二度、類焼した。

三代加藤大蔵少輔泰貫は延宝四年（一六七六）に生まれ、享保元年（一七一六）、家督を継いだ。駿府城加番役や江戸城の門番役を務めた。江戸の火事で新谷藩の屋敷が享保三年と六年の二度、類焼した。

江戸時代の中期から後期には、天災や不時の出費などによる財政の窮乏は大洲藩と同じような状況であった。

四代加藤出雲守泰廣は宝永七年（一七一〇）に生まれ、享保十二年、家督を継いだ。延享五年（一七四八）に朝鮮通信使の道中に使う馬具と添人を出したほか、駿府城加番役や江戸城の門番役を務めた。

寛延三年（一七五〇）に起こった内之子騒動では、新谷藩郡奉行津田氏が一揆勢との交渉を行っている。

新谷藩初代藩主加藤直泰墓所
（法眼寺／大洲市新谷）

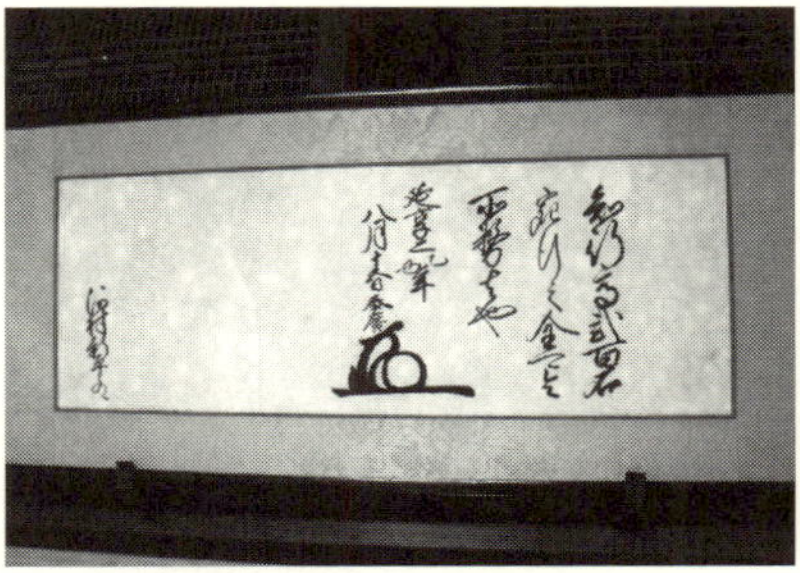
新谷藩４代藩主泰廣への「宛行状」
（法眼寺／大洲市新谷）

五代加藤近江守泰官は元文二年（一七三七）に生まれ、宝暦六年（一七五六）、家督を継いだ。泰廣と同じく、朝鮮通信使の道中に使う馬具と添人を差し出したほか、駿府城加番役や江戸城の門番役を務めている。

六代加藤出雲守泰賢は明和四年（一七六七）に生まれ、父泰官の死によって明和八年（一七七一）、わずか五歳で家督を継いだ。駿府城加番役や江戸城の火消番・門番役などを務めた。明和八年の江戸の大火の時には、浅草にあった新谷藩の屋敷が焼失した。

天明三年（一七八三）に藩校求道軒《きゅうどうけん》を設立し、讃岐の人物を教官にしたといわれるが詳細は分かっていない。その後、新谷藩では和算がさかんになった。

寛政六年（一七九四）には新谷で十数軒を焼く火災があり、享和元年（一八〇一）には洪水で九軒が倒壊した。文化元年（一八〇四）の洪水では、田畑はもとより堤防決壊や山崩れなど大きな被害があった。

藩財政は引き続き苦しい状況が続いた。度重なる省略令や藩士の俸禄のカット、商人などへの御用金でも解決にはいたらず、藩財政は行き詰まって文化六年から七代泰儔にかけての五年間、新谷藩はついに本藩大洲藩の支配を受けることになった。

新谷藩６代藩主加藤泰賢墓所
（法眼寺／大洲市新谷）

再興以後の概史と藩の消滅

七代加藤山城守泰儔は天明三年（一七八三）に生まれ、文化七年（一八一〇）、家督を継いだ。泰賢と同じく駿府城加番役や江戸城の火消番・門番役などを務めた。

藩財政の大洲支配に関して、文化十年には行政面のみ新谷藩に戻された。しかし、支配の終わった文化十一年以降も省略令にともなう倹約は続けられ、藩内へ御用銀を命じたり村法《そんぽう》を制定したりして厳しい対応が続いた。

八代加藤大蔵少輔泰理は文化十二年に生まれ、天保二年（一八三一）、家督を継いだ。江戸城の火消番・門番役などを務めている。財政状況はなかなか好転せず、借金に苦しむ庶民も出てきた。そこで、賭博《とばく》を含めた風俗の取り締まりを行うなどの対策も取られた。また、財政難の中で教育活動が停滞していたと思われる藩校求道軒を再興し、児玉暉山《きざん》らを教官として経営をまかせた。

開国後の安政五年（一八五八）には藩内に軍事費を割り付け、金額に応じて苗字帯刀や裃着用などの特権を与えた。外国の脅威に対しては海岸防御の点検を行い、大砲の鋳造も試みている。

最後の藩主となる九代加藤山城守泰令は天保九年に生まれ、文久二年（一八六

新谷公民館に飾られている新谷藩９代藩主加藤泰令の晩年の肖像写真

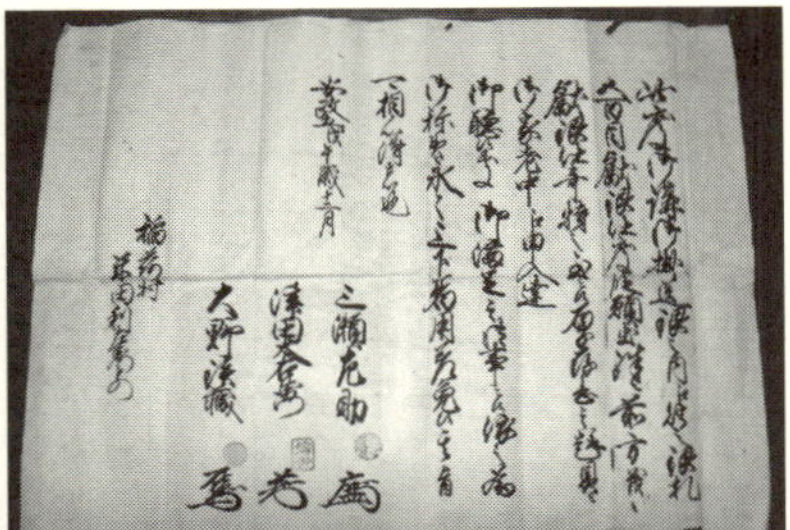

新谷藩より出された上下（裃）着用の許可書（米田貞夫氏蔵）

二）、家督を継いだ。政治情勢が激動する中、諸藩の状況を把握するために香渡《こうど》晋《すすむ》が京都に派遣された。翌年六月には朝廷より滞京命令を受け、勤皇の立場に立って京都御所警備や戊辰戦争など、大洲藩とともに行動する機会が多かった。

幕府滅亡後、明治二年（一八六九）の版籍奉還、明治四年の廃藩置県によって新谷藩は名実ともに消滅した。

慶応３年10月８日、内之子の芳我孝義（はがたかよし）が新谷藩から拝領した杯（筆者蔵）

◇2 新谷藩の特徴

初代藩主直泰の母法眼院は但馬国出石の出身で、新谷に日蓮宗法眼寺を建立。

財政破綻のため、藩政全般にわたり本藩大洲藩の支配を受けるという屈辱的な状況に陥る。

香渡晋らの働きで勤皇の立場を鮮明にし、戊辰戦争には大洲藩とともに小規模ながら出兵する。

新谷藩の誕生

大洲藩加藤家初代藩主貞泰には泰興と直泰の男子があった。貞泰は急死したため、相続について明確には定めていなかったといわれる。

子を思う母の気持ちはいつの時代も変わらない。貞泰の室である法眼院《ほうげんいん》は大洲藩六万石を泰興と弟の直泰に三万石ずつ与えるよう提案した。といっても兄弟で共同統治をすることなどできるはずもなく、これは大洲藩を二つの藩に分割することを意味する。これに対して家老の大橋作右衛門が反対したため、法眼院は、事が成らないなら、私にも覚悟があるという意思を示した。こうなっては家老としてはいかんともしがたく、結局直泰に一万石（知行高五千石、侍の禄五千石）を与えることで「元和九年（一六二三）に決着した」と公式の文書には記されているが、実際はそうすんなりとはいかなかったようである。

元和九年に法眼院は貞泰の遺言にもとづくという文書を出した。その主旨は次のようなものである。

一、六万石のうち一万石を、直泰が十五歳になった時点で与える。但し五千石は直泰に付ける家臣の禄で、残りの五千石は蔵米で渡す。

一、普請や軍役などの幕府の公役は泰興が負担する。

一、弟直泰が兄泰興に背くなどの事情があれば、一万石は返却する。

これは公式に決着した内容と同じであるので、問題ないように思われるが、これを泰興が拒否したことから争いに発展した。

寛永十一年（一六三四）、三代将軍徳川家光上洛の時、兄弟ともにお供に加わった。朱印改めがあったので、これを機にとばかり直泰は一万石の分知を要求したが泰興は拒否し、結局朱印状には泰興が大洲領をすべて支配する旨が記された。

寛永十三年、法眼院は分知の願いを抱いたまま没した。

寛永十六年、加藤家親族の五家★の代表が集まって「御扱衆《おあつかいしゅう》」を組織し、問題の調停にあたった。その結果、次の案で泰興・直泰ともに了解して名実ともに決着したのである。

一、六万石のうち一万石を直泰が支配する旨、朱印状に記すことを老中に願う。

一、幕府からの公役は六万石の中で賄う（大洲藩が担当するが、費用分担は共同）。

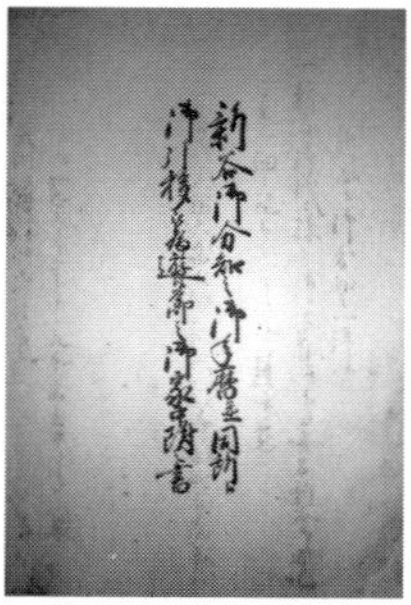

新谷藩の分知に関する文書（大村博氏収集資料／内子町蔵）

▼五家
小出大和守、竹中左京、小出大隅守、関兵部大輔、市橋下総守。

一、幕府からの泰興宛の文書には、直泰の名前も記すよう老中に願う。
一、泰興の家臣が幕府に呼び出された時には、直泰の家臣も同行する。
一、その他のことは、一万石の大名並みに扱われるようにする。

寛文四年（一六六四）の朱印状には、六万石のうち一万石を直泰が支配する旨を記されたが、新谷藩としての独立した朱印状は与えられなかった。これはすなわち、泰興の知行は実質五万石であるけれども、格式は六万石を保つという内分《ないぶん》の知行形式で、一方、直泰の方は一万石の知行通りの格式で扱われるというものであった。このような例はほとんどなく、幕府制度の未熟な段階における便法であったといわれる。ともかく以後は分知、すなわち本藩の知行高から分けた知行高が差し引かれる形式に移行していった。新谷藩の領域は喜多郡一三カ村、浮穴郡七カ村、伊予郡四カ村であったが、その後一部、大洲領との村替えが行われている。

新谷藩陣屋、すなわち藩庁の場所は最初田合《たごう》に決まっていた。しかし、矢落《やおち》川の氾濫による浸水を恐れて現在の大洲市立新谷小学校の位置に変更し、直泰がその縄張を行った。そこには平塚・隅田・矢野の三氏が居住していたが、平塚氏が田合、隅田氏が惣谷《そうたに》、矢野氏が原の谷に移ることになった。平塚氏は関ヶ原の戦で西軍の大谷刑部《ぎょうぶ》吉継に味方したため戦後諸国を放浪し、ここ新谷に来て上新谷村の庄屋を務めていた。隅田・矢野の両氏も組頭などを務めていたという。

最初に陣屋を置く予定だった田合の地

新谷遠望・中央部の谷（囲った部分）が陣屋跡

寛政八年（一七九六）「新谷町方構成表」

いつ新谷へ転居してきたか、先祖や当主の出身地、寛政八年時の当主を記したもの
（新谷藩陣屋町の町方が改めた〔調査した〕ものを参考に宮元数美氏が作成）

出身地（（　）内は現在の市町村名）	当主	新谷への転居年代
松山（松山市）	大和屋長兵衛 大工　小平治	元禄十一年（一六九八） 元禄十一年（一六九八）
余土（松山市）	余土屋佐太郎	天和年間（一六八一～一六八四）
御替地（伊予市）	今屋初太郎 難波屋喜六 古田屋安兵衛 隅田屋利右衛門 替地屋孫七 尾崎屋文右衛門	貞享三年（一六八六） 寛政三年（一七九一） 延宝四年（一六七六） 不明 延享二年（一七四五） 宝暦九年（一七五九）
高岸（伊予市双海）	高木屋忠兵衛	寛政三年（一七九一）
上川（内子町）	河内屋平左衛門 岡田屋嘉蔵 上川屋甚左衛門	宝暦九年（一七五九） 宝暦九年（一七五九） 貞享三年（一六八六）
高市（砥部町）	伊賀屋吉左衛門 高市屋利助	延享二年（一七四五） 宝暦八年（一七五八）
出渕（伊予市中山）	出渕屋吉蔵	宝暦六年（一七五六）頃
大瀬（内子町）	小倉屋茂左衛門 大野屋又三郎 扇屋伝次郎 大成屋卯兵衛	元禄三年（一六九〇） 元禄九年（一六九六） 正徳五年（一七一五）頃 安永四年（一七七五）
河内（内子町）	河内屋善太郎	享保十五年（一七三〇）
論田（内子町）	稲月清右衛門 論田屋佐左衛門 篠崎金三郎 論田屋嘉平治 論田屋惣右衛門 論田屋新兵衛	享保五年（一七二〇） 不明 元禄八年（一六九五） 享保十三年（一七二八） 元禄十年（一六九七） 享保五年（一七二〇）
五十崎（内子町）	宇和屋小兵衛	寛文三年（一六六三）
柳沢（大洲市）	小倉屋与七 柳沢屋勘助 萬家権七	安永三年（一七七四） 天明元年（一七八一） 天明四年（一七八四）
藤縄（大洲市）	ふじ屋善助 ふじた屋藤助	明和二年（一七六五） 天明六年（一七八六）

恋木（大洲市）	大工　喜惣次	五代前（詳細不明）
	恋木屋清吉	不明
	恋木屋良蔵	安永七年（一七七八）
	恋木屋藤蔵	明和三年（一七六六）
北山［喜多山］（大洲市）	布屋善右衛門	寛文三年（一六六三）
	北山屋源七	延享三年（一七四六）
	木屋幸助	天明四年（一七八四）
上新谷（大洲市）	桔梗屋五右衛門	享保十五年（一七三〇）
	山口屋庄八	延享二年（一七四五）
	湊屋藤兵衛	宝暦十年（一七六〇）
	田村屋良助	天明四年（一七八四）
	田口屋武助	安永九年（一七八〇）
	山口屋壱太郎	寛政五年（一七九三）
	とらや久八	寛政五年（一七九三）
下新谷（大洲市）	畳屋伊衛次	延宝七年（一六七九）
	浄福院	安永四年（一七七五）
	表屋茂兵衛	明和二年（一七六五）
	矢野屋織之助	享保十二年（一七二七）
菅田（大洲市）	菅田屋半蔵	天明八年（一七八八）
大洲（大洲市）	塚田九兵衛	六代前（詳細不明）
	奥島利蔵	宝暦元年（一七五一）
	門田屋吉郎兵衛	四代前（詳細不明）
	土佐屋八郎左衛門	明和二年（一七六五）
春賀（大洲市）	春賀屋六兵衛	寛文三年（一六六三）
下須戒（大洲市）	茶屋菊治	寛政二年（一七九〇）
出海（大洲市）	いずみや松介	宝永七年（一七一〇）
吉田（宇和島市）	虎屋源治	正徳元年（一七一一）
宇和島（宇和島市）	三津屋惣兵衛	元禄三年（一六九〇）頃
不明	坂出屋文蔵	宝暦五年（一七五五）
	角屋源内	不明
	井筒屋勇人	不明
	さだ屋治兵衛	元禄九年（一六九六）頃
	茗荷屋長衛門	不明
	仲屋喜三郎	元文五年（一七四〇）
	宿間屋笠三郎	不明
	金増屋義作	不明
	中野屋政右衛門	不明
	出渕屋喜代八	不明

寛永十九年、新谷藩庁と家臣の屋敷普請が始まり、家臣三一人は大洲から引っ越してきた。新谷の町には新谷藩成立以来、様々な人々が様々な地域から移り住んだ。寛政八年（一七九六）に記録された新谷町方七一軒の構成をみると、不詳の一〇軒を除く六一軒について、先祖がいつ頃にどこから移住したかが分かる。

最初に移住したのは塚田家で、新谷藩成立時に大洲から来て寛政八年当時には六代目を数えた。幕府による新谷藩内分が正式決定した寛永六年から五十年間に

大洲市立新谷小学校内には藩政末期の建物「麟鳳閣（りんぽうかく）」が保存されている

新谷藩陣屋跡。現在は大洲市立新谷小学校が建つ

移住したのは一一軒、その後の五十年〜百年間に移住したのは九軒である。六一軒中二〇軒、すなわち三分の一が正式内分後百年の間に移住した。

新谷の和算

江戸時代の和算といえば、江戸初期の吉田光由《よしだみつよし》、関孝和《せきたかかず》が有名であるが、一万石の小藩である新谷藩で、江戸中期から後期にかけて和算がさかんに行われた。

和算とは、師匠が出題した問題を弟子が解き、その弟子が考えた難問をさらにその弟子が解いていく「遺題継承」によって受け継がれた、鎖国の日本における数学のことである。解法が得られた時には、神仏のご加護によるものということで、算家は問題や答え、解法などを記した木製の扁額を神社や寺院に奉納した。これが「算額」とよばれるものである。

新谷藩では、六代藩主泰賢が天明三年（一七八三）、藩校求道軒を設立した。この頃以降の藩内における和算には、兵頭正甫《ひょうどうせいほ》・別宮猶重《べっくなおしげ》という系統や、岩田清《せい》謹《きん》・大野猶吉《なおきち》という系統があったようである。

兵頭正甫は新谷藩領出海村の庄屋で、父の理兵衛正武は、屋敷前を流れる土居川上流に掘られていた出海銅山の経営にかかわっていた。銅山の作業工程に和算が用いられ、出入りの大坂や播磨の商人が和算を究《きわ》めていたこともあってか、正

県下で最古の新谷金刀比羅宮（現・山口神社）にある「算額」（大洲市立博物館寄託）

岩田清謹の墓（法眼寺／大洲市新谷）

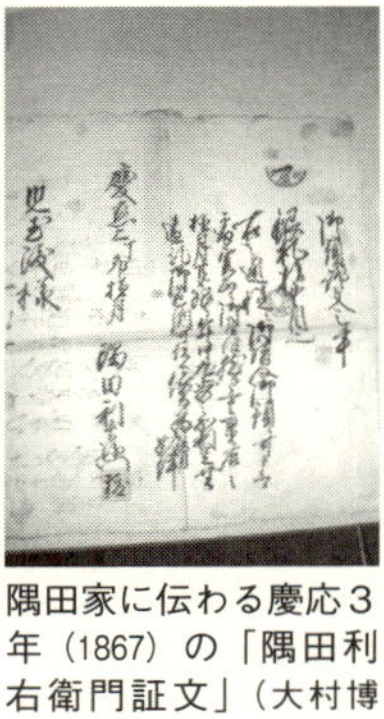

隅田家に伝わる慶応3年（1867）の「隅田利右衛門証文」（大村博氏収集資料／内子町蔵）

甫は幼少時より和算を志し、のちに大坂で内田秀富《ひでとみ》に師事して宅間流和算を学んだといわれている。

兵頭正甫の弟子が納戸役であった別宮四郎兵衛猶重で、猶重は天明八年、新谷金刀比羅宮に算額を奉納した。これが愛媛県下で現存する最古の算額である。

次に岩田清謹について、岩田氏は新谷藩士であった大洞《おおぼら》家の縁戚にあたり、清謹は明和三年（一七六六）に生まれた。生い立ちなどは分かっていないが、大坂の寺井正道の門下生となって教えを受けた。寛政六年（一七九四）に大洞家の家紋である「星梅鉢」を材料として、外側の五つの円の直径を一とした時、中心の円の直径がいくらになるかを求めている。晩年の弘化四年（一八四七）、内之子の八幡神社に算額を奉納した。なお、清謹の弟子に新谷藩領御祓《みそぎ》（現・内子町只海）出身の大野猶吉がおり、和算を明治時代に継承した。

また、岩田清謹の兄にあたる岩田清興《せいこう》も寺井正道に学んだ和算家で、新谷藩領稲荷村（現・伊予市稲荷）の稲荷神社に寛政九年、算額を奉納するなど、兄弟で和算家としての足跡を残している。

藩財政の大洲支配

天災等による不作をはじめ、様々な要因による財政不足は続き、藩士に対する

岩田清謹が奉納した「算額」（八幡神社／喜多郡内子町内子）

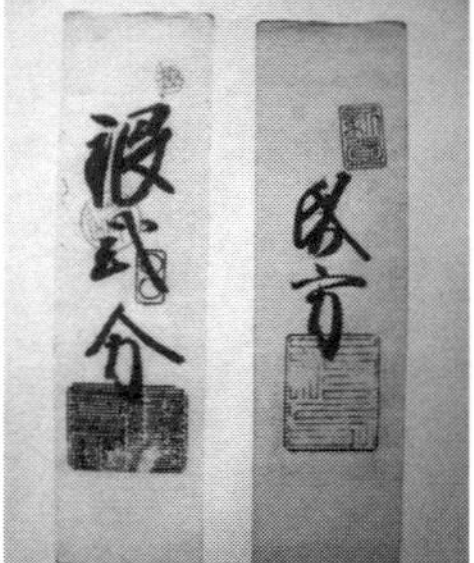

財政窮乏の中、発行された「新谷藩札」（筆者蔵）

藩政時代、新谷藩御金蔵はあったものの……（大洲市新谷）

俸禄のカットや領民への倹約の奨励のほか、御用銀や寸志銀などと銘打った賦課も行われた。しかし、六代泰賢の治政の文化六年（一八〇九）、財政はついに破綻の危機を迎え、向こう五年間、本藩に当たる大洲藩に行財政の管理をゆだねることになった。当然のことながら、藩士の給与は「飢えない程度」といわれるくらいまで大幅に減額された。

この状態は次の泰儔の代にも引き継がれたが、文化十年、行政面のみ一年を残して新谷藩の支配に戻された。財政面は大洲支配が続き、財政再建を目指した改革が行われた。領民に割り付けていた竹や綿の現物納を銀納に変え、戸別に育成が命じられていた御用桐を二本から一本にするなど、負担の軽減策も取られた。

文化十一年に大洲支配は終わったが、経費節減策は続けられ、検見の手間を省くためということで定免制が実施された。また、省略令や風俗矯正令が出され、江戸での借金が増えたという理由で、領内に御用銀も課されている。

藩薬爆発事故

外国船の長浜到来など幕末の情勢が緊迫すると、新谷藩では寺院や家々から釣《つり》鐘《がね》や銅を回収して大砲の鋳造を始めた。さらに火薬の製造に取りかかったが、文久元年（一八六一）四月、処理を誤って爆発事故が起こった。この事故によって、

庄屋の高橋家が新谷藩に出仕した用務内容が載る「新谷御用記」（高橋文書／内子町蔵）

♣死亡は小泉槇助（五十七歳）、足立吉左衛門（四十二歳）、大洞鹿之助（二十八歳）、黒田左富（二十八歳）、児玉儀八郎（十六歳）、矢野久作（二十三歳）、黒田津八郎（二十六歳）、矢野環（二十三歳）、中山宗太郎（十八歳）の九名。負傷は加藤虎五郎、河村左膳の二名（『大洲市誌』より）。

爆発で死亡した大洞家墓所（法眼寺／大洲市新谷）

十六歳から五十七歳までの藩士九人が死亡し、二人が負傷した。♣藩主泰理は深い哀悼の意を表し、国事に殉じた者として戦死者扱いで手厚く葬るとともに、遺族を慰め扶助したという。

香渡晋と幕末の新谷藩

幕末の新谷藩の動向に重要な役割を果たしたのが香渡《こうど》晋《すすむ》である。天保元年（一八三〇）、新谷で生まれた香渡は幼少時より聡明で、十五歳で郡奉行付の役職に就任した。その後、小松藩の儒者近藤篤山の子に学び、さらに江戸でも学んで勤皇の志を強くした。やがて新谷に帰って藩校求道軒で教師を務めていたが、激動する政治情勢の中で新谷藩の取るべき方向を探るべく、文久二年（一八六二）に職を辞して京に上った。香渡は七年の京都滞在の間に薩長土肥出身の勤皇の志士と交わり、京都の情勢を藩主に報告した。

文久三年、朝廷が十万石以上の外様大名に親兵の派兵を命じると、香渡は十万石にとらわれることなく、人を介して三条実美《さねとみ》に新谷藩にも下命があるように願い出てこれを実現させた。次いで朝廷から大洲藩に、勤皇に尽くすよう内勅が下された時、大洲藩は「支藩である新谷藩は内勅を受ける必要はない」という通知を出したが、香渡らは京に上って再び三条実美に内勅を願い出、実現させた。こ

香渡晋肖像写真
（大洲市立博物館蔵）

れによって藩主泰令は京都で天皇から盃を受けることができた。直後に起こった八月十八日の政変では、香渡らは藩兵を京に派遣して御所の警備に着かせ、三条ら七卿が長州に赴くのを助けている。

慶応元年（一八六五）、香渡は大洲藩士とともに土佐藩主山内容堂を訪ねて盟約を結んだり、長州藩との交わりを深くしたりするなど、一万石の小藩ではあるけれども、先を見越した対応をとっているといえよう。

慶応三年、大政奉還の後に王政復古が宣言され、翌年に起こった鳥羽・伏見の戦では、新谷藩は御所で門の警備などを担当した。また、松山藩征討の命を受けて出兵したが、戦闘は行われなかった。さらに天皇の東京行幸《ぎょうこう》の際、新谷藩は行列の後衛を担当した。

そして明治二年（一八六九）には版籍を奉還し、明治四年の廃藩置県で新谷藩は名実ともに消滅したのである。香渡は新政府から招かれたが固辞し、明治三年に新谷藩の大参事を務めた後、上京し、岩倉具視《ともみ》の顧問として憲法制定などで活躍した。明治十八年に職を辞して新谷に帰り、同三十五年に没した。享年七十三。

香渡晋の墓
（法眼寺／大洲市新谷）

これも大洲

新谷の誌石（墓誌）

「誌石」とは、故人の生前の状況や功績などを記した墓誌の刻まれた石のことで、新谷藩独自の表現のようである。新谷藩の記録に、三代藩主加藤泰貫、四代藩主加藤泰廣、五代藩主加藤泰官を埋葬する際に誌石を埋めたという記述と刻まれている文面の記録があり、以前から知られてはいたが、現物は埋められたままであるので、その形や埋納の状況は謎であった。

ところが平成六年（一九九四）、新谷藩の家老を務めた徳田家で墓地の永代護持を目的とした改葬が行われた際、新谷法眼寺の墓地に埋納されていた誌石が四基出土したのである。墓地の改葬という性格上、徳田家・法眼寺住職・文化財保護審議会・施工業者など少数の関係者の手で作業が進められたが、歴史家で文化財保護審議委員でもある八島龍晴住職は、新谷藩で初めての出土となる誌石を大洲の歴史に留めておきたいという強い思いから、徳田家の了承を得て記録としてまとめた。

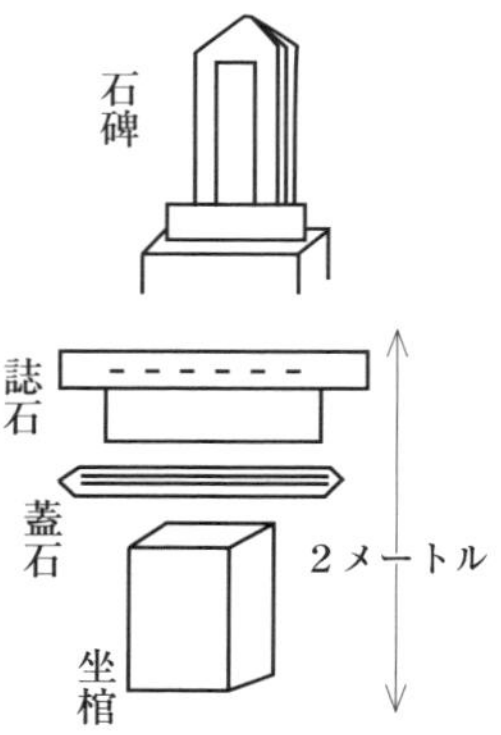

埋葬の状況は、図のように地下二メートルの所に棺、その上に蓋石を置き、さらにその上に誌石を置いて地上に石碑を置くというものであった。

誌石は図や写真のように氏名等が刻まれた四〇センチメートル内外の「表之蓋」と、墓誌の文章が刻まれた三〇センチメートル代の「内之底」を合わせて、藩の記録にあるように「鉄ノ輪」で結ばれていたはずであるが、鉄は腐食して原形を留めていなかった。

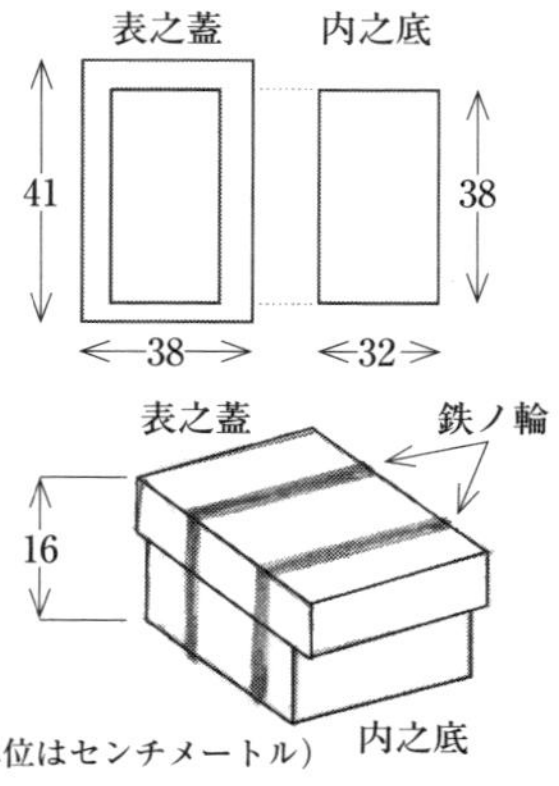

（単位はセンチメートル）

四基の誌石の年代は次の通りである。

○徳田一之　宝暦六年（一七五六）
○徳田一之室　寛政十一年（一七九九）
○徳田精一室　文政十年（一八二七）
○徳田精一　天保元年（一八三〇）

徳田一之の誌石は次の通りである（句読点、及び要約は筆者、以下同）。

［表蓋］長子一知、次子一直、謹奉之。
徳田藤左衛門藤原一之之墓

［要約］「長男一知と二男一直が謹んで納める。徳田一之の墓」

［内底］一之之祖父彦六季一より世々伊

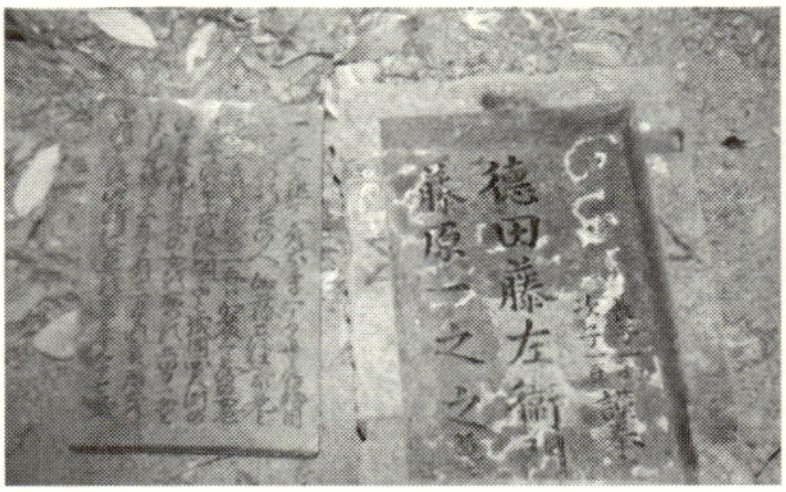

徳田一之の誌石（法眼寺／大洲市新谷）

徳田家墓所の誌石再埋納状況（法眼寺／大洲市新谷）

予国喜多郡新谷の人。加藤公に仕へ家老と成。父、権兵衛寄一、母ハ加藤三蔵の女也。兄寄隆無子故に嗣子と成。同国大洲の仕士長尾半蔵の女浅娶る。二男一女を産む。元禄十三年十月廿一日生れ。宝暦六年四月朔日終、此所に葬る。享年五十七歳。

［要約］「一之は祖父季一の代以来新谷に住む。加藤公に仕えて家老となる。父は寄一、母は加藤三郎兵衛の娘である。徳田家三代目の寄隆に子がいなかったので、弟の一之が家督を継いだ。大洲藩士長尾氏の娘を嫁にもらい、二男一女が生まれた。以下、生没年月日と享年」

徳田一之妻の誌石は次の通りである。

［表蓋］孝孫精一謹奉之。徳田藤左衛門藤原一之君室、長尾氏墓

［要約］「孫精一が謹んで納める。徳田一之妻（長尾氏）の墓」

［内底］父長尾半蔵源道勝、母和田氏、宝永六年戊丑十一月十八日、伊予国大洲に於て生れ、寛政十一年己未十一月廿六日、同国新谷に於て卒。享年九十一、法名瑶樹院智玉妙尊大姉、此處に葬。後人あはれみたまへ。

［要約］「父は長尾道勝、母は和田氏。宝永六年大洲に生まれ、寛政十一年新谷で亡くなる。享年と法名。後の人よ、あわれんでいただきたい」

藩主の誌石

さて、新谷藩の記録にある三代藩主加藤泰貫、四代藩主加藤泰廣、五代藩主加藤泰官の誌石についても、現物は未確認であるが徳田家の誌石と同様な構造であると推定される。刻まれているであろう内容は記録によってたどることができる。ここでは三代と四代藩主の記録をひも解いてみる。

○加藤泰貫誌石

［表之蓋］加藤大蔵大輔藤原泰貫之墓
孝子織部正泰春謹奉之

［要約］「加藤泰貫の墓。子の泰春が謹んで納める」

［内之底］泰貫ハ祖父織部正直泰より世々伊予国喜多郡新谷の主、知行高壱万石、父は出雲守泰忠、母ハ織田山城守長頼女也。

延宝四丙辰年十月廿五日、武蔵国江戸にて生。童名大七郎、成人して宮内と号し、又大蔵と改。享保元丙申年十月家督を続、同年十二月従五位下に叙す。不娶無子故、同姓遠江守泰恒末子泰春を養て嗣とす。同年十二丁未六月隠居、翌十三年夏新谷へ移、同年九月廿一日終、此所ニ葬。享年五十三歳。

［要約］「泰貫は祖父直泰の代以来新谷の藩主であり、高一万石である。父は泰忠、母は織田長頼の娘。延宝四年江戸で生まれる。幼名を大七郎といい、成人して宮内と名のり、大蔵と改名する。享保元年家督を相続し、従五位下に叙せられる。妻を娶らず子がなかったので、加藤泰恒の末子泰春を跡継ぎとした。享保十二年隠居、翌年新谷に移り住み、九月没。享年」

○加藤泰廣誌石

［表之蓋］加藤山城守泰廣君之墓　孝孫出雲守泰賢謹奉之

［要約］「加藤泰廣の墓。孫の泰賢が謹んで納める」

［内之底］従五位下加藤山城守泰廣君ハ、曾祖織部正直泰君より世々伊予国喜多郡新谷の主にてまします。知行高壱万石也。宗家大洲城主遠江守泰恒君の庶子にて、母ハ妾山田氏、宝永七年庚寅三月十七日、武蔵国江戸下谷ニ生給ふ。童名右京君。先主大蔵少輔泰貫君嗣子なきを以て、享保十一年丙午九月移り養ハれ給ふ。翌年丁未六月三日家督を続せ給ふ。十二月十八日叙爵、織部正と称し奉る。中頃出雲守、後に山城守と改称し給ふ。宝暦六年丙子八月廿六日致仕、九年己卯新谷に帰老し給ふ。天明五年乙巳二月十六日、疾を以て没し給ふ。享年七十六。釈拈華院殿笑翁玄徹大居士と諡し奉る（以下略）。

［要約］「従五位下の加藤泰廣は、曾祖父泰直の代以来新谷の藩主であり、高一万石である。本家に当たる大洲城主加藤泰恒の庶子で、母は側室山田氏。宝永七年、江戸下谷で生まれる。幼名を右京という。新谷先代藩主泰貫に嗣子がなかったので、享保十一年、新谷藩の跡継ぎとなり、翌年家督を相続して織部正に叙せられた。のちに出雲守、山城守と改称した。宝暦六年に藩主を退き、同九年、新谷に隠居した。宝暦六年病没。享年と法名」（以下略）。

これは徳田家のものに比べて長文なので、誌石が大きいのかもしれない。

いずれも「表之蓋」と「内之底」の二つの石を鉄の輪で結び、墓中に埋葬したと記録されている。

徳田家の誌石の発見によって、新谷藩主の誌石も同じような形式で作られているであろうと推定できるようになった。底石に蓋をかぶせ、両者を二カ所で固定した鉄の輪については、徳田家のものは腐って残っていなかったので、平成の改葬では新しく銅線で結び直した。

藩主の誌石についても、よほど条件がよくない限り、おそらく鉄は原形を留めていないと思われる。

江戸時代の大名墓の研究では、一七〇〇年頃から後の墓に銅製の墓誌が埋められた例があるということだが、石製の墓誌は珍しいようである。

エピローグ

明治以降の大洲

明治以降、旧大洲・新谷両藩の領域は大洲県・新谷県になったが、合併により宇和島県、神山県を経て愛媛県に編入され、風早郡・伊予郡・浮穴郡・喜多郡に分割された。明治二十一年（一八八八）の町村制により、大洲町・郡中町・内子町と各村が誕生し、それぞれ新しい歩みを始める。

産業では、和紙と木蠟の生産が藩政時代に引き続いて行われた。大洲和紙は、藩の統制がなくなると生産・販売の体制がくずれ、やがて製糸業が盛んになるにつれて楮畑は桑畑に代わり、和紙生産はわずかに五十崎地域で行われる程度になった。一方木蠟は、内子地域を中心に全国有数の生産地として栄え、明治二十八年には第一回木蠟業者全国大会が大洲町で、第二回大会が内子町で開かれるほどであった。

明治期の大洲で新しく始められた製糸業と養蚕業は年を追って盛んになり、製糸工場が次々と設立されて、大正時代には大洲を代表する産業に成長した。それに伴って大洲・新谷・内子に銀行が設けられ、経済活動は活発になっていった。

藩政時代から肱川は水運に利用されていたが、明治以降も物資を運搬する帆掛け船が行き交い、長浜に向けて筏が下っていた。

鉄道は大正時代半ばに大洲と長浜、内子を結ぶ路線で愛媛鉄道が運行を開始した。昭和八年（一九三三）に国鉄に移管した後、松山、宇和島まで拡張され、旅客や物資を運んだ。

道路の整備は明治時代後半に着手されたが一部にとどまり、多くの路線は大正時代以降に開通した。しかし、地形の制約から道幅は狭くカーブも多く、物資輸送の中心にはならなかった。

教育の面では、明治五年の学制で小学校が作られ、のちの教育改革によって、各町村に尋常小学校が設立された。また、私立学校を母体に明治後期に県立大洲中学校、大正期に県立大洲高等女学校が誕生した。農業学校も昭和に入り、県立大洲農業学校になっている。

太平洋戦争が始まると、小学校は国民学校に改称された。戦局の悪化に伴い、大洲地域でも物資が配給制になって乏《とぼ》しい生活を強《し》いられた。

肱川は大雨が降るとたびたび氾濫していたが、昭和十八年には電柱が水没するほどの洪水になり、流域の大洲の町や田畑に甚大な被害を及ぼした。

戦後の学制改革によって各地に新制の中学校が作られ、旧県立学校は大洲高等学校・大洲農業高等学校になった。町村合併も行われ、昭和二十九年、大洲市が誕生した。

肱川の洪水対策では、昭和三十四年、鹿野川ダムの完成により水害は減少した。昭和五十七年にはさらにその上流に野村ダムが建設され、現在、肱川支流の河辺川に山鳥坂《やまとさか》ダムが計画されている。大洲中心部に架かる肱川橋は、昭和三十六年に鉄橋から現在の橋に架け替えられた。現在、老朽化に伴う架橋工事が進行中である。

高度経済成長期には国道など幹線道路の拡幅や整備が行われ、道路網が張り巡らされて輸送の中心的な役割を担うようになった。平成に入ると高速道路が建設され、交通や物流が充実した。

伊予の小京都といわれる大洲は、昭和四十一年、ＮＨＫの連続テレビ小説「おはなはん」の舞台となり、全国にその名が知られるようになった。「おはなはん通り」と名付けられたあたりには古い街並みが残り、近くには明治時代の銀行であった「おおず赤煉瓦館」や、昭和三十年代の商店街の雰囲気を味わえる「ポコペン横丁」がある。少し足を延ばすと、十日戎《とおかえびす》で有名な大洲神社の麓に、明治の貿易商の別荘であった臥龍山荘《がりゅうさんそう》があり、苔むした庭園からは夏に鵜飼《うかい》が行われる肱川と対岸の冨士山《とみすやま》を望むことができる。

平成六年（一九九四）には、内子町出身で「飼育」「万延元年のフットボール」などを著した大江健三郎氏がノーベル文学賞を、さらに平成二十六年には、大洲高等学校出身で青色発光ダイオードの研究を行った中村修二氏がノーベル物理学賞を受賞した。旧大洲藩というせまい地域からノーベル賞受賞者が二人も出るのは、世界的にも珍しいことである。

大洲城では天守閣復元一〇周年を記念して、平成二十六年に有志による「大洲藩鉄砲隊」が組織され、毎月一回本丸で火縄銃の演習が公開されているほか、様々な催しで演武を披露している。

このほか旧大洲・新谷両藩の領域は、伝統的建造物群保存地区や内子座が残る内子町、江戸時代から続く砥部焼で知られる砥部町、五色浜と石造りの灯台が残る伊予市、および松山市・松前町・久万高原町・西予市・兵庫県伊丹市（摂津国の飛地《とびち》（池尻村、南野村））の一部として、今日も人々の生活の営みが続いている。

あとがき

百姓という言葉がある。これは聖徳太子の十七条憲法にも登場し、「おおみたから」と呼ばれたようである。百姓《ひゃくしょう》の意味として頭に浮かぶのが農民のことであり、百姓一揆が農民一揆と言い換えられた時期もあった。しかし、最近の研究では、一揆の要求が必ずしも農業に関するものだけではなく、一揆に関係する人々が必ずしも農民だけではないことがわかってきたようである。

考えてみれば、百姓とは多くの人々のことであり、農業従事者に限定する言葉ではないといえよう。本書では学問の成果に基づいて、様々な要求を掲げて人々が徒党を組むことを、農民一揆ではなく百姓一揆と表現し、農民と百姓を使い分けている。

高度経済成長期頃までは、日本の農山村地域には、人々の生活様式の中に江戸時代の影響が、良きにつけ悪《あ》しきにつけ結構残っていたといわれる。

大洲は伊予（愛媛県）の中では中予《ちゅうよ》と南予《なんよ》の境界に位置するけれども、南予地域に入れられている。四国には八十八カ所巡礼の遍路文化があり、心の癒しを求めて人々が訪れている。特に南予といえば人情が厚く、まさに癒しの地域である。お遍路さんに対する「お接待」（おもてなし）の心や、江戸時代の『予州大洲好人録』に記録されたやさしさ、実直さ、いたわりの心などが、時を超えてまだ広く残っているのかもしれない。

平成六年（一九九四）から十年の歳月をかけて木造で復元された天守閣が完成して、早くも十年余の時が過ぎた。失われた大洲城天守閣は、江戸初期に脇坂氏によって建てられたのではないかといわれ、江戸時代を経て明治時代半ばまで大洲の空にそびえていた。その美しい姿は、明治時代前半に撮影された古写真で見ることができる。解体されたのは明治初年であると長く思われてきたが、その後の研究で明治二十一年（一八八八）であることがわかった。天守閣なき後は、地元の人々の強い願いで、本丸の台所櫓《やぐら》と高欄《こうらん》櫓、肱川べりの苧綿《おわた》櫓、三之丸南隅櫓の四つの櫓が残され、昭和三十二年（一九五七）、国の重要文化財に指定された。天守閣跡には中江藤樹の像が置かれていた。

平成に入ると、大洲市民が願望として長くいだいていた天守閣復元の機運がにわかに高まりをみせた。築城当時に作られたと思われる天守雛形、発掘調査の成果、明治の古写真などを参考に平成十六年、伝統的な工法により木造で復元された。工費は寄附を含め一三億円。特に一階から二階に通じる階段の周囲が吹き抜けになっている構造は、他の天守では例をみない。平成の天守閣は江戸時代の櫓ともみごとに調和して、大洲市民とともに今も新たな歴史を刻んでいる。

最後にこの場を借りて、新谷藩についてご教示いただいた法眼寺住職八島龍晴氏、必要な史資料について快く対応していただいた大洲市立博物館学芸員山田広志氏、蔵川騒動関連の場所をご案内いただいた松井義太郎氏、論文や写真をご提供いただいた大洲史談会・伊予市教育委員会、写真撮影や整理に協力してくれた妻に謝意を表したい。

参考・引用・転載文献

機関誌「温古」（大洲史談会発行）
4号（昭和57年）「新谷町方の成立と変遷」宮元数美
6号（昭和59年）「川田雄琴と陽明学」渡部一行
7号（昭和60年）「儒者姜沆と大洲」村上恒夫
8号（昭和61年）「隅田利右衛門家新谷藩献銀考」八島龍晴
10号（昭和63年）「旧新谷藩士松村操と大洞鹿之助の研究」八島龍晴
11号（平成1年）「大洲の能楽」「大洲藩の画師若宮養徳」「大洲藩の鹿狩り」「大洲藩の大砲物語」森本定満
13号（平成3年）「大洲と長浜」久保七郎、「大洲藩武成隊の出師と凱旋」森本定満、「大洲藩騒動について」稲積徇熹
14号（平成4年）「伊予の大洲の盤珪さん」長見くにを
16号（平成6年）「大洲藩専売制度について」門田恭一郎
17号（平成7年）「伊予大洲藩江戸藩邸を探る」村上光
18号（平成8年）「新谷藩徳田家の誌石」八島龍晴
20号（平成10年）「新谷藩の和算」八島龍晴、「喜多郡の中世領主について」石野弥栄
22号（平成12年）「大洲藩船洪福丸　新潟に眠る大洲藩船殉難者」村上恒夫
26号（平成16年）「いろは丸異聞」澄田恭一、「大洲藩・新谷藩参勤交代の概要」中野覚夫、「喜多郡大洲市の神社の絵馬」井内功
27号（平成17年）「戊辰戦争に散った大野伝太夫」上杉潤、「大洲城復元によせて」矢野之一
28号（平成18年）「伊能測量と大洲」安永純子
33号（平成23年）「大洲藩『妻敵討』始末」澄田恭一
34号（平成24年）「肱川で記録された安政大地震」冨永勲、「『大地震荒増記』嘉永七年」上杉潤
36号（平成26年）「新谷藩余談」八島龍晴、「君命録」「家要記事」「護国山雑録」（「高橋文書」江戸中期～後期）
『伊能忠敬測量日記』伊能忠敬・久保高一／明浜町教育委員会／一九八四
『大洲旧記』冨永彦三郎／予陽叢書刊行会／一九三八
『予州大洲好人録』川田雄琴／愛媛県立大洲高等女学校／一九四三
『豊川渉の思出之記』望月宏・篠原友恵編／創風社出版／二〇一一
『新谷藩一万石史』八島龍晴著・発行／二〇一一
『姜沆――儒教を伝えた虜囚の足跡』村上恒夫／明石書店／一九九九
『内子町産業経済誌』内子町／一九九二
『愛媛県史　資料編　近世　上・下』愛媛県／一九八四・一九八八
『大洲市誌』大洲市／一九九六
『新編内子町誌』内子町／一九九五
『うちこ時草子〔文化編〕』内子町／二〇一五
『改訂五十崎町誌』五十崎町／一九九八
『小田町誌』小田町／一九八五
『長浜町誌』長浜町／一九七五
「高昌寺修理関係文書」23世興嶽凡龍和尚著（高昌寺蔵　文政年間）
「五百木村・城廻村永代記録　五番・六番」（江戸後期　内子町蔵）
「芳我姓系図」「芳我氏過去帳」（本芳我家蔵）
「大洲妖怪異談」（明治3年写本の複写／内子町蔵）
「積塵邦語・大洲随筆」「北藤録」「大洲秘録」「大洲藩領史料要録・大洲領庄屋由来書」伊予史談会／一九八二～一九八七
「郡中三町の『独立』と安政大地震の記録」（伊予市史資料集第6号「郡中湊町町方文書」）伊予市教育委員会／二〇〇八
「大洲藩絵図方東寛治作成絵図と伊能図の比較について」安永純子「愛媛県歴史文化博物館研究紀要」第16号／二〇一一
「愛媛県中世城館跡分布調査報告書」愛媛県教育委員会／一九八七
図録「大大洲城　よみがえる大洲城」大洲市立博物館／二〇〇四

芳我明彦（はが・あきひこ）
昭和二十九年（一九五四）、愛媛県内子町生まれ。愛媛県立大洲高等学校、京都大学卒業、教職大学院修了。元愛媛県立高等学校社会科教員、臨床心理士。現在、『内子町誌』編纂に従事。内子町八日市護国地区町並保存会副会長。論文に「三滝城城郭遺構について」（「ソーシアル・リサーチ」第19号／一九九三）、「日本におけるカウンセリングの歴史」（「鳴門生徒指導研究」第1号／一九九一）など。

シリーズ藩《はん》物語《ものがたり》 **大洲藩《おおずはん》・新谷藩《にいやはん》**

二〇一六年五月二十日 第一版第一刷発行

著者――芳我明彦
発行者――菊地泰博
発行所――株式会社 現代書館
東京都千代田区飯田橋三―二―五 郵便番号 102-0072 http://www.gendaishokan.co.jp/
電話 03-3221-1321 FAX 03-3262-5906 振替 00120-3-83725
組版――デザイン・編集室 エディット
装丁――中山銀士＋杉山健慈
印刷――平河工業社（本文）東光印刷所（カバー・表紙・見返し・帯）
製本――越後堂製本
編集――二又和仁
編集協力――黒澤 務

 ISBN978-4-7684-7139-5

協力者（五十音順・敬称略）
上杉潤／上田敏／大村勉／柿見登代佳
岸田透／作道茂／澄田恭一／畑野亮一
松井義太郎／村上恒夫／八島龍晴
山田広志／米田貞夫

江戸末期の各藩

松前、八戸、七戸、黒石、**弘前**、**盛岡**、**一関**、秋田、亀田、本荘、秋田新田、仙台、松山、**新庄**、**庄内**、天童、長瀞、**山形**、上山、**米沢**、米沢新田、相馬、福島、**二本松**、三春、**会津**、**守山**、棚倉、平、湯長谷、泉、**村上**、黒川、三日市、**新発田**、村松、三根山、与板、**長岡**、椎谷、**高田**、糸魚川、松岡、笠間、宍戸、**水戸**、下館、結城、**古河**、下妻、府中、土浦、麻生、谷田部、牛久、大田原、黒羽、烏山、喜連川、**宇都宮・高徳**、壬生、吹上、**足利**、佐野、関宿、高岡、佐倉、小見川、多古、一宮、生実、鶴牧、久留里、大多喜、請西、飯野、佐貫、勝山、館山、岩槻、忍、岡部、**川越**、沼田、前橋、伊勢崎、館林、高崎、吉井、小幡、安中、七日市、飯山、須坂、**松代**、**上田**、**小諸**、岩村田、田野口、**松本**、諏訪、**高遠**、飯田、金沢、荻野山中、小田原、沼津、小島、田中、掛川、**相良**、横須賀、浜松、富山、加賀、大聖寺、郡上、高富、苗木、岩村、加納、大垣、高須、今尾、犬山、挙母、岡崎、西大平、西尾、吉田、田原、大垣新田、尾張、**刈谷**、西端、長島、**桑名**、神戸、菰野、亀山、津、久居、鳥羽、宮川、彦根、大溝、山上、西大路、三上、膳所、水口、丸岡、勝山、大野、**福井**、鯖江、敦賀、小浜、淀、新宮、田辺、紀州、峯山、宮津、田辺、綾部、山家、園部、亀山、福知山、柳生、柳本、芝村、郡山、小泉、櫛羅、高取、高槻、麻田、丹南、狭山、岸和田、伯太、豊岡、出石、柏原、篠山、尼崎、三田、三草、明石、小野、姫路、林田、安志、龍野、山崎、三日月、赤穂、鳥取、若桜、鹿野、津山、勝山、新見、岡山、庭瀬、足守、岡田、岡山新田、浅尾、松山、鴨方、福山、広島、広島新田、高松、丸亀、多度津、西条、小松、今治、松山、**大洲・新谷**、**伊予吉田**、**宇和島**、徳島、**土佐**、土佐新田、**松江**、広瀬、母里、浜田、津和野、岩国、徳山、長州、長府、清末、小倉、小倉新田、**福岡**、秋月、**久留米**、柳河、三池、蓮池、唐津、**佐賀**、小城、鹿島、大村、島原、平戸、平戸新田、**中津**、杵築、日出、**府内**、臼杵、**佐伯**、森、**岡**、熊本、熊本新田、宇土、人吉、延岡、高鍋、佐土原、飫肥、薩摩、対馬、五島（各藩名は版籍奉還時を基準とし、藩主家名ではなく、地名で統一した）

★太字は既刊

シリーズ藩物語・別冊『それぞれの戊辰戦争』（佐藤竜一著、一六〇〇円＋税）

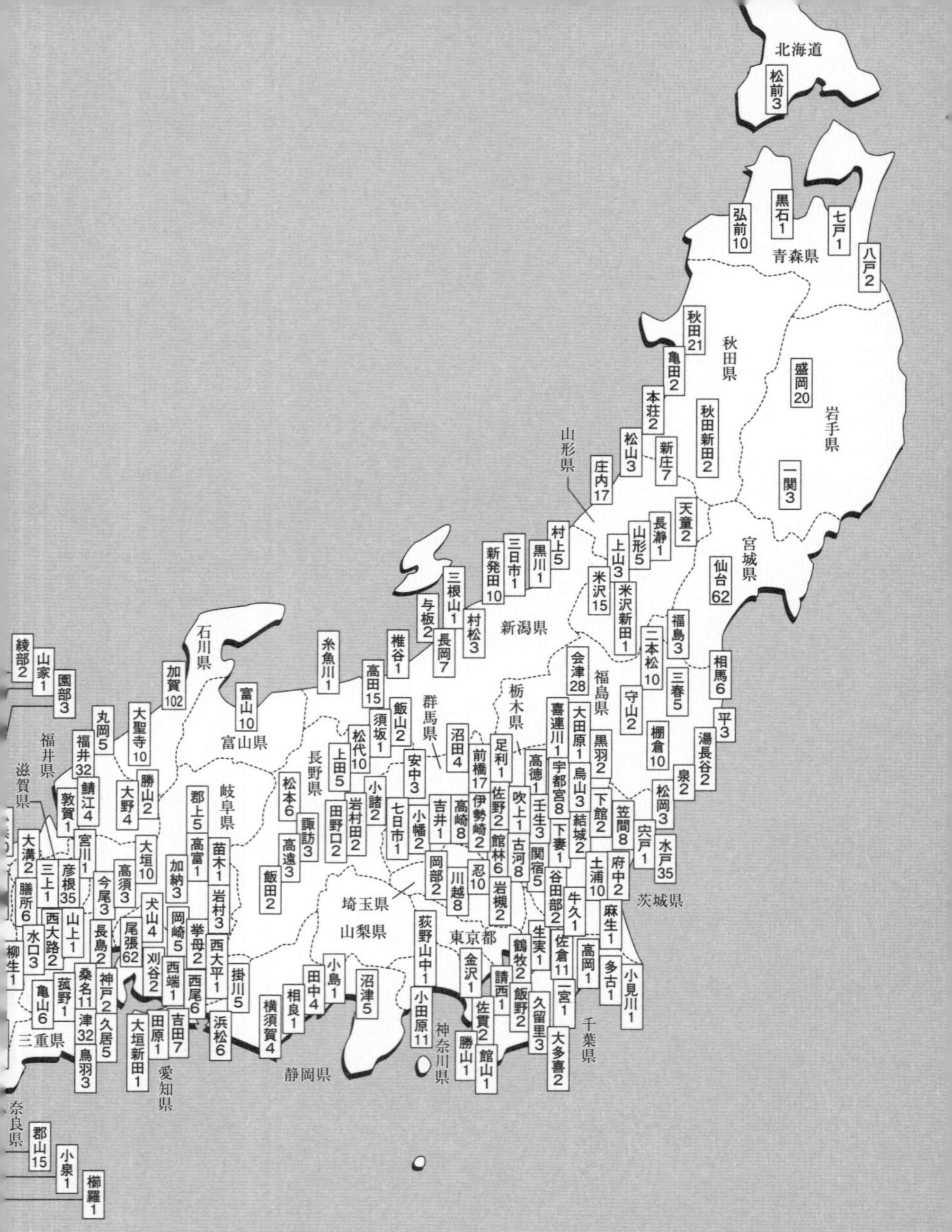

江戸末期の各藩
（数字は万石。万石以下は四捨五入）